KB208971

목사가 죽기 전에
꼭 해야 할
61가지

목사가 죽기 전에 꼭 해야 할 61가지

지은이 김항안 | **펴낸이** 김 일 | **펴낸곳** 도서출판 글로리아
초판 1쇄 발행 2019년 10월 9일

등록 2007년 3월 9일 제 3-235호
주소 (06919) 서울시 동작구 상도로 265-14
Tel 1566-3004
Fax 02-824-4231

가격은 뒤표지에 있습니다.
잘못 만들어진 책은 구입처에서 교환해 드립니다.

www.kcdc.net

목사가 죽기 전에 꼭 해야 할 61가지

김향안 지음

GLORIA

| 들어가는 말 |

목사가 죽기 전에 꼭 해야 할 61가지

목사는 하나님의 거룩한 부르심을 받은 사람이다. 목사가 되는 것은 운명과도 같다. 내가 목사가 되겠다고 해서 목사가 된 것이 아니다. 하나님의 소명을 받지 않고 스스로 목사의 길을 택한 사람이나 목사로서의 직분을 잘 감당하지 못하는 사람은 운명을 도둑맞은 사람이라고 할 수 있다. 누군가 엄청 중요한 것을 도둑맞고도 도둑맞은 줄 모르고 사는 것처럼 안타까운 일은 없다.

게으른 목사는 부지런함을 도둑맞은 목사다. 기도를 하지 않는 목사는 하늘 은혜가 임하는 복의 통로가 막힌 목사다. 찬송을 멀리하는 목사는 믿음의 기쁨을 도둑맞은 목사다. 걱정과 고민 속에 잠 못 이루는 목사는 하나님의 섭리를 도둑맞은 목사다. 노력도 하지 않고 포기한 목사는 하나님이 주신 소망을 도둑맞은 목사다. 하나님께서는 목사에게 삶의 목적을 운명이라는 이름으로 정해 놓으셨다. "우리는 그가 만드신 바라 그리스도 예수 안에서 선한 일을 위하여 지으심을 받은 자니 이 일은 하나님이 전에 예비하사 우리로 그 가운데서 행하게 하려 하심이니라"(엡 2:10).

하나님의 부르심을 받고 하나님의 일의 파트너가 된다는 것만큼 설레는 것은 없다. 하나님의 뜻에 따라 이 세상을 바꾸는 목사가 되는 것처럼 신나는 일은 없다. 이것이 바로 목사의 '운명'이다. 하나님은 이 운명적인 삶을 살 장본인으로 우리를 불러 목사가 되게 하셨다. 하나님은 목사가 그 뜻을 잘 이룰 수 있도록 목사를 인도하시는 분이다.

목회가 무엇인가? 목사가 목회에서 할 일이 무엇인가? 목사는 성도들과 하나님을 만나게 하는 사람이다. 성도들이 진정으로 하나님을 만나면 그들의 삶이 바뀐다. 세속적인 것에서 하나님 나라를 위한 것으로 방향이 전환된다.

결혼 날짜가 다가오는 것을 괴로워하는 신랑신부에게 결혼이 행복할 수 없다. 사형선고를 받고 집행 날짜를 기다리는 사형수의 기다림에 즐거움이 있을 수 없다. 내 계획을 위하여 하나님을 기다리는 기쁨이 아니라, 하나님의 계획에 내가 쓰임 받는 즐거움으로 기다리는 사람이 운명에 순응하는 사람이다.

시계가 틀리면 맞는 시계를 보고 바로 고쳐야 한다. 엉터리 시계에 맞추면 내 시계도 엉터리가 된다. 목사의 신앙 초점은 오직 하나님이어야 한다. 그분이 가장 완전하신 분이기 때문이다. 목사의 삶이, 즉 운명이 뭔가 잘못되어간다면 완전하신 하나님의 뜻에 우리의 삶을 맞추어야 한다. 목사는 기도와 말씀연구에 전념하면서 말씀을 선포하고 성도들을 위하여 사랑의 순교자가 될 각오를 가지고 살아야 한다. 목사는 거룩한 삶을 통해서 성도들의 영적인 진보가 나타나게 하는 사람이 되어야 한다. 목사는 보통 사람과 구별된 삶을 살지 않고서는 결코 복음의 증인이 될 수 없다는 것을 알아야 한다.

목사는 세상에서 세상 사람들과 더불어 살면서 세상을 본받지 않고 살아가는 사람으로 인정받아야 한다. 목사는 구원의 기쁜 소식을 추상적으로 전할 것이 아니라 영원한 진리를 구체적으로 생활환경에 적응하며 살아가는 모습을 보여주어야 한다. 목사에게는 하나님께서 맡겨 주신 성도들을 교육할 책임이 있다. 목사는 성도들이 성령 안에서 말씀에 따라 자기 소명을 계발하고 예수 그리스도 께서 우리를 죄악에서 해방시켜 주실 그 자유와 실천하는 진실한 사랑에 이르도록 보살펴 주는 능력을 가져야 한다.

목사는 섬김을 받으러 온 것이 아니라 섬기러 오신 스승 예수님의 모범에 따라 행동해야 한다. 목사는 기도할 때 하나님의 음성을 들을 수 있어야 한다. 목사는 목회에 도움이 되는 학문들에 관한 지식을 습득하는 일에 최선을 다해야 한다.

목사가 죽기 전에 꼭 해봐야 할 61가지를 통해서 지금까지 목사답게 살았는지를 반성해 보는 계기가 되었으면 좋겠다. 이 책에 들어 있는 목사의 핵심 가치를 얻고자 한다면 일 년 안에 적어도 세 번 이상 반복해서 읽기 바란다. 이 책에는 수많은 영맥(靈脈)이 있어서 단 한 번 읽어서는 그 모든 영적 보화를 다 캐낼 수 없기 때문이다. “시작이 반”이라는 말이 있다. 늦었다고 생각되는 지금이 바로 방향전환을 할 수 있는 시작이 된다. 지금 시작해도 늦지 않는다.

이 책이 목사님의 손에서 사랑을 받고 “바로 그거야! 나도 이런 목사가 될 거야!”라는 결심이 세워지고 실천될 때 하나님께 영광이 되고 교회에는 성장의 감격이, 목사님께는 넘치는 기쁨이 함께할 줄 믿는다.

2019년 1월 1일 새해 첫날에

김 항 안 목사

| Contents |

제 1 편 하나님의 기쁨을 품은 목사

제 2 편 예수님의 기쁨에 속한 목사

제 3 편 성령님의 기쁨에 잡힌 목사

제 4 편 교회와 기쁨을 나누는 목사

제 5 편 믿음의 기쁨을 전하는 목사

제 6 편 인생의 기쁨을 새기는 목사

제 7 편 성장의 기쁨을 즐기는 목사

제 1 편

하나님의 기쁨을 품은 목사

001 하나님을 만난 경험을 확보하라
002 하루에 2-3시간 이상 기도하는 목사가 되라
003 성경을 백독해 보라
004 성경 66권 중 최소 한 권의 주인공이 되라
005 성경전서를 필사본 해 보라
006 성경 구절 100개를 암송해 보라
007 '하나님의 사랑'을 원고 없이 몇 시간 이상 말할 수 있는 목사가 되라
008 주기도문을 일만 번 드려 보라
009 매년 첫 사례비(첫 열매)를 드리는 목사가 되라

하나님을 만난 경험을 확보하라

Bucket List **#001**

목회가 무엇인가? 목사가 목회에서 할 일이 무엇인가? 목사는 성도들이 하나님을 만날 수 있게 도와주는 사람이다. 성도들이 하나님을 만나면 생각과 말과 행동이 바뀐다. 그들의 삶도 바뀐다. 그들의 가정도 바뀐다. 하나님을 만난 성도들이 이 말씀들을 그대로 믿을 때 염려와 걱정을 뒤로 하고 하나님을 따르게 된다.

사람이 하나님께 가는 유일한 방법은 예수 그리스도다. 유일한 중보자도 예수님이다. 목사는 하나님께 가는 방법이나 중보자가 아니다. 목사는 성도들에게 하나님께 가는 방법을 알려주고, 중보자가 누구인지 알려주는 사람일 뿐이다. 목사도 중보자이신 예수님을 통해 하나님을 만난 사람이다. 목사는 하나님을 만난 경험을 다른 사람에게 알려주는 사람이다.

목사가 성도들에게 하나님을 만나도록 알려주려면 자신이 먼저 하나님을 만나야 한다. 목사가 하나님을 만난 경험을 확보하면 성도들에게도 하나님을 만나는 경험이 생기도록 도울 수 있다. 이 경험은 내가 찾아간 하나님이 아니라 내게 찾아오신 하나님을 만나는 경험이다. 내게 찾아오시는 하나님을 만난 경험이 진정한 신앙의 체험이 된다.

하나님은 사람을 부르실 때 찾아오신다. 하나님은 모세를 부르실 때 찾아오셨다. 하나님은 기드온을 부르실 때 찾아오셨다.하나님은 이사야를 부르실 때 찾아오셨다.하나님은 예레미야를 부르실 때 찾아오셨다. 이렇게 하나님은 목사를 부르실 때도 찾아오신다. 하나님의 일을 하라고 부르실 때 하나님이 찾아오신다. 목사는 하나님이 목사로 부름 받은 경험을 한 사람이다. 이 경험이 없는 목사라면 목사라는 직업을 선택한 것일 뿐이다. 그런 목사가 소위 말하는 삯꾼 목사다. 목사가 된 것은 선택에 따른 것이 아니라 하나님의 부르심에 의한 순종의 결과다.

만나러 오시는 하나님을 만나는 목사

하나님은 특별한 일을 맡기실 때 찾아오셨다. 모세를 부르실 때는 히브리 민족을 애굽에서 구해내기 위함이었다. 기드온을 부르실 때는 당신의 백성을 미디안으로부터 구하기 위함이었다. 이사야를 부르실 때는 당신의 백성에게 하나님의 아픔과 계획을 외치게 하려 함이었다. 사무엘을 부르실 때는 엘리 제사장에게 선언하기 위함이었다. 호렙산에서 엘리야를 부르실 때는 새로운 지도자들에게 기름을 붓게 하려 함이었다. 바울에게 찾아오셨을 때는 이방의 빛이 되게 하려 함이었다. 하나님께서 당신을 목사로 부르실 때는 무엇인가 맡기실 일이 있기 때문이다.

하나님은 사람이 위기를 당할 때 찾아오셨다. 하나님이 사람의 위기를 해결해주지 않으면 안 될 때 하나님이 사람에게 찾아오셨다. 하나님이 모세에게 찾아오실 때는 히브리 민족에게 위기였다. 하나님이 기드온을 찾아오실 때도 그 백성에게 위기였다. 사무엘에게 찾아오셨을 때도 위기였다. 예레미야를 부르실 때도 공동체의 위기였다. 하나님이 위기 때 당신의 종들을 부르시는 이유가 무엇일까? 그것은 위기를 극복하고 회복하려는 하나님의 계획이 있기 때문이다.

하나님이 호렙산에 머문 엘리야를 찾아오신 것은 엘리야가 죽음의 위협을 당한 뒤 극심한 탈진 상태일 때였다. 하나님이 만나주심으로 인해 엘리야가 탈진에서 벗어났다. 하나님이 얍복강에서 야곱을 찾아오실 때는 야곱이 극심한 불안감에 사로잡혔을 때였다. 하나님은 야곱의 불안감을 승리의 경험으로 바꾸셨다. 하나님은 목사가 위기에 처할 때 찾아오신다. 목사가 처한 공동체가 위기에 처할 때, 혹은 목사 개인이 위기에 처할 때 찾아오신다. 목사가 위기에 처했다면 그것은 하나님을 만나고 경험하는 기회다.

하나님을 만나면 하나님의 능력을 깨닫고 경험한다. 인간의 이성으로는 측량할 수 없는 하나님의 전지전능함, 인간의 생각으로는 도저히 표현할 수 없는 하나님의 위대하심을 경험한다. 그 경험이 제한적으로나마 표현되면 그 표현조차도 사람들에게는 은혜의 영향력으로 작용한다. 그래서 목사는 하나님의 존재와 능력을 깨달은 경험을 가지고 있어야 한다.

하나님을 만나는 경험은 목사에게서 일생일대의 중요한 사건일 수 있다. 목사가 하나님을 만난 경험이 강렬하고 많을수록 목사는 확실한 소명감을 갖는다. 그리고 하나님 앞에 겸손해진다. 목사는 다양한 상황에서 하나님과 만나는 경험을 확보한 사람이다. 목사는 하나님으로부터 소명의 경험, 사역의 경험 그리고 위기극복의 경험을 가진 사람이다. 목사는 하나님의 존재와 전지전능함을 경험한 사람이다.

당신은 그러한 경험이 개인적으로 확보되어 있는가? 어느 곳에서 누구 앞에서도 당당하게 하나님 만남의 경험을 이야기할 수 있는가? 하나님은 목사에게 찾아오신 것처럼 하나님과 만나는 경험을 들은 사람들에게도 찾아가시고 감동을 주실 것이다. 목사가 경험한 하나님을 사람들도 경험할 것이다. 그것은 순전히 하나님의 은혜다.

소중한 만남의 경험을 가진 목사

필자는 하나님을 만난 강력한 경험을 갖고 있다. 독일 유학을 앞두고 짧은 시간에 독일어 실력을 높이려는 욕심에 무리해서 공부했다. 화장실에 가는 시간이 아까워 물을 먹는 시간도 아끼면서 열심히 공부했다. 그렇게 3개월이 지날 즈음 어느 날 새벽 갑자기 배가 아파오기 시작했다. 지금까지 살아오면서 경험해 보지 못한 심한 통증이었다. 식은땀을 흘리면서 아픈 배를 움켜쥐고 뒹굴었다. 진찰결과 요로결석이었다, 나중에 알았지만, 그 아픔은 여자가 해산할 때의 통증과 같다고 한다.

결국 수술을 하고 한 주간이 흘렀지만, 상처가 아물지 않았다. 보통 사람들은 수술을 하고 며칠이 지나면 실밥을 풀고 상처가 아물어 퇴원하지만, 나는 그러질 못했다. 상처 부위로 물만 줄줄 흘렀을 뿐 수술 부위가 아물지 않았다.

그렇게 한달이 흘렀다. 담당 의사도 "칼로 몸을 째는 수술은 우리가 할 수 있는 일이지만, 상처를 아물게 하는 것은 본인이 해야 하는 일"이라며 걱정스러운 눈으로 바라만 봤다. 비슷한 수술을 한 환자들은 모두 상처가 아물어 퇴원했지만, 나는 여전히 누워서 수술한 부위가 붙기만 기다리는 신세가 되었다. 이대로 회복되지 않고 죽을 지도 모른다는 두려움 때문에 잠도 제대로 잘 수 없었다.

그러던 어느 날 밤 나는 수술 부위를 움켜쥐고 병원 3층에 있는 교회에 올라갔다. 캄캄한 밤에 혼자 앉아 기도하는 순간 이사야 53장 5절 말씀이 떠올랐다. "그가 찔림은 우리의 허물 때문이요 그가 상함은 우리의 죄악 때문이라 그가 징계를 받으므로 우리는 평화를 누리고 그가 채찍에 맞으므로 우리는 나음을 받았도다" 눈물을 흘리면서 이 말씀만을 수도 없이 반복했다.

몇 시간이 흘렀을까 갑자기 가슴이 뜨거워지는 것을 느꼈다. 그리고 그 자리에서 잠이 들었다. 새벽녘 꿈에 누군가가 내 손을 일으켜 세우는 것을 느끼는 순간 교회에 불이 켜지면서 꿈에서 깨어나게 되었다. 나는 지금도 그 손이 나와 함께하리라는 하나님의 권능의 손이라고 믿고 있다. 그리고 며칠 후 깨끗이 치유되는 감격을 맛볼 수 있었다.

내 아내 역시 나와 비슷한 체험을 했다. 두 번의 암수술을 하고 2개월 동안 투병생활을 하던 어느 날 밤 찬송가 370장 '주 안에 있는 나에게'를 부르다가 잠이 든 사이 말로 표현할 수 없는 찬란한 빛 가운데로 흰옷을 입은 예수님께서 나타나셨다. 그때 아내는 "사랑하는 내 딸아 내가 너와 함께하리라"는 말씀을 하시면서 머리에서 발끝까지 쭉 쓰다듬어 주시는 예수님을 만난 것이다. 그후 아내는 회복되었고 죽음에서 회복시켜 주신 하나님께 감사하며 매년 수술을 받은 12월 5일 '감사음악회'를 통해서 찬양으로 하나님께 영광을 돌리는 삶을 살고 있다.

– 나는 언제 하나님을 만난 경험을 했는가?

하루에 2-3시간 이상 기도하는 목사가 되라

Bucket List **#002**

목사의 영성(靈性, Spirituality)은 '기도'로 판가름 난다. 기도는 목사의 생명이다. 기도 안 하고 목사가 된 사람은 없다. 목사는 기도하는 사람이다. 목사가 얼마나 기도하는지는 목사 자신과 하나님만 아신다. 사실 목사가 얼마동안 기도해야 하는지 묻는다면 정확히 말하기 어렵다.

목사는 눈만 뜨면 기도하고, 눈을 감아도 기도한다. 목사는 길을 가거나 운전하면서도 기도한다. 목사는 일하면서 기도하고, 쉬면서도 기도한다. 목사는 자나 깨나 기도하고, 꿈속에서도 기도하고, 죽을 때까지 기도해야 한다. 그런 목사에게 기도하라니 어쩜 필자가 정신없는 사람일지 모른다. 그래도 나는 미친 척하고 목사에게 기도하라고 외친다.

기도는 목사의 목숨을 이어주는 숨통이다. 숨통이 막히면 죽는다. 목사에게서 기도가 사라지면 죽은 송장이나 다를 바 없다. 송장에게서는 고약한 냄새가 난다. 기도하지 않는 목사가 서 있는 강단에서 복음의 향기가 나겠는가? 썩은 냄새만 날 뿐이다. 기도를 게을리 하는 목사일수록 걸핏하면 기도가 아닌 다른 방법으로 문제를 해결하려 덤빈다. 그러면서도 "쉬지 말고 기도하라"(살전 5:17)고 말한다. 이율배반적 행동을 하는 것이다.

기도해야 산다. 기도하면 안 되는 일이 없다고 우리는 믿는다. 기도는 만능의 열쇠다. 기도는 영혼의 호흡이다. 기도는 막힌 담도 허문다고 믿고 우리는 부르짖는다. 이런 믿음은 목사 자신에게 먼저 해당된다. 그런데 목사는 자신에게 적용하지 않고, 교인들에게만 적용하려 든다. 교인들은 목사가 기도하는 줄 안다. 그래서 목사는 자신도 모르게 교인들 앞에서 기도를 많이 하는 척 할 수도 있다. 결국 목사는 기도의 위선에 빠지고 만다.

요즘 한국 교회 목사들은 너무 바쁘다. 예배 시간 전후를 제외하고 수시로 교회 강대상 앞에서 무릎 꿇고 기도하는 목사를 보기 힘든 세상이 되었다. 바쁘다는 핑계를 댄다. 설교준비, 심방, 상담 등 목회의 일정이 날마다 빠듯하고 이곳저곳에서의 모임도 수없이 많기 때문이다. 그러다보니 목사의 영성은 메마르고 심령이 팍팍하여 설교가 잘 안 된다. 목사는 교인들이 텅 빈 교회당 강단에서 혼자 기도하는 목사의 모습을 보고 싶어 한다는 것을 알아야 한다.

기도로 목회의 승부를 걸어라

목사! 당신은 기도와 함께 당신 삶의 변화를 추구하고 있는가? 믿음으로 기도하고 하나님의 때를 기다리는가? 시간을 정해놓고 기도하는가? 때로는 침묵의 기도, 묵상의 기도로 하나님이 말씀하실 기회를 드리고 있는가? 제대로 기도하기 위해서 기도노트를 준비하는 것도 좋은 방법이다. 기도할 제목이나 기도할 문제나 기도할 사람의 목록을 적어라. 그리고 기도의 우선순위를 정하라. 일하기 전에 기도하고 일하면서 기도하고 일을 마치고 기도하라. 성령의 도움으로 기도의 한계를 넘어라.

목사! 당신은 당신의 영혼을 위하여 기도하라. 당신의 영성을 위하여 기도하라. 당신의 건강한 사고와 건강한 정서, 건강한 삶과 건강한 육신을 위해서 기도하라. 당신의 가정과 가족을 위해서 기도하라. 당신의 양들과 이웃을 위하여 기도하라. 지역사회와 국가를 위해서 기도하라. 다음 세대를 위해서 기도하라. 노인, 장애인과 소외된 사람, 탈북자와 다문화 가족을 위해서 기도하라.

목사! 당신은 좋은 설교를 하기 위해서 기도하라. 현명한 상담자가 되기 위해서 기도하라. 자상한 치유자가 되기 위해서 기도하라. 온유한 인성과 넘치는 사랑을 베푸는 목자가 되기 위해서 기도하라. 화평과 평화를 만드는 리더가 되기 위해서 기도하라. 아무도 모르게 골방에 들어가 기도하라. 성령 안에서 영으로 기도하라. 하나님을 더 많이 알게 해 달라고 기도하라. 금식하며 기도하라. 때로 홀로 기도의 산에 올라 기도하라.

기도, 과연 목사의 중노동인가?

목사여, 요즘 너무 피곤한가? 뭐가 잘 안 되는가? 도무지 풀리는 것이 없는가? 뭔가 찜찜하고 설교가 안 되고 목회가 시원치 않은가? 그렇다면 만사를 다 내려놓고 엘리아처럼 로뎀 나무 아래로 가라. 사우나나 찜질방이 아닌 교회 강단으로 가라. 거기서 기도하라. 기도로 하나님을 독대하라. 하나님이 주시는 말씀을 먹고 성령의 생수를 마셔라. 기도로 목회의 승부를 걸어라. 간절한 믿음의 기도는 기적을 일으킨다. 하루에 두 시간 아니 세 시간 이상 기도하는 시간을 가져라. 기도가 우선이다. 만사를 제폐하고 기도하라. 반드시 승리하리라.

윤석전 목사가 시무하고 있는 연세중앙교회 대성전 중앙 십자가 밑에는 작은 돌비석이 있다. 거기에는 다음과 같은 글이 새겨져 있다.

"연세중앙교회 목회자 수칙"

- 하나님의 절대 능력으로 목회하기 위하여 하루에 5-8시간 이상 기도하며 목회하는 자
- 성령의 지혜와 지식으로 목회하는 자
- 하나님의 말씀에 절대 복종하여 목회하는 자
- 믿음과 성령충만으로 귀신을 쫓아내며 병을 고치는 이적과 능력으로 목회하는 자
- 말씀, 기도, 믿음, 성령충만, 구령의 열정으로 죽도록 충성하며 성경의 정체성을 가지고 목회하는 자

–하나님의 사역을 위하여 자기 목숨을 조금도 귀한 것으로 여기지 아니하고 하나님의 기쁘신 뜻대로 생애를 바쳐 순교의 정신으로 목회하는 자
–혈육과 물질을 초월하여 목회하는 자
–"오직 성령이 각 성에서 내게 증거하여 결박과 환난이 나를 기다린다 하시나 나의 달려갈 길과 주 예수께 받은 사명 곧 하나님의 은혜의 복음 증거하는 일을 마치려함에는 나의 생명을 조금도 귀한 것으로 여기지 아니하노라" 하신 말씀대로 목회하는 자

위와 같이 실천하는 자만이 본 강단에서 목회할 자격자다.

주후 2005년 5월 5일
담임목사 윤석전
연세중앙교회 성도 일동

하나님의 절대 능력으로 목회하기 위하여 하루에 5-8시간 이상 기도하지 않고서는 그 교회 목사가 될 수 없다는 말이다. 그 강단에서 말씀을 선포할 자격이 없다는 말이다. 두렵지 않은가? 떨리지 않는가?

윤석전 목사는 기도하는 목사다. 윤목사에게 목회의 좌우명은 기도다. 기도하라고 말만 하지 않고 자신이 하루 8시간을 기도한다. 윤목사는 기도에 승부를 걸어 승리한 목사다. 그래서 교인들도 기도한다. 아무 때나 연세중앙교회에 가보라! 연세중앙교회에는 일 년 365일 기도하는 성도가 있다. 연세중앙교회에는 하루 24시간 교회에 나와 성전에서 기도하는 성도가 항상 있다. 그런 교회를 보시는 하나님께서 기뻐하시지 않겠는가?

기도를 하려면 무릎을 꿇고 앉아 오랜 시간을 보내야 한다. 그것도 아무 대답도 없는 상대를 향해서 말해야 한다. 응답도 분명치 않다. "예스, 노, 기다려라" 의 셋 중 하나다. 그렇게 생각하면서 기도하니 기도가 힘들어 지고 심지어

는 기도가 중노동처럼 생각된다. 기도는 목사를 부담스럽게 하는 게 아니다. 기도가 하나님을 만나는 시간인데 어찌 부담스럽단 말인가? 기도는 나약한 목사를 강하고 능력있게 만들어 준다.

목사여, 혼자 기도하는 시간을 가지라. 목사여, 기도하라. 기도하면서 살아계시는 하나님을 만나라. 기도가 응답되는 것을 체험하라. 자신을 하나님께 내려놓아라. 하나님 앞에서 발가벗으라. 회개하라. 성령의 불을 체험하라. 자신을 새롭게 발견하라. 그 길은 오직 하나 기도뿐이다.

– 하루 몇 시간을 기도하는가? 기도를 못하는 핑계거리가 있다면 적어보자.

성경을 백독해 보라

Bucket List **#003**

초등학교에 들어가기 전 서당에 다녔다. "하늘 천 따지 가물 현 느루 황"(天地玄黃)으로 시작하는 천자문(千字文)을 뜻도 모르고 읽고 또 읽었다. 무릎을 꿇고 정자세로 바로 앉아서 읽었다. 허리를 조아리면서 무조건 외웠다. 훈장님이 정해준 만큼 다 외우지 못하면 회초리로 종아리를 맞아가면서 외웠다. 그날 분량을 반드시 다 외워야 집에 갈 수 있었다.

세종대왕의 이야기 중 이런 대목이 있다. "충녕(忠寧/세종대왕의 이름)이 몸을 생각하지 않고 글을 너무 읽어 몸이 약해졌으니 건강이 회복될 때까지 책을 못 읽게 해야겠다. 왕자 방의 모든 책을 내 방으로 가져오너라."는 태종의 명령에 왕자 방의 모든 책은 옮겨지고 말았으나, 병풍 사이에 책 한 권이 남게 되었다. 책 읽기를 좋아하는 충녕은 그 책을 백 번 읽었다. 그 결과 한 권의 책을 보지 않고도 외우고 쓸 정도로 학문의 진수를 깨우쳤다. 충녕은 훗날 글을 읽지 못하는 백성을 위하여 만고에 남을 한글을 창제하였다.

나는 신학을 공부하면서부터 성경책을 손에서 놓은 적이 한 번도 없었다. 특히 목사에게는 성경책이 필수품이다. 막말로 '성경은 목사의 밥통이다'. 우리 솔직하게 말해보자. '성경을 얼마나 읽었는가?' 스스로 '성경을 백 번 안 읽고 목사가 된 사람은 도둑놈이다'라는 말이 뇌리에 박혀 있어야 한다. 성경으로 밥 먹고 사는 목사가 성경을 백 번도 안 읽고 설교한다면, 양심적으로 진짜 목사인지 가짜 목사인지를 자신에게 물어 보아야 한다.

명경지수(明鏡止水)란 말이 있다. '맑은 거울처럼 환히 들여다보이는 물'이란 뜻이다. 물이 맑아야 물속이 들여다보인다. 성경도 그렇다. 마음이 맑아야 성경 속이 들여다보인다. 성경이 맑게 보이기 위해서는 먼저 내 마음이 맑아야 한다. 성경을 읽기 전에 회개의 기도를 하고, 깨끗이 비운 마음으로 성경을 읽어야 한다.

성경을 한두 번 읽어서는 모른다. 성경은 최소한 백 번은 읽어야 내용을 알 수 있다. '아는 것만큼 보인다'는 말이 있다. 성경을 많이 읽어 말씀을 많이 알면 힘 있는 목사가 된다. 설교에 힘이 붙는다. 성경을 백 번 정도 읽고 나면 성경책을 덮어놓고 눈을 감아도 성경 속이 환히 보일 것이다.

성경에서 말씀이신 하나님을 만나는가?

아주 기초적인 말부터 해 보자. '성경은 하나님의 말씀이다.' 목사에게 이런 말을 해서 죄송하다. 그러나 유감스럽게도 목사들 가운데에 성경을 하나님의 말씀이라고 생각 안 하고 목사 짓을 하는 목사가 있다. 내가 지금 거짓말을 한다고 생각하는가? 그런 목사를 멀리 가서 찾지 말자. 당신이 지난 주일에 강대상에 서서 설교할 때, 정말 진실한 마음으로 성경이 하나님의 말씀이라고 생각하면서 설교했는가? 미안한 질문이다. 그러나 진짜 당신이 그런 마음으로 설교했다면 참 잘한 일이다. 목사는 뼈에 사무치도록 '성경은 하나님의 말씀이다'라고 믿어야 한다.

성경은 목사의 생명이다. 목사는 죽을 때 성경을 베고 죽어야 한다. 죽어서 관에 들어갈 때도 성경을 안고 들어가야 한다. 성경은 책이다. 성경은 분명히 인쇄물이다. 성경은 찢으면 찢어지고 불에 넣으면 탄다. 그럼에도 불구하고 성경은 하나님의 말씀이다. 성경이 왜 하나님의 말씀인가? "모든 성경은 하나님의 감동으로 된 것으로 교훈과 책망과 바르게 함과 의로 교육하기에 유익하니 이는 하나님의 사람으로 온전하게 하며 모든 선한 일을 행할 능력을 갖추게 하려 함이라"(딤후 3:16-17) 더는 할 말이 없다.

이런 성경을 말살하려고 한 적이 있었다. 로마시대에 순수 신앙인은 산간벽지에 숨어서 성경을 지켰다. 그들은 비단 장사꾼으로 가장하여 마을에 내려와 "비단 사시오. 비단 사시오"를 외치다가 그들을 영접하는 집에 들어가서 "비단을 한 번 보여 주시오" 하면 비단을 싼 보따리를 풀어 성경책을 보이며 "이 책은 하나님의 말씀을 기록한 책입니다" 하고 소개하며 전도를 했다. 그들은 조상 때부터 부모, 자식 손자까지 3대를 이은 약 3백 년의 긴 세월 동안 성경을 보존하고 전했다.

우리나라에서 일제 강점기에 성경은 말할 수 없는 수난을 당했다. 1945년 해방 전에 일제는 조선인에게 구약성경을 읽지 못하게 했다. 그때 그리스도인들은 구약성경을 땅에 파묻어서 지켰다. 성경을 하나님의 말씀이라고 믿었기 때문이다. 성경은 옛날 선지자나 사도나 그 시대 사람들에게만 해당되는 하나님의 말씀이 아니다. 지금의 우리에게도 여전히 성경은 살아 계신 하나님의 말씀이다.

독경(讀經) "이스라엘아 들으라"(신 6:4-9)

성경은 무조건 읽어야 한다. 그냥 읽을 것이 아니라, 마음을 정돈하고 바른 자세로 읽어야 한다. 원불교에서는 저녁 9시부터 11시까지 모여서 염불 대신 '일원상서 원문' 10독을 한다. 하루 종일 일터에서 지치고 피곤한 몸이지만, 교무들이 하는 음성에 따라만 간다. 그렇게 7-8독을 하면 점점 정신이 집중되고 상쾌하고 맑아진다고 한다. 비록 영혼구원과 상관이 없는 독경도 정신을 맑게 한다니 기독교인들이 다시 생각해 볼 심각한 문제가 아닐 수 없다. 원불교 교인들은 독경할 때는 경건히 합장하는 마음으로 모든 망념을 내려놓는다고 한다. 그러기 위하여 한참 동안 좌선 또는 염불을 한다. 일체 망념을 놓아버린 맑은 마음이 중요하기 때문이다.

목사도 원불교에서 배울 것이 있다. 목사는 성경을 읽을 때 어떤 자세로 읽는가? 편한 자세로, 차 한 잔 마시면서, 좋아하는 음악도 들으면서, 피곤하면 누워서 성경을 읽지는 않는지 물어보고 싶다. 정말로 성경이 하나님의 말씀이라고 믿으면 읽는 자세를 바꿔야 한다. 성경을 앞에 놓고 바른 자세로 앉아라. 할 수만 있다면 옷도 제대로 입어라.

두 손을 모으고 기도부터 하라. 마음을 비우고 회개할 것이 없나 자신을 살피라. 심령에 흠집이 발견되면 지체 없이 회개의 기도를 하라. 그리고 성경을 정독하라. 열린 마음으로 성경을 읽으면 처음에는 당신이 성경을 읽을 것이다. 그러나 한참 읽다 보면 성경이 당신을 읽고, 마침내는 하나님이 당신을 읽을 것이다. 한꺼번에 성경을 다 읽을 생각을 말고 규칙적으로 정해놓고 읽어라.

필자의 경우 하루에 성경 한 권을 읽었다. 하루는 창세기를 읽고, 다음날은 출애굽기를 읽었다. 시편을 읽는 날은 힘이 들었지만, 신약의 요한이서는 쉬웠다. 보통의 경우에는 한 권을 읽고 짧을 경우 하루 정한 시간만큼 더 많이 읽으면 쉬워진다.

오늘의 디모데가 되라

디모데는 젊은 목회자였다. 사도 바울을 만나 복음을 받아들였다. 바울의 영적 아들로 "장로의 회에서 안수 받아"(딤전 4:14) 목사가 되어 바울의 동역자가 되었다(행 16:1-3). 마게도냐에 파송되어 목회를 했고(행 19:23), 바울이 예루살렘에 갈 때 같이 갔다가 감옥에 투옥되기도 했다(행 20:1-5). 그후에는 에베소에서 본격적인 목회활동을 했으며(딤전 2:3), 바울이 로마에서 옥고를 치를 때에 로마에 가기도 했다(딤후 4:19).

디모데에게 성경은 자신의 신앙을 정립시키는 교과서였다. 성경은 그의 목회 철학이기도 했다. 디모데는 어려서부터 성경을 읽었다. 한두 번 읽은 게 아니다. 어쩌면 목숨을 걸고 읽었을 것이다. 그는 성경에서 모든 것을 배웠다. 바울이 그렇게 가르쳤다. "너는 배우고 확신한 일에 거하라 너는 네가 누구에게서 배운 것을 알며 또 어려서부터 성경을 알았나니 성경은 능히 너로 하여금 그리스도 예수 안에 있는 믿음으로 말미암아 구원에 이르는 지혜가 있게 하느니라"(딤후 3:14-15) 디모데에게 성경은 목회의 모든 것이었다.

오늘의 디모데가 되고 싶은가? 그렇다면 성경을 읽어라. 목사에게 성경을 읽으라는 말이 뚧은 말로 들릴지 모른다. 그러나 이는 하나님이 목사에게 하시는 말씀이다. 새벽기도회에 다녀와서 신문을 읽기 전에 성경을 읽어라. 정장하고 바로 앉아서 기도하는 마음으로 성경을 정독하라. 성경을 백독(百讀)은 해야 성경을 알 수 있다. 성경을 백독은 해야 성경이 보인다. 성경을 덮어 놓고도 속이 훤히 보일 정도로 성경을 읽어라. 목사가 되어 죽기 전까지…….

– 나는 성경을 몇 번이나 읽었는가? 성경 백독(百讀)을 위한 나의 계획은 무엇인가?

성경 66권 중 최소 한 권의 주인공이 되라

Bucket List **#004**

목사는 설교자다. 목사는 설교할 때 말씀이 곧 하나님이 되게 해야 한다. 설교는 성도들에게 살아있는 하나님을 보여주는 시간이다. 그러나 많은 목사가 성경에서 살아 있는 하나님을 만나지 못했기 때문에 생명이 없는 죽은 설교를 한다. 설교를 듣는 성도들 역시 살아 계시는 하나님을 전혀 경험하지 못한다. 목사는 설교를 하면서 말씀으로 계시하시고 말씀을 통해서 자신을 주시고 계심을 확신하는 설교를 해야 생명이 넘치는 설교가 된다는 것을 알아야 한다.

목사는 하나님이 주신 복된 소식을 전하는 사람이다. '하나님이 예수 그리스도를 통해서 우리에게 해 주신 일이 무엇인가? 또한 지금 이 순간 해 주시고, 앞으로 해 주실 일이 무엇인가? 그래서 우리가 어떤 존재로 바뀌었고, 바뀔 것인가?' 하나님은 이 질문의 대답이 목사가 하는 설교를 통해서 전해지기를 원하신다. 이것을 아는 목사에게는 설교가 부담되지 않는다. 할 말이 너무 많아서 무엇을 빼야 할지 걱정할 정도가 되어야 한다. 그런 설교는 쉽게 만들어지고 힘이 넘친다. 설교는 성경을 보면서 펌프질을 하는 것이 아니라 생명수가 넘치는 보가 왕창 터지게 하는 것이기 때문이다.

목사는 설교를 준비하면서 스스로 용기를 얻고 기쁨이 넘쳐야 한다. 설교를 준비하면서 감동의 눈시울이 적셔지지 않으면 절대로 성도들을 감동시키지 못한다는 것을 알아야 한다. 주께서 내게 해주신 일, 그래서 내가 어떤 존재가 되었는지 나 스스로 느끼고 감사가 넘쳐야 은혜가 넘치는 설교가 된다. 목사가 설교를 하기 위해서 강단에 선 것은 설교를 듣는 성도들을 살리기 위함이다. 불이 불을 살린다. 생명이 생명을 탄생시킨다. 목사는 자신이 성도들을 살리는 사람임을 명심해야 한다.

목사는 평생 설교자로 살지만 성경 66권 전체를 본문으로 정하고 설교하는 경우는 매우 어렵다. 주일 낮 한 번으로는 불가능하기에 주일 저녁예배 혹은 수요예배까지 활용하여 한 권의 내용과 핵심메시지를 전달하는 목사도 간혹 있다. 이렇게 하면 성경 전체의 설교가 가능하다. 물론 이렇게 하려면 목사가 상당히 많은 노력을 해야 한다. 단순하게 성경개론서를 보고 베끼거나 전달하는 수준이 아니라 자신이 읽고 이해하고 경험하며, 각 권의 시대적 상황과 현대적 적용이 가능해야 한다.

목사는 성경 66권 전체 중 한 권을 중점적으로 연구하고, 그것을 설교사역에 활용하는 것도 가능하다. 목사가 자신의 설교사역에서 중점적으로 활용하는 본문을 66권 중 한 권을 정할 수 있다. 66권 중 한 권을 집중적으로 연구하고 그 책이 66권 중에서 어떤 위치를 차지하고 있는지, 66권 중 다른 책과는 어떤 관계성을 갖고 있는지, 그 책의 핵심메시지가 무엇이며 성경에 증거된 하나님의 뜻과 어떤 상관관계가 있는지를 집중적으로 연구하면 된다.

한 권의 사람

목사는 어느 순간 갑자기 설교를 부탁받을 때가 있다. 그때 어떤 본문으로 무슨 내용을 말할 것인지 쉽게 정하지 못할 수 있다. 그럴 때 66권 중 한 권을 집중적으로 연구했다면 쉽게 해결할 수 있다. 66권 중 한 권을 정해서 연구하되, 전체의 내용과 메시지를 바라보는 눈이 필요하다. 한 구절을 깊이 묵상하면서 그 구절이 그 책에서 어떤 위치를 차지하고 있는지, 그 책의 맥락에서 그 구절이 무엇을 의미하는지를 밝혀낼 수 있어야 한다. 목사는 평생 설교자로 사역하면서 최소한 66권 중 한 권 만큼은 그렇게 할 줄 알아야 한다.

마틴 루터는 로마서를 읽고 묵상하면서 이신칭의의 영적 원리를 발견하였다. 그는 성경연구를 하되 전체적으로 할 수도 있었겠지만, 로마서와 갈라디아서 그리고 시편을 집중적으로 연구했다. 루터는 개혁자로 나서기 이전에 신학교에서 가르칠 때도 로마서를 강해하기로 결심하였다. 바울은 로마서를 연구하는 중에 믿음으로 의롭게 되는 진리를 확신하였고, 그 진리는 그의 이성과 마음을 사로잡았다. 그의 확신이 용기로 나타나고 개혁의 시발점이 되었다. 로마서 1장과 갈라디아서에서 언급된 이신칭의의 영적 원리는 루터의 삶을 완전히 뒤바꿔놓는 방편이었다. 그리고 마틴 루터가 기록한 로마서 설교의 서문은 후에 존 웨슬리의 마음을 뜨겁게 했고, 믿음과 죄사함의 확신을 갖게 했다(존 웨슬리의 일기, 1738년 5월 24일).

칼 바르트도 로마서 주석을 썼다. 그 역시 66권 중 한 권의 사람이었다. 그의 로마서 주석은 당시의 고통스런 세계에 아무런 답을 주지 못하는 합리주의와 자유주의적 신학계에 충격을 가져다주었다. 사회적 문제와 제1차 세계대전에 직면해서도 신학자들이 아무 것도 제시하지 못하고 있었다. 바르트는 신학과 교회의 현실적인 과제에 대하여 깊이 성찰하였고, 그 결과 1919년 로마서 강해가 출판되었다. 이 책은 1920년대 초 안일에 빠져 있던 신학자들에게 충격을 주었고 자유주의에 반하는 신정통주의 신학을 일으키는 계기가 되었다.

필자의 경우에는 성경 전체 중 시편을 택했다. 시편을 쓴 사람은 하나님이 어떤 분인지를 잘 고백하고 있다. 시편을 기록한 당사자가 당한 고난, 그가 누렸던 기쁨, 하나님과 교제하면서 깨달은 진리와 은혜가 잘 표현되어 있다. 사람이 처한 다양한 상황에서 어떻게 인격적인 성숙을 이루고 영적 침체가 올 때 어떻게 극복하고 하나님을 찬송할 수 있었는지를 알게 해 준다.

시편에서 우리는 현실세계에서 사람들이 느끼는 다양한 감정들을 접하게 된다. 부정적인 감정을 어떻게 극복하고 인격적인 성숙을 이루는지 길을 알려 준다. 필자는 시편 한 편과 성경에 등장하는 인물 한 사람을 선정하여 영성과 행동을 시편을 통해서 조명한 책(김항안 목사의 시편의 영성산책: 닮음 1,2,3권: 글로리아 2010년, 총 1,300페이지)을 출판했다. "시편의 영성산책"은 우리의 병든 영혼을 치유하는 영적 양약이요, 우리의 신앙을 바르게 이끌어주는 지침서가 될 것이다.

한 권의 효과

많은 주석집은 나름대로 가치를 갖고 있다. 그러나 전문가 한 사람에 의해 쓰인 주석들이 모여 편집된 주석집들이 언어적으로 충실하다. 보다 더 깊은 연구의 산물일 수도 있기 때문이다. 주석을 살 때는 한 권을 주석한 단행본이 좋다. 그런 책은 단순히 성경 본문을 풀어가는 정도에 머물지 않고 한 책에 관한 저자의 깊은 통찰과 묵상의 결과를 볼 수 있기 때문이다.

66권 중 한 권의 사람이 되려면 그 책에 관련된 다양한 서적들을 읽어야 한다. 어떤 목사는 요한복음을 좋아해서 요한복음에 관련된 서적들을 상당히 확보하고 있다. 어떤 목사는 구약의 이사야서를 좋아해서 이사야 주석을 비롯한 연구서와 잡지, 논문들을 갖고 있다. 이러한 작업은 신학교 교수에게만 필요한 것이 아니다. 이것은 성경을 가까이 하고, 성경을 중심으로 설교하는 목사에게도 필요하다.

한 책의 사람이 되려면 어떻게 해야 할까? 우선 자신이 은혜를 받은 본문이 무엇인지, 자신의 설교와 가르침의 관심이 어디에 있는지를 점검해야 한다. 관심을 둔 책이 있다면 그 책의 원어, 번역본 등을 읽어보고 전반적 연구와 세부적 연구를 병행한다. 시간이 부족하다고 생각되거나, 자신의 역량이 부족하다고 생각되면 양이 적은 책을 정할 수 있다.

성경 한 권의 전문가가 되면 자신의 설교와 가르침 사역에 적용할 수도 있다. 또 특색있는 표현도 가능해진다. 그 책에 관해서는 정확하게 꿰뚫고 있기에 생활에 적용하는 방법은 물론이고, 다른 목회자들의 설교사역과 가르침에도 도움을 줄 수 있다. 그렇게만 하면 어디에서든지 자신이 연구한 책과 관련된 이야기를 할 수 있고, 다양한 관점에서 글을 쓸 수 있을 것이다. 66권 모두가 목사에게 중요하지만 특별히 한 권을 깊이 연구한 한 권의 사람이 되어보는 것을 추천하고 싶다. 한 권의 전문가가 되면 이후 66권 모두의 사람이라고 인정받는 날이 올 것이다.

– 나는 성경 66권 중 어떤 책의 목사라고 생각되는가?

성경전서를 필사본 해보라

Bucket List **#005**

서예를 배우고 싶어서 학원에 다닌 적이 있었다. 첫날, 학원 원장님은 먹 갈기부터 가르쳤다. 벼루에 물을 붓는 순서부터 예사롭지 않았다. 물을 받아오되 두 손으로 받쳐 들고 일자 걸음으로 자리에 와서 정중히 앉아야 했다. 그리고 자신을 붓는 마음으로 물을 벼루에 붓고 잠시 자신을 들여다보라고 했다. 한참 후에 먹을 가는데 평심을 잃지 말고 온 마음을 다하여 갈되 힘은 주지 않고 천천히 갈아야 했다. 먹을 찍어 올려 볼 때 먹물이 짙은 옹심을 이루고 천천히 떨어지면 그때부터 쓰기를 시작한다.

이어서 신문지를 펴놓고 두 손으로 부드럽게 쓰다듬은 후에, 붓에 먹을 조심스럽게 묻혀서 온 몸의 힘을 손에 집중시키고 왼쪽에 힘을 몰아넣은 채로 오른쪽으로 '쭉~' 당긴다. 마칠 때는 호흡을 가다듬고 '콱' 누르고 조금도 주저함이 없이 붓을 들어 올린다. 이렇게 한 일 자를 쓴다. 한 번 쓰는 게 아니고, 무려 두 시간 동안 한 일자만 쓴다. 그렇게 쓴 한 일자를 원장님이 보고 고개를 젓는다. 글자가 안 됐다는 표시다. 그러면 다시 쓴다. 이렇게 한 일자만 하루에 두 시간씩 한 달 내내 썼다. 쓰고 또 쓰고, 정말 미칠 지경이었다. 그렇게 시간이 지난 후 제대로 된 글을 쓸 수 있었다.

좋은 글을 쓴다는 것은 쉬운 일이 아니다. 읽혀지는 글이 있는가 하며 안 읽혀지는 글도 있다. 무게가 있는 글이 있는가 하면 가벼운 글도 있다. 글에 마음과 혼을 담으면 글이 살아서 움직인다. 그러나 글에 정신이나 얼이 없으면 죽은 글이 되고 만다. 좋은 글, 잘 쓴 글, 읽혀지는 글, 뜻이 담겨 있는 글, 무게 있는 글을 쓰기 위해서는 글쓰기의 기초부터 배워야 한다.

옛날 목사님들은 원고지나 대학노트에 설교를 또박또박 써서 강대상에 가지고 올라가 설교를 하셨다. 그 시대의 목사님들이 그립다. 오늘날의 목사는 글쓰기의 기초부터 배워야 한다. 시간이 많이 걸리고 힘들어 손가락이 아파도 참고 앉아서 설교원고를 작성하여 설교를 해보라. 뭔가 다른 감동을 받을 것이다.

목사가 자신의 설교에 은혜와 감동을 받아야 교인을 감동시키고 은혜를 베풀 수 있다. 글쓰기의 기본으로 돌아가라. 그러면 자신도 모르게 자신의 설교에 엄청난 감동을 받고 은혜를 나눌 수 있을 것이다.

성경 사본의 신비 체험

구약시대에는 인쇄술이 발달되지 않아서 모든 글은 필사본을 했다. 선지자들이 하나님의 계시를 받으면 말씀으로 선포한다. 선포된 말씀은 공기 중에 흩어지기 때문에 그 말씀을 두루마리에 받아 적어놓았다. 제사장들은 선지자들이 선포한 말씀을 기록했다. 서기관의 본분이 두루마리에 기록된 말씀을 사본하는 일이다. 그들은 하나님의 말씀을 두렵고 떨리는 마음으로 옮겨 적었다. 예를 들어서 '하나님'[אֵל(el) אֱלהכ(elohim)]을 적을 때, 감히 종전의 몸가짐과 쓰던 붓으로 쓸 수 없어 목욕재개하고 다른 붓으로 다른 먹을 찍어서 '하나님'을 적었다.

그것도 불경스럽다고 해서 AD 6-7세기경에 히브리어에서 '하나님'으로 표기되는 단어의 각 네 자음자(子音字)를 모아서 יהיה(YHWH)로 읽을 수 있게 한 대치모음을 마소라사본이 받아들였다. 여기서부터 '야웨' 또는 '여호와'(Jehovah)라는 말을 사용하기 시작했다. 이는 '하나님'을 네 자음자인 YHWH에 결합시킴으로 기인된 인공서식(人工書式)으로 AD 1520년경에 있었던 페트루스 갈라티누스(Petrus Galatinus)의 것이라고도 한다.

바벨론 포로 이후(BC 538년 이후)에는 거룩한 이름인 여호와를 부르는 것은 불경죄를 범하는 두려운 일로 간주되어 일반적으로는 사용되지 않았다. 그래서 여러 가지 대용명칭이 사용되었는데, 그 중에서도 אֲדֹנָי(adonay)가 주로 사용되었다. 맛소라 학자들은 반드시 '아도나이'라 읽도록 규칙으로 자음 YHWH에 모음을 첨가시켰다. 네 자음의 YHWH와 아도나이라는 모음의 두 결합에서 인공적인 이름이 생기게 된 것이다. 그러나 최근에는 70인역이 이것을 κύριος(주)라고 번역하고 있다. RSV는 LORD(특히 대문자만을 사용하고 있다)로 기록하고 있다.

하나님 혹은 하나님의 말씀을 기록한다는 것은 이만큼 두렵고 떨리는 것이었다. 성경은 성경말씀의 지엄함을 이렇게 말씀한다. "내가 이 두루마리의 예언의 말씀을 듣는 모든 사람에게 증언하노니 만일 누구든지 이것들 외에 더하면 하나님이 이 두루마리에 기록된 재앙들을 그에게 더하실 것이요 만일 누구든지 이 두루마리의 예언의 말씀에서 제하여 버리면 하나님이 이 두루마리에 기록된 생명나무와 및 거룩한 성에 참여함을 제하여 버리시리라"(계 22:18-19) 일점일획도 가감할 수 없는 하나님의 말씀인 성경을 항상 경건한 몸과 마음으로 대해야 할 것이다.

하나님의 말씀을 육필로 체험하라

하나님의 말씀인 성경을 직접 기록하는 일은 아무나 하지 못했다. 성경을 기록하는 일은 구약시대에 제사장이나 서기관에게만 허용되었다. 그런 특권을 경험한다는 것은 보통 일이 아니다. 지엄하신 하나님의 말씀을 한 자 한 자 손으로 옮겨 쓴다는 것은 신비로운 체험이다. 성경의 모든 말씀이 하나님의 영감으로 주어진 것과 같이 성경책의 이름과 배열순서는 하나님의 섭리적인 역사로 확정된 것이다.

성경 66권은 구약 39권과 신약 27권으로 구성되는데, 이것은 이사야서가

66장으로 구성된 것과 비교해 보면 매우 놀라운 사실이다. 성경 66권의 각 책이 이사야 66장의 각 장과 순서대로 매우 긴밀한 연관을 갖고 있기 때문이다.

성경의 장은 총 1,189장으로 구약이 929장이며 신약이 260장이다. 성경 장의 총수와 관련해서는 별다른 이론이 없었다. 반면 지금까지 가장 일반적으로 통용되었던 성경의 절은 총 31,175절이라는 것이었으며, 성경 전체의 중간 절은 시편 118:8이고, 이 구절은 14단어이기 때문에 중간 두 단어는 성경의 가장 중간에 있는 단어가 "The Lord"(주님)이 라는 것이었다.

한편 성경 전체의 절 숫자를 세는 사람마다 각각 30,442절, 31,170절, 31,173절, 31,101절, 그리고 31,102절 등으로 다소 차이를 보임에 따라 다양한 숫자가 제시되었었다. 그런데 현재는 컴퓨터 프로그램을 이용하여 단순하게 숫자를 세는 것은 간단한 과정인지라 성경 전체의 절을 정확하게 확인한 결과 총 31,102절이다. 구약이 23,145절이며 신약이 7,957절이다.

성경 전체의 단어를 세는 것은 보다 어려운 일이어서 절 숫자의 다양한 차이만큼 여러 숫자들이 제시되었으나, 로렌스 반스 박사가 컴퓨터로 확인한 결과 영어 킹제임스 성경은 788,258단어다. 구약이 609,247단어고 신약이 179,011단어다.

반면 우리말의 경우에는 조사도 한 단어로 취급하기 때문에 영어와 같이 단어 수를 세는 것이 용이하지 않아서 아직 정확한 통계가 없다. 다음에 제시된 성경의 장, 절, 단어는 영어 킹제임스 성경을 기준으로 한 것이며 한글번역 킹제임스 성경 역시 장, 절이 동일하다.

킹제임스 성경으로 성경의 장, 절, 단어 수를 제시해 본다. 구약의 경우 합계가 929장이다. 절로는 23,145이다. 단어 수로는 총 609,247이다. 신약은 총 260장이다. 절로는 7,957다. 단어 수로는 총179,011다. 신구약전서 총계로 총 1,189장 총 31,102절 총 788,258단어다. 이 방대한 성경전서를 손으로 직접 써 본다는 것은 놀라운 체험이다. 귀로 듣는 것보다 눈으로 보는 것이 낫고, 눈으로 보는 것보다는 손으로 만져보는 체험이 더욱 체험적이다.

불교가 명상의 종교라면 기독교는 체험의 종교다. 하나님을 체험하지 않고 목사 짓을 한다는 것은 부끄러운 일이다. 하나님의 말씀을 한 자 한 자 정성을 다하여 적어보아라. 말씀을 직접 적어보아라. 그러면 주님의 체온을 느낄 것이다. 주님을 만날 것이다. 성령의 체험을 하게 될 것이다. 목사로 태어나서 죽기 전에 성경전서를 손으로 필사본 해 보아라. 시간과 방법은 각자 처지에 맞게 정하면 된다. 하루 한 번 정해진 시간 정장을 하고 교회나 정해진 장소에서 앉아 쓰면 된다. 그러면 당신이 달라질 것이다.

– 나는 성경을 필사본하고 있는가? 해 볼 계획은 있는가?

성경 구절 100개를 암송해 보라

Bucket List **#006**

EBS 방송에서 '기억력의 비밀'을 방영한 적이 있다. 방송에서는 사람에게는 어린 시절 소소한 일상까지 기억하게 되는 오래된 기억이 있는 반면, 방금 있었던 일도 잊어버리게 되는 기억이 있다는 기억력의 정체를 밝히는 등, 기억력에 관한 궁금증을 명쾌하게 설명해 주었다. 먼저 남녀의 기억력이 어떤 식으로 다른지, 아이가 성장하면서 기억력이 어떻게 자라는지를 통해 뇌가 '기억'을 어떤 방식으로 처리하는지 의학적으로 설명했다.

사람의 기억력에는 한계가 있다. 그렇다고 기억력의 한계에서 자포자기하고 머물러 있어서는 안 된다. 인간 기억력의 한계를 극복할 필요가 있다. 이 한계를 극복하는 비결이 무엇일까? 그것은 하나님에게 있다. 하나님은 인간이 기억력의 한계를 넘을 수 있게 하신다. 무한한 능력을 가지신 하나님을 믿으면 된다. 믿음은 말씀으로 축약된다. 말씀을 암송하는 것은 인간에게 내재되어 있는 능력을 발휘하는 것이다.

성구 암송이 유익한 이유

우리는 왜 성경을 암송해야 하는가? 성경은 하나님의 말씀이기 때문이다. 성경 암송은 하나님의 말씀을 마음에 담는 것이다. 사람은 마음에 있는 것을 입으로 말한다. 사람의 입에서 나오는 말을 들어보면 그 사람이 무슨 생각을 하고 있는지 알 수 있다. 음란한 사람은 입만 벌리면 음란한 말을 하고, 나쁜 생각을 가진 사람은 입만 벌리면 욕하고, 입만 벌리면 거짓말한다. 마귀의 지배를 받는 사람은 그들의 마음에 악이 가득한 것을 입으로 말한다.

필자가 독일 유학을 마치고 한국에 돌아와 만든 것이 한국교회정보센타(www.kcdc.net)였다. 목회자들에게 복음적인 설교를 위한 영적인 부싯돌 같은 자료를 개발하여 보급하는 일을 하고 싶어서였다. 귀국한지 얼마 되지 않아 한 단체의 초청으로 목회자들을 위한 '신년도 목회계획세미나'를 간 적이 있었다.

강의를 하던 중 참석한 한 목사님에게 "구약과 신약에서 각각 성경구절 10개씩만 외워 보라"고 하였다. 목사 안수를 받은 지 7년이 지난 39살의 젊은 분이었지만, 성경 구절 10개를 외울 수 없었다. 나는 충격을 받았다. 그분에게 말했다. "일 년에 성경 구절 한 구절씩만 외웠다면 39개를 외울 수 있지 않았겠느냐"고 했다. 그때 충격으로 만들어진 것이 지금 한국 교회에 보급하고 있는 '올해의 나의 말씀 갖기 운동'(말씀카드) 이었다.

목사는 하나님의 말씀을 마음에 가득 채워야 한다. 하나님과 말씀은 하나이기 때문이다. 하나님의 말씀은 신앙의 원천이다. 말씀은 신앙의 출발과 종착이다. 말씀을 가득 채우는 방법은 성구 암송밖에 없다. 성구를 암송하는 것은 달려가면서도 기억할 수 있게끔 하나님의 말씀을 마음판에 새기는 것이다. 목사가 성경을 암송하면서 성경 한 구절 한 구절 정복해 나갈 때, 목사가 암송한 말씀이 목사를 정복하고 목사를 움직이고 목사를 인도할 것이다.

암송된 말씀은 걸어가든지 버스에 있든지 잠자리에 들 때든지 언제든 되새길 수 있고 그 말씀을 묵상할 수 있다. 목사는 말씀을 통해 거룩한 제사장의 직분을 수행한다. 말씀 가운데 예수의 이름을 사용하면서 목사는 하나님의 음성이요, 대변인이요, 대사(大使)가 된다. 목사는 예수를 대신하여 행동하고 지배한다.

고아의 아버지 조지 뮬러는 "내가 하는 매일의 일 중 으뜸가는 일을 말하자면 주님과 교제하는 일이다. 이에 가장 중요했던 일은 주님의 말씀을 읽고 묵상하는 일이었다. 우리는 우리가 읽는 성경구절을 묵상하고 또한 그것을 마음속에 새겨 넣어야 한다." 그는 기도의 사람이었다. 그는 성령의 사람이었다. 그는 말씀의 사람이었다. 그의 기도응답과 성령친교에 있어 가장 큰 힘을 실어 준 것은 바로 성경암송이었다.

성구암송을 위한 방법은 간단하다

1) 명함만한 쪽지를 준비하라.
2) 자신이 직접 성경구절을 찾아 쓴다. 인쇄된 것은 효과가 적다.
3) 여러 번 읽고 쓰면서 눈에 익숙해지게 하라.
4) 그리고 암송하라. 토씨 하나 틀리지 않고 완벽하게 암송하라.
5) 계속 소리 내어 중얼거리며 묵상하라.

가슴에 전각하듯이 깊숙이 새겨 암송하고 묵상하라.

목회의 활성화를 위해서 성구를 암송하라

네비게이토 선교회의 창시자인 도슨 트로트맨은 "성경말씀을 섭취하는 데는 성경암송보다 투자된 시간당 더 큰 이익배당을 받을 만한 방법은 없다"고 했다. 도슨은 하나님의 말씀을 너무나 사랑했고 그 말씀이 자기를 움직이고 자기의 인생을 정복하도록 하기 위해 단호히 과감한 결단을 내리고 하루에 한 구절씩을 목표로 삼아 3년 동안 1,000구절을 암송하였다.

하나님의 생각인 성경말씀이 도슨의 마음 판에 새겨지면서 그는 하나님의 생각으로 세상을 바라보게 되었고 그의 입술에는 항상 말씀이 있었다. 그 결과 말씀이 그의 삶을 정복하였고, 말씀이 그를 성결하게 지켰고, 나아가 사람을 낚는 어부가 되어 수많은 영혼을 하나님께로 인도할 뿐 아니라, 세계 곳곳에 많은 하나님의 일꾼들을 세웠다.

하나님의 생각인 말씀을 암송하므로 하나님의 생각이 내 생각이 된다는 것은 얼마나 놀라운 일인가. 매일 한 구절의 성경말씀을 암송하고 소리 내어 반복하며 묵상하라. 말씀이 완전히 가슴에 박힐 때까지 중얼거려라. 말씀을 한 구절 한 구절씩 암송하며 정복해 나갈 때 조만간 그 암송한 말씀이 연약한 나를 정복하여 강한 하나님의 사람으로 일으켜 세워줄 것이다. 그렇게 하면 당신의 목회가 활성화 되고, 설교에 힘과 능력이 생길 것이다. “그리스도의 말씀이 너희 속에 풍성히 거하여 모든 지혜로 피차 가르치며 권면하고”(골 3:16)

방법은 간단하다. 신학교를 졸업하는 신학생들과 목사 고시 때 성경 구절 100개를 외우지 못하면 졸업을 유보하고, 외울 때까지 고시를 다시 치르게 하면 된다.

목사가 꼭 외워야 할 성경구절 100개

성경전서에는 총 31,102개의 절이 있다. 이 많은 성경 구절을 암송할 수는 없지 않은가? 물론 할 수는 있다. “내게 능력 주시는 자 안에서 내가 모든 것을 할 수 있느니라”(빌 4:13)고 했으니까. 그렇다고 무리는 하지 말자. 할 수 있는 분은 해도 좋다. 할 수 있을 것이다. 본인이 성경을 읽는 중에 가슴에 와 닿는 말씀을 선정하는 것도 좋다. 그러나 여기에 간편하고 암송하기 좋은 성경 구절 100개를 예시한다. 참고하기 바란다.

[구약성경]

창 1:1, 창 2:28, 창 5:24, 창 9:7, 창 16:2, 창 28:15, 창 39:3, 출 14:13, 출 15:2, 출 16:4, 출 20:6, 출 31:13, 출 33:19, 민 6:24-26, 신 1:11, 신 6:4-5, 신 8:18, 신 11:27, 신 28:7, 신 18:8, 신 28:12, 수 1:6, 수 1:8, 삼상 2:2, 삼상 20:4, 삼상 25:6, 삼하 7:29, 왕하 2:9, 대상 4:10, 대상 4:10, 욥 8:5-7, 시 1:1-3, 시 2:12, 시 12:6, 시 18:1, 시 23:1-3,

시 23:6, 시 34:9, 시 37:11, 시 42:1, 시 1:10, 시 65:4, 시 119:1-2, 시 121:1, 시 127:1, 시 150:1, 사 7:14, 사 26:3, 사 42:1, 사 55:1, 사 55:6, 호 6:1, 호 6:3, 욜 2:8, 암 5:24, 합 3:2, 학 2:8, 슥 10:12, 말 3:10, 말 4:2 〈총 59개의 성구〉

[신약성경]

마 4:4, 마 5:3, 마 5:16, 마 6:6, 마 6:3, 마 7:7-8, 마 7:12, 마 10:39, 마 11:28, 마 16:19, 마 18:4, 마 28:20, 막 11:25, 눅 1:37, 눅 2:14, 눅 6:38, 요 1:12, 요 1:14, 요 3:16, 요 4:24, 요 6:35, 요 8:32, 요 12:24, 요 13:3435, 요 14:1, 행 1:8, 행 3:6, 행 9:31, 행 20:35, 롬 1:1:17, 롬 5:8, 롬 8:18, 롬 10:13, 고전 4:20, 고전 13:13, 고후 5:17, 고후 6:2, 빌 1:10, 살전 5:16-18, 계 22:20-21 〈총 41개의 성구〉 도합 100개의 성구

- 나는 지금 몇 개의 성경구절을 외울 수 있는가?

'하나님의 사랑'을 원고 없이 몇 시간 이상 말할 수 있는 목사가 되라

Bucket List #007

목사는 평생을 설교자로 살아간다. 목사는 날마다 설교와 씨름을 하며 산다. 능력있는 설교자! 목사라면 누구나 원하는 바람이다. 듣는 사람이 감동을 받는다. 병자가 낫고 이적이 일어난다. 문제가 해결되고 성도들이 변한다. 이렇게만 되면 목회보다 더 신나는 일이 세상 어디에 있겠는가?

그러나 솔직히 쉬운 일이 아니다. 목사가 되면 매일 새벽기도를 포함하여 일 년에 500회 이상 설교를 해야 한다. 엄청난 설교를 하면서도 갑자기 설교 초청을 받으면 무슨 설교를 할지 막막해질 수 있다. 하나님의 은혜와 사랑이 무한한데 설교 걱정을 한다는 것이 이상하지 않는가?

언젠가 목사님들께 질문한 적이 있다. "목사님이 갑자기 불신자들 앞에서 한 시간 이상 설교해 달라는 부탁을 받았다면 무엇을 설교하시겠습니까?" 갑작스런 질문에 아무런 대답을 못하셨다. 그것은 이런 질문을 받아본 적도 없고, 생각해 본적도 없어서 준비된 것이 없다는 의미이기도 하다. 만약 독자이신 목사님이 이 질문을 받으셨다면 무엇이라고 대답하시겠는가?

설교의 목적은 불신자들에게 믿음을 가지게 하는 것이어야 한다고 생각할 것이다. 그렇다면 믿음에 대해 설교할 것인가? 믿음의 주제인 예수님을 설교할 것인가? 목사님은 아무런 준비도 되지 않은 상태에서 갑자기 설교하되, 예수님을 설교의 핵심으로 하여 한 시간 이상 설교할 수 있겠는가?

지금 이 글을 읽고 있는 스스로에게 물어 보기 바란다. "나는 원고 없이 하나님의 사랑을 주제로 3시간 이상 설교할 수 있을까?" 자신 없다고 할 수 있다. 1시간 정도는 할 수 있을 것 같다고 생각할 수도 있다. 그렇다면 무엇인가 문제가 있다고 생각하지 않는가? 하나님의 사랑에 의해 사는 사람, 하나님의 사랑을 전하는 사람들이 갑작스레 하나님의 사랑을 전하라 할 때 주저한다면 그동안 설교자로 산 것이 진짜 기적이 아니겠는가?

사랑의 영향력이 담긴 사랑의 설교

모든 목사가 요한복음 3:16을 암송하고 있다. 그리고 그 본문으로 설교한 적도 있을 것이다. 성경의 곳곳에 하나님의 사랑이 담겨있다. 예수님은 하나님 사랑을 알려주셨고, 실천하셨다. 예수님이 하나님의 사랑이시고, 하나님 사랑의 결정체이시다. 그리고 하나님은 사랑이시다. 게다가 목사는 하나님의 사랑을 경험한 사람이다. 목회자의 삶 속에서 그 사랑을 날마다 경험한다.

그렇다면 목사는 하나님의 사랑을 핵심 내용으로 설교한다고 했을 때, 한 시간 정도가 아니라 밤을 새워 이야기해도 부족함이 없을 정도가 되어야 한다. 시간만 주어진다면 하나님의 사랑을 얼마든지 설교할 수 있다는 내적 자신감을 가져야 한다. 최소한 한 시간 이상이라도……

하나님의 사랑은 아픈 마음을 가진 사람에게 힘을 준다. 하나님의 사랑은 불신자들의 마음을 녹여내는 영적 촉매다. 하나님의 사랑은 어려운 문제를 가진 사람에게 해결책이 된다. 하나님의 사랑은 미래를 바라보는 사람에게 희망이다. 하나님의 사랑은 메마른 마음에 단비를 내려준다. 하나님의 사랑은 차가운 이성에 감수성을 더해 준다. 하나님의 사랑은 고정관념을 깨뜨리는 통찰을 준다. 하나님의 사랑은 지혜를 열어준다.

하나님의 사랑은 삶의 변화를 일으킨다. 하나님의 사랑은 세계를 품는 비전을 준다. 하나님의 사랑은 작은 이 하나에게도 따뜻한 마음을 베풀 수 있게 한다. 하나님의 사랑은 믿음의 확신과 내적인 평안을 준다. 하나님의 사랑은 밝은 미소가 나오게 한다. 보라. 하나님의 사랑에 대해서 할 말이 얼마나 많은가?

하나님이 목사님을 사랑하신다. 하나님이 목사님의 목회를 사랑하신다. 하나님이 목사님의 손길 닿는 곳을 사랑하신다. 하나님이 목사님께 사랑으로서 귀한 사역을 맡기셨다. 하나님이 사랑으로써 목사님께 필요한 지혜를 주시고 갈 길을 열어주신다. 하나님이 사랑으로써 목사님의 영혼을 구원하신 것은 물론이고, 영혼 구원의 사명까지 맡기셨다.

하나님이 사랑으로써 목사님의 기도를 들으신다. 하나님이 사랑으로써 목사님의 목회를 지지하신다. 비록 실수가 있고, 모난 성품이 있어도 하나님이 사랑으로써 덮으시며 교회와 성도들로부터 사랑을 받을 수 있도록 기회를 열어놓으셨다. 보라. 하나님의 사랑이 목사님께 얼마나 충만한가?

사랑에 사로잡혀 보라

하나님이 사랑으로써 사람을 선택하셨다. 하나님이 아브라함과 이삭과 야곱을 선택하셨다. 하나님이 민족을 선택하셨다. 하나님이 이스라엘을 선택하셨다. 하나님이 삶의 터전을 허락하셨다. 하나님이 아브라함과 이삭과 야곱에게 삶의 터전을 허락하셨고, 이스라엘에게 가나안 땅을 허락하셨다. 하나님이 가나안 땅에서 살아가는 방법도 허락하셨다. 하나님이 살아가는 환경도 미리 준비하시고, 살아갈 방향도 허락하셨다.

하나님이 원하시는 방향과 다를 때 하나님이 진노하신 적도 있었다. 그러나 하나님이 회복시켜 주셨다. 하나님이 죄를 용서하시고, 사람들을 사랑하시되 끝까지 사랑하셨다. 하나님이 예수님을 통해 그것을 이루셨다. 그것이 하나님의 은혜이며, 사랑이다. 보라. 하나님의 사람이 얼마나 위대하고 얼마나 많은가?

하나님의 사랑에 관하여서는 목사의 옆구리를 누가 찌르기만 하면 줄줄 나올 수 있어야 한다. 목사는 문만 나서면 하나님의 사랑을 전할 기회라고 믿어야 한다. 만나는 사람이 기회다. 누군가 목사 곁에 앉아 있어도 기회다. 그 순간이 하나님의 사랑을 전할 기회이고 영혼들이 회개하고 구원을 얻게 하는 기회다. 그 기회를 하나님이 주신다. 그 기회가 주어지는 것조차도 하나님의 사랑이다. 목사님은 하나님의 사랑을 한 시간 이상 거침없이 설교할 수 있는가?

목사는 하나님의 사랑을 경험한 깊음이 있어야 한다. 하나님의 사랑에 대한 열정이 목사님 안에 있고, 하나님의 사랑의 깊이와 넓이와 높이와 길이(엡 3:19)가 목사님 안에 있다면, 목사님께는 하나님의 사랑을 말할 수 있는 기회가 더 많이 열릴 것이다. 하나님이 당신의 사랑을 거침없이 말할 줄 아는 목사에게 어찌 기회를 주지 않으시겠는가?

어떤 공부보다 하나님의 사랑을 더 많이 공부하라. 이 공부는 지식이 아닌 삶의 경험이고 하나님을 아는 영적 지식의 축적이다. 믿음은 예수님이 행하신 일을 아는 지식에 근거한다. 목사님이 하나님의 사랑을 깊이 알고 거침없이 전할 때, 목사님 앞에 베뢰아 사람들처럼 '이것이 그러한가' 하여 날마다 하나님의 말씀을 묵상하는 사람들이 모일 것이다.

지금 당장 '하나님의 사랑'에 관한 한 시간짜리 원고를 작성하라. 10포인트 글씨로 A4 용지 10쪽 이상 작성해 보라. 거기 하나님의 사랑, 하나님의 은혜, 나의 체험, 하나님의 준비하심과 이루심, 하나님의 시작하심과 이끄심, 하나님이 열매를 맺으심과 영원하심 등 하나님의 사랑을 말할 수 있는 것들로 채워보라. 목사님의 사랑 체험도 괜찮다. 간증이나 이야기라도 좋다. 논리적이고 이성적인 글이라도 좋다.

중요한 것은 하나님의 사랑이 목사님 안에 내면화되어 있어야 한다는 것이다. 그 사랑이 거침없이 말해질 수 있어야 한다. 거침없이 말하는 그때, 성령이 목사님을 감동할 것이다. 목사님 안에서 힘이 느껴지고 하나님이 인도하심을 더 확인하게 될 것이다. 몸에서 땀이 날 수도 있고, 목이 잠길 수도 있지만, 설교를 마칠 때 목사님 안에서는 하나님의 기쁨이 뿌듯하게 느껴질 것이다.

– 나는 원고 없이 하나님의 사랑을 3시간 이상 설교할 수 있는가?

주기도문을 일만 번 드려 보라

Bucket List **#008**

목사는 기도를 통해서 자신을 발견할 수 있다. 목사는 기도를 통해서 하나님을 만날 수 있다. "여호와께서 자기에게 간구하는 모든 자 곧 신실하게 간구하는 모든 자에게 가까이 하시는도다 그는 자기를 경외하는 자들의 소원을 이루시며 또 그들의 부르짖음을 들으사 구원하시리로다"(시 145:18-19) 이렇게 하나님은 신실하게 간구하는 모든 자에게 가까이 하신다.

기도는 하나님의 자비와 도우심으로 옷 입는 과정이다. 절대로 기도에 부담을 느껴서는 안 된다. 기도는 자기의 무능을 한탄하는 시간이 아니다. 기도는 그리스도를 호흡하는 것이다. 쉬지 않고 그리스도와 대화하며 그의 생각으로 채우는 시간이다. 목사 안에 그리스도가 채워지면 언제 어디서나 목사의 입에서는 예수만 나온다.

신비로운 주기도문

항상 주님을 만날 수 있는 방법이 있다. 바로 기도다. 쉽게 언제 어디서나 할 수 있는 기도가 있다. 바로 주님께서 가르쳐 주신 '주기도문'이다. 주기도문에 모든 기도가 압축되어 있다. 주기도문에는 기도의 방법, 기도의 방향, 기도의 목적, 기도의 내용이 다 들어 있다. '주기도문'은 예수님께서 가르쳐 주신 기도 중에 가장 핵심이 되고 깊이 있는 교훈을 주는 기도다.

지금까지 교회는 예수 그리스도께서 직접 가르쳐 주신 기도 즉 '주기도문'을 사용해 왔다. 제자들이 예수님에게 기도를 가르쳐 달라고 요청했을 때 너희는 "이렇게 기도하라"고 하시면서 가르쳐주신 기도가 '주기도문'이다(눅 11:1). 주기도문에는 3가지 특성이 있다. 첫째, 간결하다. 둘째, 쉽다. 셋째, 깊이가 있다. 주기도문은 남녀노소를 막론하고 쉽게 외울 수 있다. 단순하고 간단하다. 그리고 쉽다. 그 내용의 심오함은 능히 헤아릴 수 없을 만큼 깊고 완벽하다. 아무리 인간이 기도문을 잘 만든다고 해도 주님께서 가르쳐 주신 기도보다 더 좋을 수 없다.

필자는 한국교회와 성도들에게 '주기도문 일만 번 드리기 운동'을 전개하고 있다. 〈일만 번 주기도하라〉(도서출판 글로리아 2005년)는 책도 발간했다. 주기도문 계수기도 만들었다. 이유는 간단하다. 예수님께서 우리에게 주신 가장 고귀한 선물 가운데 하나인 주기도를 바르게 사용하고, 주기도를 통해서 많은 하늘 축복을 받기 위해서이다. 주기도문은 세상에서 가장 귀한 기도문이다. 주기도는 최고의 기도다. 내가 아무리 좋은 기도문을 만든다고 해도 예수님께서 가르쳐 주신 주기도문과 비교될 수 있겠는가?

인천제일교회에 시무하셨던 고 이기혁 목사는 주기도문의 대가로 알려져 있다. 당시에 인천에서 서울로 오는 차편은 경인(의)선 기차 편과 버스 편밖에 없었다. 지금처럼 승용차가 흔한 시절이 아니었다. 이기혁 목사는 인천에서 버스를 타시고 서울까지 약 1시간을 오셨는데, 버스를 타시자마자 눈감고 주기도를 하셨단다.

서울까지 오시면서 약 100번 내지 120번의 주기도를 하시면, 온 몸이 뜨거워지면서 성령으로 충만해지고 놀라운 영감(靈感)을 받으신다고 하셨다. 1940년대 미국의 백만장자였던 밀턴은 불면증에서 온 합병증으로 몸의 일부 기능이 마비되는 지경에 이르렀다. 그런 그가 하루 300번씩 주기도문을 드린 후 치유되었다. 이렇게 주기도는 놀라운 영감과 신비한 힘을 가지고 있다.

찬송가 305장 '나 같은 죄인 살리신'을 작사한 죤 뉴턴(J.Newton)도 주기도문을 통해서 하나님을 만날 수 있었다.

목사는 많은 사람을 위해 기도해야 한다. 기도는 노동이다. 기도는 생산이다. 기도는 능력이다. 기도는 자연 법칙을 초월한다. 이 기도의 효과는 임상학적으로 볼 때, 통계학적으로 볼 때 어떠한 효과보다도 많은 증인과 증거를 가지고 있다. 학생들을 모아 놓고, 은혜 있는 사람들을 모아 놓고 기도의 간증을 하라고 하면 시간 가는 줄 모른다. 조지 뮬러는 기도해서 5만 번 기도응답을 받았다고 한다. 우리가 받은 기도의 응답을 적어 보면 너무나도 많다.

주기도의 능력

목사라면 누구에게나 꿈이 있다. 교회의 평안과 부흥이다. 이런 꿈을 이루기 위해서 주기도에 매달린 목사가 있다. 서울 장위중앙교회를 개척한 이인구 목사님 이야기다. 이 목사님는 교회의 자산이 필요했다. 이 목사님이 비축한 자산은 교인 수도 아니고, 교회 재정도 아니고, 교회 건물도 아니었다. 이 목사님은 목회 자산을 기도로 삼았다. 이 목사님은 많은 기도 중에서 주기도를 가장 소중한 자산으로 삼았다. 그래서 이 목사님은 눈만 뜨면 주기도를 했다. 하루에도 수백 번 수천 번 했다. 수를 헤아릴 수 없이 주기도를 했다. 입으로 중얼중얼 미친 사람처럼 주기도를 하고 다녔다. 이 목사님을 모르는 사람은 주문을 외우는 줄 알았다.

주기도는 교회의 정체성을 회복하게 하는 자산이다. 성도의 영적 자산이 기도이듯 교회의 자산도 바로 주기도여야 했다. 교회는 기도에 열심이 있어야 하며 기도가 살아있어야 한다. "그들이 사도의 가르침을 받아 서로 교제하고 떡을 떼며 오로지 기도하기를 힘쓰니라"(행 2:42)이 말씀은 어떤 교회가 부흥될 수 있는지에 대해서 말하고 있다. 이 말씀에 근거하여 주기도를 교회 부흥의 자산으로 생각했다. 현대 교회는 인적 물적으로 자산이 참 많다.

그러나 안타까운 것은 영적 자산인 기도가 바로 자산이라고 말하는 교회가 적다는 것이다. 이 시대를 선생은 있으나 스승은 없고, 학생은 있으나 제자는 없으며, 목사는 많으나 목회자는 없으며, 교인은 많으나 성도는 없는 시대라고 한다. 성도를 성도 되게 하고, 교회를 교회 되게 하고, 목사를 목사 되게 하는 정체성 회복의 길이 주기도문이다.

주기도는 교회 부흥의 원동력이다. 교회가 살아있고 뜨거워지기 위해서는 주기도가 살아있어야 한다. '부흥사 없는 부흥은 있어도 기도 없는 부흥은 없다'고 한다. 기도하는 성도들이 많아 열심을 다할 때 마음이 하나 되고, 은혜와 성령이 충만해져 교회부흥의 역사가 일어난다. 기도하는 사람은 긍정적인 사람이다. 기도하는 사람은 믿음의 용기가 있는 사람이다.

다니엘은 기도할 수 없는 조건에서도 예루살렘을 향해 창문을 열어놓고 하루 3번씩 기도했다. 박해와 핍박을 당해도 능력의 하나님을 의지한 다니엘은 조금도 두려워하지 않았다. 아무리 환경이 어려워도 기도하는 성도와 교회에 하나님은 기적을 베풀어주신다. 교회의 부흥은 조직이나 방법에 의해서 이뤄지는 것이 아니라 성도들이 열심히 모여 찬송하고 기도하는 가운데 이루어진다. 주기도가 살아 있어야 일반기도가 산다. 주기도에 불이 붙어야 일반기도도 불붙는다.

주기도를 일만 번 해보아라. 목사인 당신 자신에게 이상한 일이 생겨날 것이다. 당신이 달라질 것이다. 신비스런 성령의 체험을 하게 될 것이다. 설교가 달라질 것이다. 기도에 힘이 생길 것이다. 기도의 문이 열릴 것이다. 하나님의 보좌 우편에서 기도하시는 주님이 보일 것이다. 당신의 기도가 하나님께 직통할 것이다. 기도하는 대로 이루어질 것이다. 병든 자의 머리에 손을 올려놓고 기도하면 신유의 은사가 나타날 것이다. 교회가 부흥할 것이다. 교회가 평안해질 것이다. 교회가 기도로 뜨거워질 것이다.

목사로 태어나서 죽기 전에 연속적으로 일만 번 주기도를 해 보아라. 사랑하는 아내를 위해서 일만 번, 자녀를 위해서 일만 번, 병으로 고생하는 한 성도를 위해서 일만 번... 기적은 목사 당신이 만든 기도가 아니라 주님께서 가르쳐 주신 주기도를 통해서 일어날 것이다.

– 일만 번 주기도문을 드려볼 계획이 있는가?

매년 첫 사례비(첫 열매)를 드리는 목사가 되라

Bucket List **#009**

열심히 교회를 다니다가 멀리 신도시에 건설되는 아파트가 당첨되어 이사를 간 분이 있었다. 그곳에 이미 많은 교회가 있었지만, 주일마다 거리가 멀어도 본 교회에서 주일예배를 드렸다. 적어도 교회까지 2시간은 걸리는 먼 거리였다. 수요예배는 물론 금요일에 있는 철야기도회에도 나왔다. 그래도 일 년 내내 주일 예배에 지각을 한 번도 한 적이 없다.

어찌 보면 바보 같다. 교회는 다 같은데 그렇게 까지 먼 곳에서 꼭 와야만 하는가? 걸어서 갈 수 있는 교회가 지금 살고 있는 곳에도 얼마든지 많다. 같은 교단에 속한 교회도 많았다. 그런데 왜? 그 먼 길을 마다하지 않고 오는가? 그분에게는 우리가 알지 못하는 절실한 그 무엇인가가 있다. 그분에게는 예배가 너무 절실하기 때문이다. 무슨 설교를 듣던 그는 "아멘"이요, 눈물이다.

왜 그렇게 예배에서 은혜를 받는가? 밑천이 많이 들어갔기 때문이다. 본전 생각이 나기 때문이다. 그 먼 길을 달려와서 예배를 통해서 주시는 하늘 복을 받는 엄청난 자리에서 어찌 졸다가 가겠는가? 그러니 정신을 가다듬고 들어간 것만큼 뽑고 갈 수밖에 없지 않겠는가? 그런 사람을 어찌 하나님께서 외면하시겠는가?

누구보다 열심일 수밖에 없다. 찬송 부르는 것이 신나고 기도하는 것이 감격이다. 말씀을 들으면서 눈물 없이는 감당할 수 없는 하나님의 현존을 느낀다. 그렇게 하루를 거룩하게 지내다가 집으로 돌아간다. 피곤한 몸이지만, 감사할 뿐이다. 몸이 불편해서 잠깐 머리를 기대고 쉬면서도 기쁨이 넘친다. 바로 이것이다. 자기가 바친 만큼 얻어 누리는 축복을 받는다는 믿음이 있었기 때문이다.

감사로(路)에서 만나는 하나님

아브람이 아브라함으로 바뀌는 과정에서 백 세에 얻은 귀한 아들을 하나님께 드렸다. 하나님께서 그가 바치나 안 바치나 보고 복을 주려 하셨는가? 그것은 아니다. 이미 아브람은 하나밖에 없는 외아들이라도 하나님의 뜻이라면 기쁜 마음으로 바칠 것이라는 그의 믿음을 알고 계셨다. 그래도 우리가 알아야 할 것이 하나 있다. 아브람이 아들을 바치는 경험을 통해서 하나님으로부터 받는다는 신앙의 경험이 있었다. 하나님이 이것을 아브람에게 알게 하셨다.

아브람은 하나님을 위해 외아들이라도 바치는 마음이 신앙이다. 자기에게 있는 모든 것이 나의 것이 아니라는 생각이 들어야 기쁘게 바칠 수 있는 믿음이 생긴다. 아브람은 아들을 바치면서 자기가 하나님을 얼마나 사랑하는지 알게 되었다. 그리고는 절대로 하나님을 떠나지 않는다. 아브람과 같은 과정을 통해서 인간은 하나님과 관계를 맺어간다. 목사도 마찬가지다. 목사도 드린 기쁨이 큰 만큼 받는 은혜도 커짐을 믿어야 한다.

직장에 나가는 사람들의 일차적 목적은 돈을 버는 것이다. 열심히 한 달을 일한 사람에게 월급이 주어진다. 결국 월급으로 주어진 돈은 한 달간 회사를 위해서 바친 나의 생명의 일부다. 그 돈 중에서 일부를 하나님께 드리는 것은 알고 보면 나의 생명의 일부를 드리는 것과 같다.

생명을 드릴 정도의 믿음을 가진 사람에게 두려움이 없다. 생명을 드릴 수 있는 각오를 하고 실천하는 사람에게는 시간을 드리는 것이 문제가 되지 않는다. 그런 신앙을 살아가는 사람은 하나님으로부터 축복을 많이 받게 된다. 하나님을 사랑하고 그의 말씀대로 죽도록 순종하기 때문이다. “각각 그 마음에 정한 대로 할 것이요 인색함으로나 억지로 하지 말지니 하나님은 즐겨 내는 자를 사랑하시느니라"(고후 9:7). 감사에 대한 말씀이다.

이렇게 감사를 생활화하는 사람은 날마다 '감사로(路)'에서 하나님을 만나는 감격을 누린다. 물론 '근심로'에서도 하나님을 만날 수 있다. 어떤 사람은 '병로(病路)'에서 하나님을 만나기도 한다. 어떤 사람은 '실패로'에서 만나기도 한다. 그러나 차이가 있다. 실패와 병로에서는 일단 걸린 후에 부르짖어 하나님을 만나는 길이지만, '감사로'에서는 내게 주실 복을 준비하시고 먼저 와 계시는 하나님을 만나는 길이라는 점에서 차이가 난다. 목사는 '감사로'에서 하나님을 만나는 사람이 되어야 한다.

첫 열매를 드리는 아름다운 믿음

하나님께서는 첫 열매를 바치면 복을 주시겠다고 약속하셨다. "네 재물과 네 소산물의 처음 익은 열매로 여호와를 공경하라 그리하면 네 창고가 가득히 차고 네 즙 틀에 새 포도즙이 넘치리라" (잠 3:9-10) 첫 열매(for the first time)는 맏물과 같다. 맏물(tyviare: 레쉬트)은 창세기 1장 1절에 나오는 '태초'라는 말과 같은 단어다. 시간의 시작점, 위치상의 시발점, 질서상의 첫째를 가리키는 말이다. 농작물 중에 처음 익은 것이다. 첫 월급이며 매년 첫 번째 받는 사례일 수도 있다.

유대인들은 이 계명을 실천하는 일환으로 무화과 열매가 처음 익었으면 그 가지에 리본을 묶어 표시를 해 뒀다가 수확했다. 오늘 우리가 드리는 감사의 예물은 내 소득 중에 가장 소중한 것이어야 한다. 소득의 찌꺼기를 드리는 게 아니다. 소득 중에 가장 중요한 부분을 드리는 것이다. 그것이 맏물을 드리는 정신이다.

맏물을 드릴 때에 꼭 따르는 절차(process)가 있다. 첫 번째 절차는 삶에 대한 신앙고백이다. 하나님께서 이루신 구원에 대한 고백이다. 첫 열매는 믿음의 증표다. 내가 예수님을 구주로 믿고 하나님 자녀가 된 것에 대한 감사다. 둘째는, 하나님이 베푸신 은혜와 축복, 하나님의 섭리에 대한 고백이다. 이스라엘 백성이 애굽의 압제로 노예 생활을 할 때에 하나님께서 모세를 보내셔서 그들을 해방시키셨다. 자유인이 되게 하시고, 정착지 가나안으로 인도해 주심에 대한 감사이다.

첫 열매는 신앙의 지표

첫 열매를 드림은 신앙생활의 지표이다. "네 토지소산의 처음 익은 것을 가져다가 네 하나님 여호와의 전에 드릴지며..."(출 34:26) 성도들은 이 말씀을 따라 첫 열매, 첫 생산, 첫 봉급을 드린다. 매년 소출을 드리는 성도들도 많다. 그렇다면 목사도 그렇게 해야 한다. 하나님의 도움으로 여리고성을 점령했을 때 아간이라는 자가 재물에 눈이 어두워 전리품 중 은덩어리와 외투를 감춘 것 때문에 그 다음 성인 아이성에서는 패하고 말았다. 첫 열매와도 같았던 여리고성에서의 첫 열매에 손을 대었기 때문이었다.

"제사하는 처음 익은 곡식 가루가 거룩한즉 떡덩이도 그러하고 뿌리가 거룩한즉 가지도 그러하니라"(롬 11:16)이 말은 첫 열매는 하나님의 것이라는 말이다. 우리 것을 하나님께 드리는 것이 아니고 하나님의 것을 하나님께 드리는 것이다. 이 말은 첫 열매를 드리면서 자신의 것을 드리는 것처럼 "부담된다, 힘들다."고 말하지도 말라는 것이다.

하나님께서 우리에게 첫 열매를 바칠 것을 강조하시는 이유는 궁극적으로 우리에게 복을 주시기 위함이다. 먼저 복 받을 자격을 갖추게 하시려는 것이다. 첫 열매를 하나님께 드리는 것은 하나님을 경외함이 없으면 실천하기 힘든 일이다. 많은 목사가 매년 첫 번째 받는 사례비를 하나님께 드리고 있다. 매년 첫 사례비를 드린 목사가 굶어 죽었다는 말을 들은 적이 없다.

목사는 스스로 기꺼이 드릴 수 있는 훈련을 해야 한다. 매년 첫 번 사례를 드릴 수 있는 믿음이 있어야 한다. 그 믿음을 보신 하나님께서 나머지 2월부터 12월까지 넘치는 복으로 풍성하게 채워 주신다는 것을 믿어야 한다. 억지로 드리거나 인색하다고 생각해 보라. 그의 마음속에 축복이 존재하겠는가? 하나님이 그를 축복의 통로로 사용하시겠는가? 축복이 현실로 나타날 수 있겠는가? 목사는 하나님께 기꺼이 드리는 사람이다. 목사는 하나님께 감사하는 사람이다. 감사하면 할수록 하나님이 자기를 사랑하심을 깨닫는다. 그리고 하나님께 더 드릴 수 있는 물질의 복을 받는다. 목사님은 그렇게 살고 있는가?

- 나는 매년 첫 사례비를 하나님께 드리는가? 못한다면 그 이유는 무엇인가?

제 2 편

예수님의 기쁨에 속한 목사

예수님을 진짜 믿는지 자신에게 물어보라

Bucket List **#010**

목사는 예수님을 믿는 사람이다. 목사는 예수님 안에서 산다. 예수님을 위해서 산다. 목사는 고민이 있으면 예수님의 이름으로 기도한다. 기쁨이 있으면 예수님의 은혜임을 알고 감사한다. 어려움이 있으면 예수님으로부터 해결의 지혜를 얻는다. 목사는 예수님으로부터 통찰과 지혜를 얻어 만사를 해결한다. 신앙인이라면 이런 일이 마땅하다. 목사이기 전에 신앙인이기에 목사는 예수님을 믿는 사람이다.

목사는 예수님으로 인해 감동을 받은 사람이다. 목사는 예수님 때문에 자신의 죄가 용서받았다는 감격의 눈물을 흘린 사람이다. 목사는 죄 사함의 은혜를 가슴 깊이 체험한 사람이다. 목사는 감정의 기복도 예수님을 따라한다. 목사는 예수님이 기뻐하실 일이라면 기뻐할 수 있고, 예수님이 아파하실 일이라면 아파할 줄 안다. 이렇게 목사가 예수님의 마음을 품는 것은 당연하다.

목사는 예수님을 본받는 사람이다. 목사는 예수님처럼 살겠다고 나선 사람이다. 목사에게서 예수님은 행동의 모델이고 지표다. 예수님이 원하시는 행동을 하고, 원하시지 않는 행동은 하지 않는다. 목사는 예수님이 제자를 부르신 것처럼 제자를 키운다. 목사는 예수님처럼 가르치는 교사다. 목사는 예수님의 교회를 세운다. 목사는 교회 안에서 자기의 사람을 세우는 것이 아니라 예수님의 사람을 세워야 한다.

한 번 생각해 보자.

'나는 목사로서 예수님을 진실로 믿는 사람인가?'

오직 예수님만이 구원의 방법이라고 믿는가? 기독교인이지만 종교다원주의자 중에는 예수님을 구원자 중의 하나일 뿐으로 생각하는 이가 있다. 예수님을 유일한 구원의 방법으로 믿지 않는 것이다. 그렇다면 이런 목사는 자신의 삶을 위해서 예수님을 이용하고 있지는 않는지 자문해 보아야 한다. 예수님을 진리로 믿지 않는 목사에게 예수님은 종교적 수단에 불과할 뿐이다. 목사라면 이런 종교적 틀에 함몰된 목사가 되지 말아야 한다.

예수님의 질문

목사는 꿈 속에서도 예수님을 '나와 인류의 유일한 구주'라고 고백해야 한다. 예수님이 내 인생의 목적이냐고 물으실 때 "예"라고 말할 수 있어야 한다. 왜 예수님이 그렇게 질문하실까? 내게서 믿음을 확인하시기 위함일까? 왜 예수님이 내게서 믿음을 확인하려고 하시겠는가? 내게서 믿음이 아닌 것이 발견되기 때문이다. 목사는 교리적으로 배운 것에 의한 인식으로 "예"라고 대답하기보다, 나의 내면 깊은 곳으로부터 "예"라는 대답이 흘러나와야 한다. 언제 어디서나 목사는 나를 위해서 예수님이 행하신 일이 너무 크고 놀라워 눈물만 흘리는 울보목사가 되어야 한다.

예수님이 부활하신 후 해변에서 베드로에게 질문하셨다. "네가 이 사람들보다 나를 더 사랑하느냐"(요 21:15) 이 질문의 의도가 무엇일까? 베드로를 책망하기 위함인가? 아니다. 예수님은 베드로에게 예수님을 향한 진정한 믿음이 있는지를 확인하고 싶어서였다.

우리는 이미 베드로가 예수님을 부인한 것을 알고 있다. 게다가 베드로는 예수님이 부활했다는 이야기를 듣고도 물고기 잡으러 간다고 했었다. 베드로는 믿음이 아닌 일을 하였다. 만약 내게도 믿음이 아닌 일이 발견된다면 예수님이 내게 질문하실 것이다. "네가 이 사람들보다 나를 더 사랑하느냐?" 아니 "네가 날 진정으로 사랑하느냐?", "네가 날 진정으로 믿고 있느냐?"고 질문하실 것이다.

내가 만약 예수님으로부터 이런 질문을 받는다면 뭐라고 대답할 것인가?

목사로 살고 있다면 반드시 이런 질문을 수도 없이 받는다. 예수님이 목사의 삶을 예수님의 삶으로 변화시키기 위해 이런 질문을 하신다는 것을 알아야 한다. 만약 이런 질문을 받은 적이 없다면, 지금 이 시간 스스로에게 질문해 보라. "나는 과연 예수님을 진짜로 믿고 있는가?"

목사는 교리로 믿는 것이 아니고, 예수님을 만난 경험에 의하여 예수님을 내 삶의 전부로 인정하고 믿어야 한다. 예수님을 위해서 내 생명을 바쳐도 조금도 아깝지 않아야 한다. 바울이 은혜의 복음을 전하려 함에는 자기 생명을 조금도 귀한 것으로 여기지 아니하였다고 했다(행 20:24). 나도 그렇게 대답할 수 있는가? 성도들과 가족들의 눈에 내가 그렇게 살고 있는 것으로 보이는가?

나를 향한 질문

예수님께서 "사랑하는 OO야, 네가 나를 사랑하느냐?"라고 물으실 때 우리는 주저함없이 "예, 주님만이 아십니다"라고 대답할 수 있어야 한다. 그럴 때 생명의 위협을 당하거나 죽음의 위기에서 두려움에 떨지 않는 힘이 생기는 법이다.

자신의 욕심을 찾고 자신의 생각만 고집하고 산다면 예수님이 내게 "나를 진정으로 믿고 있느냐"고 질문하실 것이다. 예수님을 높인다고 하면서, 정작 자신이 높은 자리를 탐하는 목사는 아닌가? 예수님을 높이고 있지 않다면, 예수님이 내게 "진정으로 나를 믿고 있느냐?"고 질문하실 것이다.

나의 실수를 놓고 본다면 예수님의 질문에 과감하게 그렇다고 대답하기 어려울 것이다. 그러기에 목사라도 좌절할 수 있을 것이다. 그럼에도 불구하고 예수님은 내게 "네가 나를 진정으로 믿고 있느냐?"고 질문하신다. 예수님이 내게 변화의 기회, 믿음을 되찾을 기회, 믿음의 깊은 경험으로 들어가 예수님을 만날 기회를 주시기 때문이다.

존 웨슬리가 미국으로 선교하러 가는 도중 대서양 한 가운데서 풍랑을 만났다. 죽음의 위기 앞에서 그는 너무 무서워서 덜덜 떨었다. 그런데 어디선가 찬송 소리가 들렸다. 영국에서부터 함께 한 배를 타고 있었던 모라비안 교도들이 그 와중에서도 하나님을 찬양하고 있었다. 웨슬리는 깜짝 놀랐다. 자신의 믿음 없음을 확인한 것이다. 이것이 웨슬리에게 새로운 경험이었다.

이후 웨슬리는 미국에서 모라비안 교도들과 지속적으로 교제를 나누었다. 그것이 웨슬리에게 회심의 경험까지 나아가게 하는 신앙의 여정이 되었다. 웨슬리는 죽음의 위기에서 떨고 있지만 평안하게 찬송을 부르는 사람을 보는 순간 자신이 진정으로 예수님을 믿고 있는지 스스로에게 질문할 수 있었다.

인생 가운데 절박한 위기가 찾아왔는가?
좌절할 수밖에 없는 일을 만났는가?
죽고 싶을 정도로 괴로운가? 하루하루 걱정과 염려로 살고 있는가?
반대로 하늘을 날고 싶을 정도의 성취감을 느끼고 있는가?
성공했다고 생각하는가?
세상에서 얻고 싶은 것이 많은가? 혹은 무미건조한 날을 보내고 있는가?
하던 일을 매일 반복하고 있고 변화가 나타나지 않는가?

예수님에 관한 감수성이 메말라 있는가? 누구의 눈치를 보면서 살고 있는가?

자신에게 질문해보라. “나는 과연 예수님을 진짜로 믿고 있는가?” 예수님이 이렇게 대답하시지 않겠는가? “너희는 먼저 그의 나라와 그의 의를 구하라 그리하면 이 모든 것을 너희에게 더하시리라.” 예수님을 진정으로 믿는 나를 예수님이 만나고 싶어 하신다.

– 한 문장으로 예수님께 내 믿음을 고백해 보자

찬송가를 자기 나이만큼 외워 불러라

Bucket List **#011**

설교의 대상은 인간이다. 말씀이 사람의 마음을 움직인다. 기도의 대상은 하나님이지만, 찬송은 하나님과 사람을 움직이는 힘이 있다. 신앙의 절정은 찬송을 통해서 나타난다. 기적도 찬송이 있는 곳에서 시작된다. 찬송은 하나님이 해주신 일에 대한 반응이다. 하나님께서 나를 위해서 해주신 일이 너무나 신기하고 놀라워 그 은혜를 인간이 표현할 수 있는 가장 확실한 감사의 표현 방법이 찬송이다.

예수님 때문에 내가 어떤 존재로 바뀌었는지를 안다면 찬송은 저절로 흘러나올 수밖에 없다. 하지만 우리의 현실은 어떤가? 자주 낙심한다. 어려운 일을 당하면 마음이 상한다. 그렇게 되면 감사와 찬송이 중단된다. 찬송할 기분이 나지 않기 때문이다. 그럴 때일수록 찬송을 불러야 한다. 우리의 감정을 찬송의 내용대로 바꾸려고 노력해야 한다. 그렇게 하나님의 권능을 다시 느끼면서 신령과 진정으로 감사하고 찬양할 때 믿음이 회복된다.

언제 흥얼거리는 콧노래가 나오던가? 신바람나는 일이 있을 때가 아니던가? 그렇다면 언제 흥얼거림이 멈추는가? 평상심을 도적맞을 때이다. 찬송할 기분이 나지 않으면 뭔가 가장 소중한 것을 도둑맞았다는 신호로 알아야 한다. 강도가 내 영에 들어와 내 영의 평화로움을 흔들어 놓고 감사하고 찬양할 마음을 도적맞은 것만큼 안타까운 일은 없다. 노래를 부르면서 싸우는 사람은 없다. 부부가 부부싸움을 하면서 흥겨운 콧노래를 부르지 않는다.

서로가 삿대질을 하고 다투면서 찬송을 부르는 모습을 보았는가? 아니다. 서로에게 화를 내면서 큰 소리를 낼 때는 찬송 대신에 한풀이식의 원망만 난무하게 된다. 감사가 사라지고 분한 감정의 지배를 받을 때 찬송은 중단된다. 찬송할 기분이 나지 않기 때문이다. 우리는 알아야 한다. 바로 그 순간이 찬송을 시작할 때라는 것을 말이다. 찬송을 시작하면 우리의 감정은 다시 그 찬송의 내용대로 된다. 마음이 내키지 않아도 찬송을 부르면 하나님의 권능을 다시 느끼면서 진정으로 찬송할 마음이 생기게 된다.

"예수 그리스도로 말미암아 의의 열매가 가득하여 하나님의 영광과 찬송이 되기를 원하노라"(빌 1:11). "이는 우리가 그리스도 안에서 전부터 바라던 그의 영광의 찬송이 되게 하려 하심이라"(엡 1:12). 이 두 구절에서 바울은 우리가 하나님의 찬송이라고 말씀하고 있다. 우리는 모두가 다 하나님의 이름을 높이는 사람이다. 찬송은 하나님이 하신 일과 지금 나를 통해서 하시는 일, 그리고 장차 하실 일을 노래하는 것이다. 가장 중요한 것은 찬양의 마음 상태를 항상 유지하는 것이다.

무의식 속에서도 나오는 찬송이 되어야

잠재의식에까지 하나님을 찬양한다면 다윗처럼 형통하게 된다. 사실, 다윗처럼 찬양을 많이 한 사람도 없다. 그의 모든 찬양은 그의 영혼에서 무의식까지 채워져 있었다. 운전을 하다보면 위험이 닥칠 때 무의식적으로 브레이크를 밟는다. 뜨거운 것을 만질 때 순간적으로 반응한다. 술을 좋아하는 사람도 무의식적으로 술을 찾는다. 이것은 무의식도 때로는 사람의 가는 길을 선택한다는 말이다.

우리의 무의식에까지 찬송의 마음이 채워진다면 언제나 그 힘이 넘쳐난다. 힘든 상황에서도 감사하고 찬양하면 상황이 바뀐다. 웃음을 강조하는 사람들이 하는 말이 있다. 억지로라도 소리를 내어 웃어도 효과가 나타난다고 한다. 찬송도 그렇다. 찬송할 기분이 아니어도 찬송을 부르면 된다. 그러면 사망의 음침한 골짜기도 찬양의 골짜기가 된다. 사막에 강이 흐르고 광야에 길이 만들어진다. 절망 가운데서도 찬양할 때 절망이 변하여 소망이 된다. 요나는 물고기 뱃속에서 찬양했다. 때문에 물고기는 그를 토해 놓을 수밖에 없었다.

1870년 독일과 프랑스가 전쟁을 하고 있을 때였다. 전쟁은 끝나지 않았고 12월 추운 겨울이 다가왔다. 크리스마스 전날 밤에도 양군은 서로의 진지 속에서 한동안의 총격전을 치른 후 휴식을 취하고 있었다. 병사들은 참호 속에 누워서 반짝이는 별을 바라보며, 고향의 부모와 처자를 생각하면서 눈물을 흘렸다. "평화의 왕 예수께서 이 땅에 오신 성탄 전야에 우리는 왜 싸워야 하는가?" 병사들은 저마다 한 마디씩을 하면서 벙커 안에서 추위와 바람 속에서 긴장을 풀지 못한 채 성탄절 밤을 지새우고 있었다. 그때 프랑스군의 참호에서 한 병사가 벌떡 일어섰다. 그는 아름다운 테너의 음성으로 '오 거룩한 밤'을 노래하기 시작했다.

"오 거룩한 밤, 별들 반짝일 때 거룩한 주 탄생한 밤일세. 오랫동안 죄악에 얽매여서 헤매던 죄인을 놓으시려 우리를 위해 속죄하시려는 영광의 아침 동이 터 온다. 경배하라! 천사의 기쁜 소리, 오! 거룩한 밤, 주님 탄생하신 밤, 그 밤, 주 예수 나신 밤일세."

아기 예수를 향한 찬송은 전선의 밤하늘에 은혜롭게 퍼져 나갔다. 독일 병사들은 깜짝 놀라 총을 겨누고 있었지만 어느 누구 하나 노래를 부르는 프랑스 병사를 향해서 방아쇠를 당기는 사람은 없었다. 더 놀라운 것은 노래를 부르는 그 병사와 함께 프랑스 진영의 모든 병사들이 따라서 부르면서 프랑스 병사들의 합창이 되고 말았다. 프랑스 병사의 찬송이 끝나자, 이번에는 독일군 참호 속에서 바리톤의 굵은 음성이 들려 나왔다.

그가 부른 노래는 루터가 작사한 '하늘 위에서 땅으로 내가 왔노라(Form

heaven above to I come)'라는 곡이었다. 이 노래가 끝나자 양측 병사들은 일제히 참호에서 일어나 찬송가를 불렀다. "고요한 밤 거룩한 밤 어둠에 묻힌 밤 주의 부모 앉아서 감사기도 드릴 때 아기 잘도 잔다 아기 잘도 잔다"는 찬송을 시작으로 늦은 밤까지 찬송가를 불렀다.

그 순간만큼은 서로가 전쟁 중인 것을 잠시나마 잊고 한 마음이 되어 찬송으로 주님 오신 성탄절을 보낼 수 있었다.

외우는 찬송이 영적 자산이 된다

찬양은 하나님을 높이는 것이다. 인간이 하나님께서 가장 기뻐하시는 예배를 드릴 때 빼놓을 수 없는 요소가 바로 찬송이다. 찬송은 인간이 하나님께 드릴 수 있는 가장 좋은 예물이 된다.

필자의 장모인 이화진 권사는 장인이 6.25 때 예배당을 무기고로 내줄 수 없다고 저항하다가 학살당하자 아들(5세)과 딸(2세)을 데리고 남으로 피난 온 분이다. 이화진 권사는 새벽 4시면 일어나 기도하고 찬송을 부르는 것으로 하루를 시작하셨다. 육신의 신랑은 잃었지만, "예수 신랑 내 신랑"이라는 마음으로 27살에 혼자되어 89세까지 홀로 사셨다.

그 이화진 권사가 노환으로 병원중환자실에서 2년 동안 투병생활을 했다. 오랜 투병으로 말도 못하고 사람을 알아보지 못할 정도가 되었다. 그러나 신기한 것은 사람은 잘 알아보지 못해도 귀에 가깝게 입을 대고 찬송을 부르면 어김없이 따라서 부른다는 사실이다. 부르시다가 기침이 나와 잠시 못 부르셔도 어김없이 다음 소절을 따라 부르셨다. 신기하고 놀라운 일이다. 평소 열심히 찬송을 외워 불렀기 때문에 생사의 길목에서 거의 혼수상태에서도 찬송을 부를 수 있게 된 것이다.

우리도 하면 된다. 최소한 자기 나이만큼의 찬송은 외워 부르겠다는 결심을 하면 된다. 사랑하는 아이가 철이 들기 시작할 때부터, 밥을 먹기 전에, 잠자리에 들기 전에, 자녀와 함께 찬송을 부르면 된다. 어느 정도 나이가 들면 '올해의 나의 찬송'을 하나 정하면 된다. 작은 종이에 가사를 쓴 쪽지를 들고 다니면서 시간이 날 때마다 보고 부르게 하면 된다. 일 년에 찬송가 하나 못 외운다는 것은 핑계일 뿐이다. 새벽 기도를 마친 후 강단에서 정한 찬송을 외울 때까지 부르면 된다.

찬양을 통해서 우리의 마음은 하나님의 보좌 앞으로 이끌려 올려진다. 이렇게 함으로 우리는 하나님의 임재와 권능을 경험하고 바다를 가르고 산을 옮긴다. 의의 열매가 가득해진다. 그런 삶을 살면 우리의 하루하루는 하나님께 영광이요 찬송이 된다. 그러므로 지금 이 순간부터 우리의 삶 전체가 계속적인 감사와 찬송이 되게 하면 찬양대로 형통의 복을 받게 된다. 목사님은 지금 찬송 몇 개나 외워 부를 수 있는가?

– 나는 몇 개의 찬송을 외워 부를 수 있는가?

고난주간 중 성삼일(목, 금, 토)을 강단에서 보내라

Bucket List **#012**

절에 가면 스님은 있어도 교회엔 목사가 없다

'절에 가면 항상 스님이 있어도 교회엔 항상 목사가 없다'는 속설이 있다. 목사는 바쁘다. 무엇 때문에 바쁜지 모르나, 무조건 목사는 바쁘다. 이것이 목사의 문제다. 말씀 읽기, 말씀 묵상, 기도, 찬양, 심방에 바쁘다면 좋다. 그러나 목회라는 거대한 명목으로 많은 일을 하고 다닌다. 각종 모임, 운동, 사우나, 커피숍, 다양한 사람과의 만남이 목사를 교회에서 불러낸다. 그래서 목사를 목사 되지 못하게 한다. 이유 불문하고 목사는 교회를 지켜야 한다. 목사는 수요일과 토요일을 사수하라. 목숨 걸고 교회에서 기도하라. 목사의 외출은 월요일로 한정시켜라.

목사는 사순절이 일 년 목회의 절정의 시간이라고 믿어야 한다. 그중에서도 고난주간만큼은 무슨 일이 있어도 교회에서 보낼 결단을 해야 한다. 일 년 전부터 준비하면 된다. 고난주간에 생각해야 할 것은 하나님의 은혜와 사랑, 예수님의 순종과 고난이다. 'No Cross No Crown' 이라는 말처럼 고난 주간을 잘 지내야 부활의 감격도 있다고 믿어야 한다.

형식은 내용을 담는다. 형식 없는 내용은 없다. 성삼일은 거룩한 형식이다. 목사여, 죽기 전에 거룩한 사순절 마지막 성주간은 교회에서 보내는 습관을 만들라. 고난주간 성삼일에는 교회 강단을 떠나지 말고 기도하면서 주님의 고난에 동참하는 진득한 목사가 되라.

특히 성금요일은 고난의 날이다. 애통과 비탄의 날이다. 예수께서 결박을 당하신 날이다. 예수께서 채찍으로 매를 맞으신 날이다. 가시관을 쓰신 날이다. 십자가를 지고 골고다 언덕을 오르시고 마침내 십자가에서 못 박혀 죽으신 날이다. 그래서 성금요일은 교회는 물론 성도들의 가정에서 초상집의 분위기가 감돌아야 한다. 목사는 이날 하나님의 위대한 구원의 섭리와 위대한 사랑, 특히 예수님의 죽으심을 몸과 마음으로 체험하는 하루가 되어야 한다.

부모가 돌아가셨을 때 자식들은 3일 동안 빈소를 지키면서 부모의 죽음을 애통해하는 것이 한국적인 전통의 효이다. 예수님의 죽으심을 어찌 부모에 비할 수 있겠는가? 부모님의 시신이 장례식장에 안치되어 있는데 어떤 자녀가 시내를 배회한다면 사람들이 무엇이라고 하겠는가? 부모가 돌아가시고 장례 예식장에 모셔져 있는데 사우나에서 그 자녀를 만난다면 무엇이라고 하겠는가? 불효자를 넘어 '호래자식'이라고 수군대지 않겠는가?

목사는 일 년 목회 계획 중 매년 고난주간에는 교회를 지킨다는 원칙을 세워 놓아야 한다. 특히 성삼일(목, 금, 토)은 교회 강단에서 기도하면서 보낼 각오를 하라. 복장도 신경을 써야한다. 검정 옷과 검정 넥타이를 매고 강단에서 기도하면서 지내야 한다.

목사는 장례식장의 '맏상제' 아니겠는가? 외출이나 외식은 금물이다. 텔레비전이나 신문을 보는 것도 금물이다. 자신의 죄 때문에 십자가에 못 박혀 죽으신 예수님의 망극하신 사랑을 묵상하면서 보내기 위함이다. 교인들에게 미리 "성삼일 동안 본인은 강단에서 기도하면서 보내겠다."고 선포하라. 자연스럽게 교인들도 동참하는 계기가 마련되지 않겠는가? 목사는 이 3일을 자신과 성도들의 영성회복의 전환점으로 삼아야 한다.

사순절과 고난주간

사람들은 주일에 쉬고 월요일에 출근하기에 한 주간의 첫 날을 월요일로 착각하고 있는 자가 많다. 1주일의 첫날은 주일이다. 달력을 자세히 보라. 분명히 한 주간의 첫날을 빨간색으로 맨 앞에 세워놓았다. 사순절은 '재의 수요일'부터 시작된다. 1주일 중 가장 거룩하고 중요한 날은 언제일까? 바로 주일이다. 그럼 1년 중에서 가장 중요하고 거룩하게 지내야 하는 시기는 언제일까? 두 가지 대답이 있다. 첫째로 교회는 성주간과 예수 부활 대축일을 1년 중 가장 중요하고 거룩한 시기로 지낸다. 둘째는 대림절이다. 첫 주일을 교회력으로 초하루로 정하고 한 해가 시작되기에 중요시 한다.

사순절(四旬節 Lent)은 교회에서 부활절을 준비하는 참회 기간이다. 서방교회에서는 '재의 수요일'에 시작해 부활절 전까지 6주반 간 계속되며, 예수 그리스도가 광야에서 금식한 것을 본 따서 일요일을 제외한 40일을 금식기간으로 정하고 있다. 동방교회에서는 부활절 8주 전부터 시작하며, 토요일과 일요일을 모두 금식일에서 제외한다.

'사순'이란 말은 본래 40일이라는 뜻이다. 이때는 우리의 구원을 위하여 수난과 죽음의 길을 걸어가신 주님 예수 그리스도의 고통에 참여하는 시기이다. 그리스도인은 누구에게나 고난이 있다. 고난이 없는 그리스도인은 그리스도인이 아니다. 그리스도인은 고난을 외면해서는 안 된다. 주님이 당하신 고난이기에 고난을 정면으로 대하고 가슴으로 안고 받아들여야 한다. 그러므로 '사순절' 고난의 시기에 그리스도교 신자들은 육체적 고신극기와 참회의 생활로 40일을 보낸 뒤 기쁨의 부활을 맞이하게 된다.

사순절은 그리스도인이 자신을 돌아보고 회개하며 성도로서의 새로운 삶을 시작하는 주간이다. 사순절 기간에 성경 읽고 금식기도 하고 절제하고 구제하고 전도하는 일에 힘쓴다. 예수님의 수난과 죽음, 부활이 그리스도교 신앙의 정점에 있기 때문이다. 목사는 성주간을 어떻게 지내느냐에 따라 1년의 신앙생활이 달라질 수 있다고 생각해야 한다. 그만큼 성주간은 목사의 삶에서 차지하고 있는 비중이 크다. 성주간은 부활 대축일 전 한 주간을 말하며 예수 수난과 부활의 신비에 참여하는 가장 거룩하고 뜻 깊고 중대한 기간이다.

고난주간(Passion Week)에는 예수 그리스도 죽음의 신비를 전하고 가르치는 시기이다. 그래서 한없는 슬픔과 비통한 마음 가운데 소망의 위로를 전하며 부활의 기쁨에 동참할 수 있는 마음의 준비를 하는 기간으로 삼아야 한다. 성주간의 마지막 3일인 성목요일 · 성금요일 · 성토요일은 특히 '성삼일'로 불린다. 이 주간이 성주간일 수 있는 것은 바로 이 성삼일 때문이다.

재의 수요일은 사순절 시기가 시작되는 첫날로, 교회 강단은 이날부터 회개와 속죄의 상징인 자색 예전 보를 입는다. 이날은 참회의 상징으로 머리에 재를 얹고 기도한다는 의미에서 '재의 수요일'이란 이름을 갖게 되었다. 이날은 주님이 예루살렘 입성을 기념하는 성지 행렬을 전통적으로 했다. 이 날부터 예수님의 수난이 시작된다.

성목요일은 예수님께서 제자들과 함께 자신의 몸을 상징하는 떡을 떼어주시고, 피를 상징하는 잔을 나누면서 최후만찬을 하신 날이다. 식후에는 주님이 제자들의 발을 씻김으로 섬기는 예식이 거행되었다. 예수께서 몸소 제자들의 발을 씻겨준 것처럼 목사는 성도들의 발을 씻겨주는 예식을 행함으로써 예수님의 사랑을 재현한다. 주님과 제자들은 감람산에 올라 밤이 맞도록 피나는 기도를 하셨다. 이날 목사는 죽음을 앞둔 예수님의 고통에 동참하며 밤을 새워 기도를 해야 한다. 이게 주님의 고난에 동참하는 길이다.

성금요일은 예수님께서 돌아가신 애통과 비통의 날이다. 이날 그리스도인은 온갖 모욕과 고통을 받고 십자가에 달리신 예수님의 고난에 동참하며 금욕과 단식을 한다. 우리의 구원을 위해 죽으신 예수님의 고통에 참여하는 이날은 1

년 중 교회가 유일하게 예배를 드리지 않는 날이다. 예배는 감사와 찬송이 포함되기에 극도의 절제와 애통함을 위해서 예배마저 드리지 않고 그 대신 십자가 경배 예절을 통해 그리스도인들은 구원과 생명의 나무인 십자가를 공경한다. 목사와 성도들은 고난당하시고 죽으신 주님을 연상하면서 철저한 회개와 거듭남으로 하루를 보내야 한다.

성토요일은 성금요일과 부활 대축일을 연결하는 날이다. 밤이 깊어갈수록 부활에 대한 희망과 기쁨이 고조되어 간다. 이 밤은 어느 날보다도 더 특별히 주님을 기억하는 밤으로 부활 성야라고도 한다. 이 밤은 하나님께서 인류를 위해 섭리하신 가장 밝고 아름다운 밤으로 주님께서 무덤을 열고 영원한 승리를 이룩하신 밤이다. 천주교에서는 부활 성야 전례를 빛의 예식, 말씀 전례, 세례 예식, 성찬 전례로 행한다. 그러나 개신교에서는 특별한 예식이 없이 기도와 말씀 묵상으로 부활 성야를 보낸다. 예식이나 전례보다도 말씀과 기도를 중요하게 여기기 때문이다.

– 성삼일 동안 교회 제단에서 보낼 계획을 만들고 실천해 보자.

전도지를 들고 하루 종일 다녀 보라

Bucket List **#013**

예수님의 생애는 전도로 시작해서 전도로 끝마쳤다고 할 수 있다. 예수님은 사역을 시작하면서 "때가 찼고 하나님의 나라가 가까이 왔으니 회개하고 복음을 믿으라"(막 1:15) 하셨다. 예수님에게는 교회도 강대상도 없었다, 길거리에 흩어져 있는 사람들이 복음 전도의 대상이었다. 예수님은 길거리 전도를 통해서 최상의 전도 효과를 거두셨다. 예수님은 전도를 멈추지 않으셨다.

예수님의 전도를 계승한 사도들에게도 강대상이 없었다. 사도들은 상당한 세월이 흐른 후에야 일정한 장소에서 설교할 수 있었다. 결국 예수님에게 전승된 전도의 원조는 길거리 전도였다.

빌립의 전도를 보자. 성령님께서 빌립에게 "일어나서 남쪽으로 향하여 예루살렘에서 가사로 내려가는 길까지 가라"(행 8:26)고 하셨다. 빌립은 성령님이 시키는 대로 예루살렘에서 가사로 내려가는 길에 가보니 그 길은 광야였다. 처음에는 빌립에게 막막했지만 일어나 가서 보니 에티오피아 사람 곧 에티오피아 여왕 간다게의 모든 국고를 맡은 관리인 내시가 예배하러 예루살렘에 왔다가 돌아가는 길이었다. 가까이 가서 보니, 내시가 수레를 타고 가면서 선지자 이사야의 글을 읽고 있었다. 얼마나 반가웠겠는가. 그러나 쉽게 접근할 수 없어 망설이고 있을 때에 성령님이 빌립더러 이르시되 "이 수레로 가까이 나아가라"(29절) 하셨다.

빌립의 노방전도는 이렇게 시작되었다. 빌립이 내시에게 달려가서 선지자 이사야의 글 읽는 것을 듣고 "읽는 것을 깨닫느냐?"고 물었다. 내시는 "지도해 주는 사람이 없으니 어찌 깨달을 수 있느냐?" 빌립을 청하여 수레에 올라 같이 앉으라 하였다. 그야말로 전도할 절호의 기회였다. 빌립은 수레에 올라가 내시에게 이사야 선지자의 글을 예수 그리스도와 연결하여 자세히 설명해 주었다. 내시는 감동을 받고 예수님을 영접하고 믿기로 결단을 내렸다. 이렇게 해서 복음이 에티오피아에 전파되었고 아프리카 최초의 기독교 국가가 되었다.

목사가 먼저 나서라

필자가 외국 유학을 마치고 한국에 돌아와 처음 한 일이 '한국교회정보센타'를 설립하고 운영하는 일이었다. "목사가 변하면 교인이 변하고 교인이 변해야 교회가 변하고 사회가 변한다"고 믿었기 때문이다. 한국 강단에 복음적인 예배와 설교가 강물처럼 흘러넘치는 것이 하나님의 뜻임을 알았다. 한국 목회자들에게 영적인 부싯돌 같은 목회 정보와 아이디어를 제공하는 일을 하고 싶어서였다. 많은 교회 집회도 하고 목회자 세미나를 하면서 제시한 프로그램을 실제로 적용하고 싶어 교회를 개척했다.

교회를 개척하고 나는 매주 수요일과 토요일 오전에는 전도지를 들고 길거리 전도를 다녔다. 큰 지도를 벽에 걸어 놓고 지역에 있는 모든 집에 개척한 '새한국중앙교회'를 알리고 싶어서였다. 일일이 지도에 표시를 하면서 1년 동안 거의 모든 가정에 전도지를 넣었다. 내가 교회를 개척한 지역에는 이미 40여개의 교회가 있었지만, 유감스럽게도 전도지를 들고 다니면서 노방 전도를 하는 목사를 한 명도 만날 수 없었다.

한 번은 건물 2층에 자리하고 있는 사무실을 찾았다가 마주 보고 있는 아주 작은 교회에도 들어가 보았다. 다행이 교회 문이 열려 있었기 때문에 가능했다. 개척교회 냄새가 물씬 풍기는 아주 작은 교회였다. 기도를 마치고 나오려는데 그 교회 담임 목사가 강단 뒤쪽에서 나왔다. 오전 11시가 다 되어 가는데 차림새로 보아 금방 잠자리에서 나온 모습이었다. 그 목사님은 날 알아보고 "아니 김항안 목사님이 아니십니까? 어떻게 이곳까지 오셨습니까?" 나는 "노방 전도를 하러 다니다가 이 건물 2층 사무실에 들려 전도지를 나누어 주고 교회 문이 열려 잠깐 들렸습니다!" 라고 답했다. 그 때 목사님이 이렇게 말씀하셨다. "아니 세상에 김항안 목사님이 전도지를 들고 다니시다니요?"

내가 열심히 전도지를 나누어 주면서 노방 전도를 하는 것을 보고 몇 명 되지 않는 교인들도 주말이면 교회에 나와 함께 전도를 하기 시작했다. 전도를 하면서 느낀 것은 즉석에서 주님을 믿기로 하고 영접하는 사람은 찾기 힘들다는 것이다. 어떤 사람은 전해주는 전도지를 길바닥에 버리는 사람도 있다. 그래도 미소로 응답하고 개의치 않는다. 전도지를 전해주는 것만으로 전도자는 행복하다. 전도자의 사명을 다하기 때문일 것이다. 노방전도에서 전도의 효과를 기대하는 전도인은 없다. 그러나 최선을 다할 뿐이다.

권서(勸書)의 역사

초기 선교사들은 한국 기독교인들을 '성경을 사랑하는 자들'(Bible Lovers)이라고 불렀다. 1891년, 미국 감리교 선교부의 연례보고에는 다음과 같이 기록되어 있다. "There is crying need for hurrying on the translation as fast as possible." 성경말씀을 읽기를 원하는 한국 그리스도인들이 선교사들에게 새 번역을 서둘러 달라고 '울부짖는 요구'를 한다는 기록이다. 한국 교회사에서 이름 없이 성경을 반포한 이들이 수천 명 있었는데 이들이 권서(勸書)인들이다. 권서들은 등에 '복음짐'(성경책)을 지고 부르튼 발로 삼천리 방방곡곡을 다니면서 성경을 보급했다. 그들이 다니다가 복음에 관심을 가지는 자들이 발견되면, 그곳에서 밤을 새며 성경을 가르치기도 했다. 성경은 '기억하라'는 말씀을 반복하고 있는데 비하여 역사에 대한 우리의 기억함은 너무나 부족했던 것 같다.

오늘의 한국 교회가 있게 만든 뿌리에는 권서들이 있다. 권서는 '성경책이나 전도책자 등을 사서 읽도록 권하는 사람'을 뜻한다. 한국 최초의 권서는 '한국 교회의 요람'으로 불리는 소래교회를 설립했던 서상륜이다. 그는 1882년 10월 로스 선교사가 만주에서 번역한 성경을 가지고 조선에 들어와 복음의 씨앗을 뿌렸다. 권서의 길은 고난의 연속이었다. 도처에서 온갖 경멸과 모욕, 핍박이 그들을 기다리고 있었다.

그들은 종종 서양귀신에 씌웠다면서 사람들이 던지는 돌에 머리가 깨지고 얼굴이 터져 피범벅이 되었다. 심지어 목숨도 내놓아야 하는 경우도 있었다. 그들은 하나님의 말씀만이 이 민족의 살 길이며 이 땅의 백성을 구원할 수 있는 생명줄이라는 것을 확신하고 악착같이 성경을 보급했다. 구입할 돈이 없는 사람들에게는 곡식, 생선, 달걀, 옷, 성냥 등으로 성경과 교환해 주기도 했다. 그런 것이 없으면 자신들이 대신 지불하고 성경을 건네주기도 했다.

노방전도는 멈출 수 없다

한국 교회의 노방전도는 권서의 역사에서 비롯되었다. 권서들은 성경책을 가지고 발품을 팔면서 이 나라 방방곡곡을 다니면서 성경을 보급했다. 많은 사람에게 온갖 경멸과 모욕과 핍박을 받으면서도 성경을 보급했다. 상상할 수 없는 고통 속에서도 그들은 멈추지 않았다. 권서들은 성경을 보급하는 것이 하나님이 내리신 사명이라고 생각했다.

목사에게도 이런 사명감이 필요하다. 한 달 30일 중에 하루를 내놓아라. 하루의 일과가 시작되면 전도지를 가방에 가득 넣고 기도부터 하라. 그리고 혼자 찬송을 큰소리로 부르면서 교회를 떠나 길거리로 나가라. 만나는 사람마다 이르는 집 문전에서 전도지를 배포하라. 개인 전도를 할 수 있는 기회가 주어지면 전도를 하라. 그렇지 않더라도 일단 노방전도를 나섰으니 하루 종일 전도지를 배포하라. 점심? 한끼 쯤 금식하면 어떻겠나?

전도에는 열정이 필요하다. 노방전도에 불붙는 가슴으로 도전해 보아라. 전도지를 받든지 안 받든지 그런 걸 따지지 말라. 일단 전도지를 나누어 주는 것으로 만족하라. "누구든지 주의 이름을 부르는 자는 구원을 받으리라 그런즉 그들이 믿지 아니하는 이를 어찌 부르리요 듣지도 못한 이를 어찌 믿으리요 전파하는 자가 없이 어찌 들으리요 보내심을 받지 아니하였으면 어찌 전파하리요 기록된 바 아름답도다 좋은 소식을 전하는 자들의 발이여 함과 같으니라"(롬 10:13-15) 하루 종일 복음을 전하는 목사의 발이 아름다울 것이다.

- 전도지를 들고 길거리 전도를 못하는 이유가 무엇인가?

한 영혼이라도 전도해 보라

Bucket List **#014**

전도는 목사에게 주어진 위대한 사명이다. "하늘과 땅의 모든 권세를 내게 주셨으니 그러므로 너희는 가서 모든 민족을 제자로 삼아 아버지와 아들과 성령의 이름으로 세례를 베풀고 내가 너희에게 분부한 모든 것을 가르쳐 지키게 하라 볼지어다 내가 세상 끝 날까지 너희와 항상 함께 있으리라"(마 28:18-20) 이는 주님께서 지상에서의 사역을 세상을 떠나시기 전에 제자들에게 이르신 지상명령(至上命令, The greatest Commandment)이 아니던가.

'전도'란 무엇인가? 구원의 기쁜 소식을 전하는 것이다. 구원의 기쁜 소식을 내가 나에게 전하는 것이 전도다. 기쁜 소식인 말씀을 듣고 생각이 바뀌고 말이 바뀌고 행동이 바뀐 사람이 전도된 사람이다. 자신이 전도되지 않았으면서 다른 사람을 변하게 하려고 덤비기 때문에 전도가 어려운 법이다. 결국 전도를 하지 못하는 사람은 자신이 아직 전도되지 않았다는 것을 알아야 한다.

목사 안수를 받을 때 하는 서약이 있다. 교단마다 다르겠지만, 그중에 하나가 **"목사로서의 사명을 감당하고 복음의 증거자로서 하나님의 말씀을 전도와 생활로써 실천하는 일에 모범이 되겠습니까?"** 이다. 교단의 헌법에 있는 목사의 의의는 다음과 같다.

1) 목사는 예수 그리스도의 양인 교인을 양육하는 목자이며(렘 3:15, 벧전 5:2-4),

2) 목사는 그리스도를 봉사하는 종 또는 사자이며(고후 5:20, 엡 6:20),
3) 목사는 모든 교인의 모범이 되어 교회를 치리하는 장로이며(벧전 5:1-3),
4) 목사는 그리스도의 말씀으로 교인들을 깨우치는 교사이며(딛 1:9, 딤후 1: 11),
5) 목사는 구원의 복된 소식을 전하는 전도인이며(딤후 4:5),
6)목사는 그리스도의 설립한 율례를 지키는 자인고로 하나님의 도를 맡은 청지기이다(눅 12:42, 고전 4:1-2).고 규정하고 있다.

여기서도 제 5항에 **"목사는 구원의 복된 소식을 전하는 전도인이며(딤후 4:5)"**라고 한다. 목사는 죽을 때까지 전도인이다.

문제는 여기서부터 시작된다. 목사가 강단에서 전도하라고 목에 피터지게 강조하면서도 정작 목사는 죽을 때까지 한 영혼에게도 전도하지 않는다면 어떠하겠는가? 이야말로 이율배반이 아닌가!

혹자는 이런 말로 얼버무린다. '목자는 양을 기르기만 하면 되고 양은 젖과 털을 제공하지 않는가. 그러니 목사는 성도들이 전도를 잘 하도록 교육을 시키고, 전도는 성도가 하는 것이다'라고. 일리가 있는 말이다. 그러나 전도에 앞장 서지 않는 목사 밑에서 교인들이 얼마나 전도에 열심을 낼까 생각해 보면 전적으로 수긍할 수 없는 말이다.

목사가 가장 범하기 쉬운 죄

일반적으로 목사는 죄를 범하지 않아야 한다. 목사도 사람이니까 죄를 지을 수 있지만 그 내막을 하나님만 아시고 사람은 모른다. 그러나 사람들이, 아니 교인들이 금방 알아 볼 수 있는 목사의 죄가 있다. 그것은 목사가 전도하지 않는 죄다. 목사가 말로는 전도, 전도를 외치면서 자신은 전도하지 않으니 하나님과 주님 앞에서 그리고 교인들 앞에서 죄를 짓는 것이다.

목사도 전도를 하지 않으면 예수님의 큰 명령에 불복종하는 죄를 범하는 것이다. 왜냐하면 주님께서는 목사에게도 전도의 명령을 하셨기 때문이다. 이는 주님의 지상명령이다. 예수님의 지상명령을 불순종하는 것은 죄 중의 죄이다. 목사가 명령 불복종 죄를 지은 것이다.

하나님께서는 요나에게 니느웨에 가서 회개의 복음을 전하라고 명령하셨다. 요나는 니느웨에 가서 복음을 전하기가 싫었다. 니느웨는 이스라엘의 원수국인 앗수르의 수도였다. 요나는 원수 국가가 구원받는 것이 싫었다. 그래서 니느웨로 가는 배를 타지 않고 다시스로 가는 배를 탔다. 풍랑이 일었다. 제비를 뽑아 보니 요나였다. 요나를 바다로 던졌다. 큰 물고기가 삼켰다. 큰물고기는 요나를 니느웨에 토해내었다. 결국 요나는 니느웨로 가서 복음을 전하였다.

복음을 전하라는 곳에 복음을 전하지 않으면 풍랑이 일어난다. 교회가 시끄러워진다.

오늘 목사, 당신의 니느웨는 어디인가?

오늘 목사, 당신의 다시스는 어디인가?

오늘 목사, 당신이 복음을 전할 곳은 어디인가?

치열한 영적 전투나 마찬가지인 전도의 현장에서 싸울 때 태만하면 사형감이 아니겠는가?

사람을 죽이는 것만 살인죄는 아니다. 영혼을 죽이는 것도 영혼살인죄다. 영혼이 죽도록 놔두는 것은 살인방조죄다. 아내나 남편이나 자녀 그리고 부모나 이웃이나 친척, 친구나 옆집 영혼이 지옥가게 하는 것은 영혼살인죄이다. 목사의 주변에는 생명이 시급한 영혼들이 있다. 오늘 전도하지 않으면 내일 지옥으로 갈 영혼들이 있다. 그러기에 전도한다는 것은 영혼을 사랑한다는 것이다.

목사라면 입으로만 사랑을 외치지 말고 행동으로 사랑하라. 그 행동이 전도다. 목사도 죽어가는 영혼을 살리라고 태어난 사람이다. 주님은 요 14:15에서 "너희가 나를 사랑하면 나의 계명을 지키리라"고 하셨다. 예수님의 제일 큰 명령은 전도다. 목사가 하나님을 사랑한다면 죽어가는 영혼을 살려내라. 전도하지 않는 목사는 영혼을 살인하는 죄를 범하는 것이다.

개인전도의 기본기를 개발하라

세상에는 많은 개인전도 방법이 나와 있다. 목사는 자신만의 개인전도 기법을 개발해야 한다. 자신만의 체질에 맞는 개인전도의 기술을 만들도록 하라. 모방은 표절이 아니다. 모방도 창작이다. 수많은 개인전도의 방법 중에 자신의 기법을 터득하라. 그리하여 자신의 성격과 언변에 맞는 전도의 기술을 습득하여 실행하는 것이 좋다. 그런 다음 성도들도 효과적으로 활용할 수 있게 하라.

개인전도의 우선은 기도다. "기도 외에 다른 것으로는 이런 종류가 나갈 수 없느니라"(막 9:29) 기도만이 전도의 가능성을 가지고 있다. 개인전도 성공의 중요한 계기가 하나님과 만나 교제하는 동안에 주어진다. 기도를 통해서 전도를 위한 성령의 충만을 구하는 것을 기본으로 삼아야 한다.

세상을 이기는 것은 믿음뿐이다. 한 영혼을 구원하는 것도 믿음이다. 한 영혼을 구원하기를 기도로 작정했으면, 그 영혼이 주님을 영접할 것을 믿고 전도를 시작하라. 의심하지 않고 믿으면 승리할 수 있다.

만일 형식적으로, 지식으로, 아무런 감동도 없이 그리고 동정심으로 전도한다면 번번이 실패하고 말 것이다. 죽어가는 영혼을 진심으로 사랑하라. 사랑은 감동을 준다. 사랑이 없으면 감동을 주지 못한다. 전도는 눈물과 피를 뿌리는 순교의 심정으로 해야 그 영혼을 구원할 수 있다. 전도의 현장에서 복음을 제시하기 위해 실마리를 지혜롭게 풀어 나가야 한다.

어떤 경우에는 간접적인 방법으로 또는 은연중에 기다리다가 눈에 띄지 않게, 경우에 따라 직접적인 방법이 좋을 때도 있다. '교회에 다니십니까?' 구원받지 못한 사람이 거절하고 반대하는 것을 두려워할 필요는 없다. 그런다고 강요하거나 불쾌한 표정을 지어서는 안 된다. 어떤 경우에도 상대방에게 부담을 주지 말라.

– 나는 지금까지 몇 명이나 전도했는지 그 이름을 적어 보자. 없다면 앞으로의 계획을 적어보자.

해외 선교지에서 최소한 3개월을 보내라

Bucket List **#015**

목사는 지금 발붙이고 있는 '일의 현장'을 쉽게 벗어나지 못한다. 하는 일이 많고 시간에 쫓기다 보면 '여기'(here) 아닌 '저기'(there)에 대해서는 무관심할 수 있다. 그러다 보니 안목이 좁아지고 생각도 편협해지기 마련이다. '우물 안 개구리'란 말이 있다. 바깥세상을 모르니 좁은 우물 안에서 지지고 볶다가 부질없는 세월을 보내게 되고 그만큼 삶은 지루하고 따분해진다.

목사는 미래를 바라보는 사람이다. 목사는 하나님의 말씀을 오늘에 적용하면서 내일을 예언하는 일을 해야 한다. 미래가 없는 목사는 희망이 없다.

목사여, 내일을 꿈꾸어라. 미래를 전망하라.
갈릴리 바닷가에서 시작한 복음이 예루살렘에 전파되었다. 그러나 오늘에 집착한 대제사장들과 바리새인들은 복음을 받아들이지 않았다. 그들은 복음을 전하는 예수 그리스도를 십자가에 못 박아 죽였다. 그들의 편협한 생각이 하나님의 아들을 죽이고 복음을 죽인 것이다. 그런다고 예수 그리스도를 아주 죽이지 못했다. 그들이 십자가에 못 박아 죽인 예수 그리스도는 부활했기 때문이다.

복음이 온 유대와 사마리아를 점령했다. '유대'와 '사마리아'는 상극의 지역이다. 유대는 전통 유대인들의 거주지이고, 사마리아는 유대인들에게 버림받은 사람들이 사는 곳이었다. 두 지역은 서로 만날 수 없고, 조화되기도 힘든 지역이었다. 유대인들은 사마리아 사람들을 상대하지 않았다. 고의적으로 만남을 외면했다. 유대인들은 갈릴리에 갈 때 습관적으로 요단강을 건너 우회하여 갈릴리로 갔다. 이는 사마리아 사람들을 만나지 않고, 사마리아 땅을 밟지도 않으려는 심산이었다. 이런 갈등과 미움이 분쟁과 전쟁을 만들었다. 역사적으로 숱한 전쟁은 차별과 갈등으로 생겼다.

예수님은 유대와 사마리아를 차별하지 않았다. 예수님은 갈릴리로 가실 때에 사마리아를 거쳐서 가셨다. 예수님은 사람들에게 버림받은 지역, 소외된 사람들이 사는 곳을 외면하지 않으셨다. 복음은 유대와 사마리아를 구별하지 않는다. 복음은 인간이나 인종을 구별하지 않고 다른 문화를 포용한다. 복음에는 성령의 능력과 생명력이 있기 때문이다. 목사는 복음을 전파하는 사람이다. 목사의 안목을 넓혀라. 오늘에 집착하지 말고 내일을 바라보라. 국내에 머물지 말고 세계를 품으라. 해외 선교를 위하여 기도하고 관심을 집중시켜라.

땅끝, 한국에 온 최초의 선교사

예수님은 "땅끝까지 이르러 내 증인이 되리라 하시니라"(행 1:8)고 하셨다. '땅끝'은 어디인가? 지리적으로 '땅끝'은 지구의 끝자락이다. 따라서 땅끝은 온 세계를 말한다. 헬라어의 '땅끝'은 '마지막 한 사람이 사는 곳'이라는 뜻이 강하다. 모든 사람에게 복음이 전파되어야 할 지구촌 방방곡곡, 복음의 미개척지가 땅끝이다.

1884년경 한국은 땅끝이었다. 복음의 미개척지였다. 중국과 러시아와 일본의 틈바구니에서 국제지정학적으로 위태로운 처지에 있는 나라였다. 구원의 손길, 복음이 절실하게 필요했다. 하나님은 알렌 선교사를 한국에 파송하셨다. 의사 알렌은 복음을 든 선지자였다. 알렌 의사의 가슴속에는 한국인에게 복음을 전달하려는 생각으로 꽉 차 있었다. 그는 이러한 기회를 이용하여 국왕에게 병원 설립의 허가를 요청하여 가납되었다.

한국 정부는 한성 북쪽에 있는 홍영식의 저택을 하사하였고 이름도 광혜원

(Widespriad Relidf House)이라고 지어주었다. 홍영식은 갑신정변의 주모자로 사형이 집행되어 그의 집은 몰수되었으며 2월 25일에는 한국 최초의 서양식 병원이 개설되고 3월 12일에는 제중원(Universal Helpfulness House)이라는 이름으로 개칭되었다.

알렌은 중신, 귀족들과 함께 가난한 사람들의 병도 잘 치료하여 환자들이 늘어나 어떤 날은 하루에 265명이나 되는 많은 사람들이 병원을 출입하였다. 1885년 4월에는 언더우드 선교사의 내한에 이어 6월에는 헤론 의사가 입국하여 제중원에서 함께 일하게 되었다. 그러던 중 알렌은 1887년 워싱턴 주재 한국공사관의 서기가 되었다. 1895년 8월부터는 서울 주재 미국 공사관의 관리로 봉직하게 되었으며 1897년에는 공사관의 대리공사 그리고 총영사가 되었다. 알렌은 1884년 한국에 도래한 이래로 1905년에 한국을 떠날 때까지 20여 년을 선교사로, 의사로, 공사로 혹은 대사로 분주히 그리고 눈부시게 활동하면서 일생을 보냈다.

선교사의 어려움에 공감하라

선교는 힘들다. 선교지에 가서 이름도 없이 빛도 없이 살아야 한다. 인종이 다르고 문화가 다르고 언어가 다른 지역에서 다른 종교인들에게 복음을 전한다는 것은 대단한 모험이다. 생명을 내놓지 않고는 결단하기 어려운 일이 선교다. 고국과 고향이 그립고 부모형제가 보고 싶다. 고치기 힘든 풍토병에 시달리기도 한다. 제한된 선교비로 활동한다는 것도 견디기 힘든 일이다. 기독교 역사상 주님의 제자들을 비롯하여 수많은 선교사가 복음을 전하다가 순교했다. 그야말로 순교적인 각오와 결단이 없이는 선교사가 되지 못한다.

선교사들에게는 선교사가 되어보지 않고는 모르는 아픔이 있다. 선교사는 선교지에서 아무리 오래 살아도 항상 '이방인'이다. 모처럼 고국에 돌아와도 몸을 평안하게 의탁할 곳이 없는 '손님'이다. 선교지에서 오래도록 쌓인 스트레스를 안고 모처럼 고국에 돌아오면 몇 년 동안에 너무나 변한 고국의 모습을 보고 이방인이 된 느낌을 갖는다고 한다. 후원교회를 방문하려고 전화를 해도 퉁명스런 목소리에 자기가 무슨 죄인이 된 심정으로 무거운 발걸음으로 찾아가게 된다고 한다.

우리는 복음을 위해 이국땅, 해외 선교지에서 어려움을 극복하며 사역하는 선교사들을 존경해야 한다. 우리는 선교사들의 애환을 이해하고 격려와 위로를 하며, 선교사가 새 힘을 가지고 일할 수 있도록 도와주는 자세가 필요하다. 선교사는 주님이 사명을 주셔서 각각의 선교지로 파송하신 주님의 일꾼이다. 우리는 주님의 일꾼에게, 주님의 명령을 따라서 '주님의 것을 가지고' 선교사역에 협력하고 있는 것이다. 그러므로 우리는 선교사를 대할 때 목에 힘주지 말고 겸손한 자세로 대해야 하며 선교사의 뒤에 서 계시는 주님의 얼굴을 먼저 바라볼 수 있어야 한다.

해외 선교지에서 최소한 3개월을 보내라

선교사의 임기는 교단마다 다르다. 일정한 년 수를 정하고 연장 근무를 하기도 한다. 어떤 선교사는 선교지에서 평생을 보내기도 한다. 일단 선교사로 나가면 쉽게 고국에 돌아와 일반목회 임지를 찾기에 어려움이 있는 게 사실이다. 선교사의 사역과 일반목회자의 사역이 다른 것이 서로간의 균열을 만든다고 본다. 일반목회자는 선교사의 사역을 이해할 필요가 있다. 이는 지속적으로 선교후원자가 되고 선교사의 사역을 돕는 일이기 때문이다. 선교사에게는 후원교회와 교회의 기도가 필요하다. 이를 주도할 사람이 목사다.

종종 뉴스에서 목사가 교회의 장로나 집사들을 대동하고 선교지를 방문한다는 소식을 접한다. 좋은 일이다. 그러나 명심하자. 선교지 방문은 여행이 아니다. 자칫 남모르는 고충을 안고 살아가는 선교사에게 부담과 상처를 줄 수 있다. 대대적인 이벤트와 요란한 선전으로 선교사의 기를 죽이고, 목사와 교인들이 관광만 일삼고 돌아올 바에는 안 가고 물질로 돕는 '보내는 선교사'가 되는 편이 훨씬 좋다.

이렇게 하면 어떨까 싶다. 목사 혼자 선교지에 가서 최소한 3개월을 지내라는 것이다. 선교사와 똑같이 먹고 자고 생활하면서 선교의 일선으로 나가 보자. 가슴을 열고 선교사의 애환을 들어보라는 것이다. 선교사의 고충을 아는 것만큼 선교사를 돕는 일은 없다. 선교비가 중요한 것은 아니다. 주님도 집 한 채, 방 한 칸 없었다. 단순히 입을 옷 한 벌로 선교하셨다. 선교사가 바라는 것은 선교비가 아니라, 기도와 동참, 인정과 이해, 관심과 협동이다. 선교사와 함께 먹고 마시고 대화하면서 최소한 3개월을 보내면 해외 선교에 대한 새로운 지평이 열릴 것이다.

– 나는 선교지를 품고 직접 가서 얼마 동안이나 있어 봤는가? 없었다면 계획은 있는가?

16. 선교지 한 곳을 품고 살라

Bucket List **#016**

지구상에는 아직도 1,600여 개가 넘는 미전도 종족이 있다. 목사는 늘 하나님의 뜻에 관심을 가져야 한다. 하나님의 뜻은 목회 현장에도 있지만 선교 현장에도 있다. 목사가 선교지 한 곳을 품고 기도하는 것은 하나님의 뜻과 예수님의 마지막 유언을 가슴에 품고 살아가는 것과 마찬가지이다. 전도에 대한 열정은 이렇게 예수 마음을 품을 때 가능해진다.

젊은 목사일수록 선교에 대한 꿈과 열정이 강하다. 넓은 세계와 미지의 세계를 향한 비전이 있기 때문이다. 목사가 되기 전 선배 목사들로부터 설교와 가르침으로 선교에 대한 도전을 받았다면, 선교에 대한 비전과 사명을 품기가 훨씬 쉽다.

목사 안수를 받고 막상 목회현장에서 사역을 하다보면 눈앞에 있는 사역에 치여서 선교현장에 대한 비전이 사그라질 수 있다. 관심이 반감될 수도 있다. 혹시라도 내가 아닌 다른 사람을 통해서라도 하나님이 선교지를 돌보게 하실 것이라는 자기 위안이나 핑계를 만들 수도 있다. 그야말로 핑계일 뿐이다. 하나님의 뜻과 선교에는 나와 남의 책임이 구별되지 않아야 한다.

선교에 관심을 조금이라도 가진 목사라면 '가든지 보내든지 하라'는 말을 이미 들었을 것이다. 실제로 선교지에 가서 평생을 보낸다는 것이 쉽지 않다. 환경적응이야 시간이 지나면 쉬울 수 있어도, 자녀교육이나 신분과 신변의 불안 등은 쉽게 해결되지 않는다.

선교사들의 열정과 인내와 끈기 그리고 부르심의 확신은 어떤 아름다운 수식어를 붙인다 할지라도 다 표현하기 어려울 정도다. 내가 갈 수 없다면 보내기라도 하든지 혹은 이미 선교지에 가 있는 분들에게 지원하는 형식이라도 선교지를 품는 것이 좋다.

잉태된 선교지를 위해서

선교지를 품는 것은 한 부족이나 종족을 품는 것이고, 더 나아가서는 한 민족을 품는 것이 된다. 심지어 한 국가를 품을 수도 있다. 한 사람이 품는 분량으로서는 큰 것이지만 인간의 마음은 아무리 큰 것이라도 품을 수 있는 능력을 갖고 있다. 게다가 하나님이 사랑하시는 민족, 하나님의 은총이 임하기를 원하는 품음이니 그 품음의 넓이와 크기와 깊이는 하나님의 사랑을 품은 사람만이 할 수 있는 것이다.

역사에서도 한 사람이 나라와 민족을 품고, 시대를 품었을 때 개혁이 일어나는 경우가 많다. 한 세대를 품었을 때 교육의 혁신이 일어날 수 있었다. 이처럼 목회자는 선교지 한 곳을 품는데 어떤 제약도 갖지 않는다.

2015년 기준으로 전 세계 선교지에서 활동하고 있는 한국선교사들은 176개국에 27,165명이 된다고 한다. 선교사들이 많이 활동하는 국가 상위 10개국으로서 전체 선교사의 58% 가량이 활동하고 있다. 그중 7개국에서는 전방개척선교사로서 사역하는 선교사가 40% 가량이다. 선교사들의 주요사역으로는 교회 개척, 제자훈련, 캠퍼스 교육사역의 순으로 나타났다.

앞으로 한국선교가 지속적으로 풀어나가야 할 과제로는 가장 우선순위가 전방개척 지역으로의 파송이고 선교지를 다변화하는 것이다. 2030년까지 세계적으로 필요한 선교사 수는 460,000여 명을 예상하고 있다. 그중 한국 선교사는

100,000명을 예상하고 있다. 이런 수치로 볼 때 지정학적인 위치에서 한국 교회의 책임은 크다. 한국 교회는 해외 선교의 약 20% 이상의 역할을 담당할 정도의 선교대국이 되었다.

미전도 종족이 있는 선교지에 선교사가 파송되고, 선교지가 다변화되기 위해서는 선교에 비전을 품은 목사들이 선교지를 품어야 한다. 복음이 한번도 전해지지 않는 곳을 선교지로 품을 수 있고 복음전파에 장애가 심한 곳을 선교지로 품을 수도 있다. 선교지를 품은 목사가 많고, 선교에 대한 지원이 정기적이고 지속적으로 이루어지면 선교지가 다변화되고, 전방개척 지역의 선교가 활성화 될 수 있다.

목사는 전방개척을 할 수 있는 선교지, 선교지의 다변화에 일조할 수 있는 선교지를 물색할 수 있다. 미전도 종족 선교정보를 참고할 수 있고 선교협력기구나 선교사들로부터 정보를 얻을 수도 있다. 선교에 관심을 가진 목사라면 작은 노력으로 얼마든지 이런 정보를 얻을 수 있다. 목사가 선교지를 품으려고 마음을 먹는 데는 몇 가지 이유가 있을 것이다.

품은 선교지를 위한 지원

선교지 한 곳을 품고 그곳을 위해 기도하고 지원하는 방법은 매우 다양하다. 시카고에 살고 있는 송진호 형제는 중국의 소수종족인 리수족을 마음에 품고 있다. 그는 리수족의 '리'자만 나와도 귀가 번쩍 뜨이고, 감각을 집중한다. 그는 리수족에 관한 정보를 수집하였고, 리수족의 모습, 신앙생활하는 광경, 그들을 위한 기도제목 등을 그의 친구들과 공유한다. 송형제는 개인적으로 리수족을 돕기도 하지만 친구들을 통해 전 세계에 리수족을 위한 기도제목을 나눈다.

소셜네트워크서비스(SNS)를 통해 리수족의 근황과 사진을 올리기도 하고, 기도제목을 부탁하기도 하며 선교의 열매를 정기적으로 공유한다. 송형제는 리수족에 관한 비전을 품고 있다. 그 비전은 디아스포라 리수족을 도와서 그들을 선교사로 세우고 세계선교의 선봉으로 나아가게 하는 것이다. 다음은 송진호 형제의 나눔을 통해 얻은 리수족에 관한 정보다.

"리수족은 나라가 없는 민족으로서 중국 운남성이 거주지역이다. 그들은 미얀마를 비롯한 동남아시아와 대양주, 유럽, 미주 지역에 흩어져 살고 있다. 리수족 선교는 제임스 프레이저에 의해 선교가 시작되었고, 쿤 선교사 부부에 의해 제자훈련이 이루어졌다. 그들을 통해 보기 드문 복음의 열매가 맺혔다. 디아스포라 리수족은 가는 곳마다 교회를 세웠다.

그들은 복음의 열정이 있으나 연합과 도움을 필요로 하고 있다. 그들은 중국 정부가 유일하게 인정한 기독교 민족이며, 자유롭게 신앙생활을 하고 있다. 최근에는 리수족의 젊은 세대들이 중국의 물질만능주의에 물들어가며 신앙을 잃어가고 있다. 교회는 노인들의 비율이 커지고 있으나 디아스포라 리수족들은 신앙으로 뭉치고, 그들의 믿음을 지켜나가고 있다."

신앙생활을 시작한 지 얼마 되지 않은 평신도도 이처럼 선교지 한 곳을 품고 지속적으로 관심을 보이며 후원한다. 자신이 먼저 기도하는 것뿐만 아니라, 친구들에게도 기도를 부탁한다. 하물며 목사는 선교지 한 곳을 품고 지원할 수 있는 방법이 더 많을 것이다.

교회를 통한 도움, 개인적인 후원, 선교회를 통한 도움이 가능하다. 선교사들을 정기적으로 격려할 수 있고, 선교지에서 나타나는 복음의 열매를 교회와 성도들에게 보고할 수도 있다.

선교의 이론을 알고, 그 이론을 나누는 것도 중요하겠지만 선교의 현장을 직간접으로 품는 것이 더 중요하다. 선교는 생각이나 이론에 머무는 것이 아니라 행함과 실천을 통해 이루어지기 때문이다. 하나님은 우리에게 선교를 원하신다. 선교의 열매를 원하시는 하나님은 우리의 헌신과 관심과 지원을 원하신다. 선교지 한 곳을 품고 지속적으로 기도하며 후원하는 것이 하나님의 뜻을 품는 것이며, 실천하는 것이다.

선교는 하나님이 신앙인들에게 주신 특권이다. 목사라면 이러한 특권을 더 많이 누릴 수 있다. 목사의 헌신이 있고 헌신의 이야기가 선교지를 품고 지원하는 것을 통해 형성될 수 있다. 선교지에 복음이 들어갈 때 사람이 변한다. 선교지의 부족들이 생존할 수 있고, 그들에게 생명의 빛이 비춰진다. 결국 우리의 선교 관심과 지원은 한 부족과 지역에 생명의 빛을 나누어주는 일이 된다. 당신의 품속에 잉태된 선교지는 과연 어디인가?

– 나의 가슴을 뜨겁게 달구고 있는 선교지는 어디인가?

최소한 개척교회 하나를 세워라

Bucket List **#017**

목회의 길에 들어선 목사라면 누구든지 개척교회 하나를 세워보고 싶어 한다. 교회를 개척하는 계기도 매우 다양하다. 자신이 생각하는 이상적인 교회의 모습을 실현하고 싶어서 교회를 개척한다. 기존의 교회 모습에 대한 실망감에 기쁨을 주는 교회를 꿈꾸기 때문이다.

어떤 경우에는 교단이 목사 안수를 위한 조건으로 만든 법 때문에 어쩔 수 없이 개척하는 경우도 있다. 사역하는 교회에서의 소외와 불화를 극복하는 과정에서 개척할 수도 있다. 교단이나 사역하는 교회의 개척 프로젝트에 참여하게 되어 개척할 수 있다. 흔하지는 않지만 어느 정도 성장한 교회에서 성도들과의 합의로 분립하여 새로운 교회를 개척하는 경우도 있다. 어떤 경우가 바람직할지 판단하는 것은 독자들의 몫이다.

개척의 계기가 무엇이라 할지라도 목사라면 개척교회 하나를 온전히 세워보고 싶은 생각을 한두 번 하게 된다. 목회의 시작 시점에 그런 생각을 가질 수도 있다. 목회 중에서 위기나 갈등 겪을 때도 그런 생각을 가질 수 있다. 다만 개척을 할 때도 감정이나 즉흥적인 생각 혹은 다른 이들과의 갈등의 결과로 개척하는 것은 바람직하지 않다.

게다가 나는 무조건 잘 할 수 있을 것이라는 비현실적이고 낙관적인 생각만을 갖고 개척하는 것도 바람직하지 않다. 심사숙고하고, 기도하며 치밀한 준비가 있어야 한다. 한 세대 이전만 해도 개척이 쉬웠다. 공터에 천막만 쳐도 성도들이 모이던 시대가 있었다. 그러나 지금은 현실이 다르다. 대형교회들 틈에서 개척한다는 것이 말처럼 쉽지는 않다. 이미 세워지고 어느 정도 성장한 개척교회들조차도 문을 닫고 있는 현실이다.

하지만 여전히 개척에 성공하는 목사들이 있다. 성공하는 다양한 이유가 있을 것이다. 입지조건이나, 사회적 변동 요인, 지원체계, 후원자들 혹은 목회자 개인의 목회적 자질이나 은사 혹은 노력이다. 어느 한 가지만의 요소가 아니라 다양한 요소들이 결합되었을 수도 있다.

개척에 성공한 목사는 자기에게 하나님의 특별한 교회개척의 은사가 있었다고 말할 수도 있다. 이런 말을 들으면 여전히 개척의 어려움을 겪는 목회자의 경우 상실감이 크다고 말할 수도 있다. 이 경우에 개척이 말처럼 그렇게 만만치 않으며, 누구나 성공하는 것은 아니라는 생각을 갖게 된다. 그렇다 할지라도 모든 목회자에게서 개척은 하나의 꿈이기도 하다.

교회 개척의 전략

한국의 어떤 대형교회에는 개척학교가 열리기도 한다. 개척학교를 마친 목사 들에게 개척자금을 지원하는 경우도 있다. 미국에서도 개척 목회자를 위한 아카데미 과정이 있다. 여기서 개척의 전략, 개척자의 마음가짐, 개척자의 가치 선정, 개척자의 은사와 능력 확인, 은사와 능력을 사용하기 위한 준비와 방법론, 후원전략, 사람을 세우는 전략, 교회 성장 전략 등 다양한 내용을 학습하게 될 것이다.

특정 교단이나 교회 혹은 선교회라면 그곳이 고백하는 신앙고백의 측면에서 교회를 어떻게 조명하며, 목사의 사명과 성도들과의 관계 그리고 지역사회와의 관계를 어떻게 설정해야 할지를 고민하게 할 것이다. 그런데 과연 이러한 전략을 학습하면 과연 개척에 성공할 수 있을까?

새로운 교회를 개척하고 싶다면 개척에 관한 깊은 고민을 해야 한다. 자신의 목회적 가치와 사명이 무엇인지를 먼저 확인하는 작업이 있어야 한다. 그러기 위해 하나님께 먼저 아뢰는 시간을 가져야 한다. 하나님의 뜻이 무엇인지? 어디에 있는지? 하나님이 자신의 개척과 목회를 위해 무엇을 원하시는 지를 깊이 생각하고 스스로 답을 찾을 수 있어야 한다.

전략이나 방법 그리고 외적인 환경보다는 자신을 먼저 점검하고 자신의 목회적 정체성부터 확인해야 한다. 정체성을 확인했다면 개척지 선정의 작업에 들어가야 한다. 자신의 목회적 능력이 어디에 있는지를 확인하고 그 능력에 맞는 개척지를 선택하는 것이 좋다. 성장 가능성이 있는 지역이라면 훨씬 더 좋을 것이다. 그런데 자신의 마음에 맞는 곳이 있고, 성장 가능성이 있는 곳이라 할지라도 어려운 상황을 만날수 있다.

이미 기존 교회들이 자리를 잡고 있을 수도 있고, 예배 처소를 구하는 데 재정적인 어려움을 만나거나 아예 예배 처소 자체를 구할 수조차 없는 경우도 있다. 그러나 인프라를 먼저 갖추고 개척하는 방법도 있지만 그렇지 못한 경우, 성경공부 등의 모임을 정기적으로 가진 후에 자연스럽게 교회 개척으로 연결하는 방법도 있다.

다양한 교회 개척 전략

성장한 교회들 중에 창립한 지 상당한 기간이 지나고 창립 기념식을 할 때 지교회 개척을 하는 경우가 있다. 이때는 담임목사의 의지가 매우 중요하다. 담임목사가 개척목회자를 파송하여 교회를 개척하는 것이다. 매우 이례적이긴 하지만 담임목사가 교회의 개척 전략을 세워서 기존의 교인들 중 개척에 부름을 받은 사람들과 함께 새로운 지역으로 이주하여서 교회를 개척할 수도 있다.

이전에는 담임목사 혹은 부목사가 교회와의 갈등이 있을 때 자신이 다른 곳으로 가서 개척하고 따르는 성도들이 함께하는 경우도 있었다. 처음에는 의욕만 갖고 시작한 개척의 경우 다양한 장애를 만날 때마다 문제가 생긴다. 갈등을 겪으면서 생긴 불편한 감정과 마음이 개척 멤버들 사이에 공유되면서 믿음의 성장을 가로막기도 한다. 원망이라는 못된 유전자가 생겼기 때문이다.

교회를 개척하는 과정에서 누구를 원망하거나 갈등의 해결 방법으로 섣불리 저지르는 형식의 개척은 결코 바람직하지 않다. 비록 한국 교회가 성장하는 과정에서 그런 식의 개척 사례와 성장 사례가 많았지만 이제는 사회 환경이 변했다. 목회 윤리적으로도 바람직하지 않다. 비록 내가 핍박을 받는 모양의 억울한 일이 있다 할지라도 억울함을 해소하기 위한 개척이 바람직하다고 말할 수 없다. 이왕 개척하려면 먼저 목회하던 교회에서의 합의와 후원체계가 형성되는 것이 훨씬 좋다.

요즘 젊은 목회자들에게는 자비량 선교의 개념을 개척에 적용하는 경우가 많다. 예를 들어 커피의 기술을 배워 카페를 시작하고, 카페와 교회를 연결하기도 한다. 보수적인 성향에서는 이런 개척 사례를 달가워하지 않을 수 있다. 그러나 지역주민을 효율적으로 만나고 그들의 애환을 듣고 치유하기 위한 접촉점으로서의 방법을 완전히 잘못되었다고 말하기도 그렇다. 문제는 목회자가 카페로서의 정체성이 아니라 교회로서의 정체성을 확립해나가는 일이 필요하다는 것이다.

어떤 목회자는 사회의 소외계층이나 특정계층과 분야를 위한 운동을 펼치면서 개척을 준비하기도 한다. 또는 사회와 지역에서 요구하는 것을 정확히 찾아서 그것에 대한 대안을 제시하면서 개척교회를 세워가기도 한다. 연예인 교회, 체육인 교회, 직장의 근무자들을 위한 직장인 교회, 음악인 교회 등이 그 예라고 할 수 있다.

교회의 개척은 하나님 나라의 확장에 큰 기여를 한다. 본인이 직접 개척자가 되어볼 수도 있고, 다른 개척자들을 지속적으로 후원하는 형태의 개척자가 될 수도 있다. 국내에 교회를 개척할 수도 있고, 해외에 교회를 개척할 수도 있다. 또 여러 곳에 교회를 개척하고 그 교회들을 지속적으로 후원하는 사도적인 개척목회를 할 수도 있다. 다만 목회자로서 개척의 경험은 매우 소중한 경험이다. 이왕이면 젊은 시절, 신체적이거나 경제적 고통을 견디기 쉬운 시절에 개척을 경험해 보기를 권한다. 그 경험이 평생의 목회에서 순수함을 유지하는 힘이 될 것이다.

– 나에게 개척교회 체험이 있는가? 없다면 계획은 있는가?

예배당 하나 이상을 건축해 보라

Bucket List **#018**

예루살렘 성전은 솔로몬에 의해서 건축되었다. 솔로몬은 아버지 다윗이 준비한 건축 자제와 인력 그리고 환경을 총동원하여 7년에 걸쳐 성전을 건축하였다. 열왕기상 6장에는 성전의 면적과 내부, 외부를 장식하는 과정을 기록하고 있다. 성전을 건축하는 과정에서 솔로몬은 지혜를 발휘하였다. 인력관리, 일의 과정관리, 재정관리, 디자인관리 등을 하였다. 종합적인 과정이 필요한 건축은 역할과 순서를 바르게 정할 때 순리적으로 진행된다. 목사는 예배당 건축 과정을 통해서 종합적인 식견이 형성되는 기회가 된다.

70년대에 한국 교회에 건축의 바람이 분 적이 있었다. 교회가 조금만 성장해도 예배당 건축을 서둘렀다. 성도들은 하나님의 집인 성전 건축을 영광으로 알고 무리를 하면서까지 헌신했다. 그 헌신을 통해서 큰 복을 받는다는 기복주의적 메시지도 한 몫을 했다.

시대가 지나면서 교회건축에 대한 비판적 시각이 생기게 되었다. 교회는 성도의 공동체이며 무형적이므로 유형적인 건물에 집착할 수 없다는 반성이었다. 그래서 예배당을 건축할 돈으로 선교와 봉사에 투입하는 교회들도 생겨났다. 허나 예배당을 건축하는 것에 대한 반성이 있다 할지라도 예배당 건축이 꼭 필요할 때가 있다. 선교와 사회봉사를 위해 어느 정도의 교회 성장이 필요하고, 모이는 성도의 수에 따라 적절한 공간이 필요하기 때문이다.

자체 건물이 없는 교회가 공간을 임대하여 임대료에 헌금을 지출하느니 건물을 보유하여 효과적으로 사용하고 선교와 봉사에 헌금을 사용할 수 있다는 계산이 서게 된다면 교회 안에서도 예배당을 건축하자는 합의가 이루어진다. 목사가 억지로 예배당 건축을 무리하게 밀어붙인다면 문제가 될 수 있다. 성전 건축은 성도들의 합의가 필요하다. 다만 성전 건축에 대한 합의가 빨리 이루어지지 않는다 해서 믿음이 부족하다는 식의 몰아세우기는 바람직하지 않다.

예배당 건축이 중요한가?

보이는 교회로서의 예배당도 중요할 때가 있다. 성도들이 모여 예배와 찬양, 기도와 교육이 마음껏 이루어지는 공간 마련을 마다할 목사는 거의 없을 것이다. 예배당을 마련하기 위해 무리수를 쓰는 것이 문제일 뿐, 효과적이고 합리적인 방법으로 마련된 예배당이라면 마다할 리 없다.

이것은 예배당을 건축하려는 마음을 먹은 교회와 목회자들이 반드시 기억해야 할 일이다. 지나친 부채를 지며 예배당을 건축하여 교회와 성도들이 시험에 들고 성장이 멈추는 것보다는 보이지 않는 교회로서의 기능과 역할을 더 중요시할 수 있어야 한다. 무리수를 써서 건축한 곳이 일주일에 한 번만 사용할 수밖에 없다면 비효율적이라 할 수 있다.

어떤 부작용이 있다손 치더라도, 부작용이 최소화되고 효과적으로 건축이 가능하고 효율적인 사용이 가능하다면 예배당을 건축하려는 마음이 목회자에게 들 것이다. 예배당 건축을 통해 교회 안에 엄청난 상승효과가 나타날 수도 있다. 목회자에게 나타나는 목회적인 식견의 상승, 성도들의 하나 됨, 건축 과정에서 나타나는 교회의 경험, 하나님 은혜의 경험을 하게 될수 있다.

대형교회라면 성전 건축 때문에 엄청난 자금이 들어가며 사회적 비난이 될 수 있지만, 중소형 교회라면 비난도 피할 수 있고 동시에 부수효과와 상승효과를 경험할 수 있을 것이다. 그러므로 가능하다면 목회자로서 일생에 한 번은 성전건축의 기회를 가져보는 것도 바람직한 일이다.

성전 건축에는 무엇보다 합의의 과정을 거쳐야 한다. 성전 건축이 하나님의 뜻이라는 것이 교회 공동체 모두에게 인식되어야 한다. 목사 혼자 성전 건축을 추진하다 오히려 성도들의 마음에 상처를 줄 수도 있기 때문이다. 그리고 건축에 대한 안타까운 책임을 목사 혼자 지게 되는 상황이 올 수 있다. 합의가 이루어지는 것이 은혜가 되고, 책임과 역할을 분담할 수 있다.

예배당을 건축하는 것이 목회자 개인에게는 하나님의 뜻으로 확신하였다 할지라도 예배당을 건축하려면 목회자의 인내와 조정과 합의의 기술이 요구된다. 예배당 건축은 돈과 관련된 일이 가장 중요하다. 헌금 수입과 건축비 지출 과정에서 투명함이 필요하다. 수입과 지출이 투명하고, 지출의 과정이 투명하여야 한다. 지출의 과정이 투명하지 못하다면, 목회자의 윤리적 소양에 대해 의심을 받을 수 있다.

큰 일을 할수록 작은 일에 대한 의혹이 자주 생긴다. 목사는 작은 일에서 깨끗함을 보여야 한다. 예배당을 건축하는 것 자체가 목사에게서 윤리적인 기준을 시험하는 것이 되고, 성도와 교회로부터 성실성과 신뢰를 확인받는 과정이 되기 때문이다.

목회의 전환점인 성전 건축

목회 역시 종합적인 예술이므로 건축과 목회의 공통점이 발생한다. 건축은 목회의 축소판이 될 수 있다. 목회에서 목적과 가치가 필요하다면 예배당 건축의 목적과 가치가 부여되어야 한다. 목회에서 사람을 적재적소에 배치하고 사역하도록 한다면, 건축에서도 사람이 적재적소에 배치되어 사용되어야 한다. 그러므로 건축의 과정에서 목회자는 목회적 식견을 확장하는 중요한 경험을 할 수 있다.

목회는 사람과 함께하는 일이다. 목회가 제대로 되려면 사람을 선별하고 세우는 일이 필요하다. 건축의 과정에서 목사는 사람을 통찰할 수 있다. 하나님의 뜻에 대한 헌신, 사람과의 대화와 합의 과정에서의 인성, 돈에 관한 태도, 교회를 사랑하는 마음, 목회자를 향한 신뢰성 그리고 다른 성도들에 대한 지도력 등 다양한 성품이 성도들에게서 확인된다. 그래서 목회의 선배들 중에서는 예배당을 건축해 보면 성도들의 본성을 알 수 있다고 하는 이도 있다. 예배당 건축의 과정에서 성도들의 성품과 헌신도가 극명하게 드러나기 때문이다.

목사는 이런 과정을 거치면서 사람을 알아가게 된다. 그러므로 예배당 건축은 목회의 전환기가 되기도 한다. 건축 과정에서 사람을 알게 되기 때문에 목회자 역시 마음에 심한 상처를 받을 수 있다. 건축에 필요한 자원의 부족 때문에 책임소재 공방이 생길 수 있다. 건축의 과정이 매끄럽지 못하거나 중단되면 목사의 리더십에 도전을 받을 수도 있다.

학개 선지자 당시 성전 건축이 중단되었을 때, 백성은 지도자에게 핑계를 돌렸다. 처음에는 돈이 없어서 건축을 못한다는 백성이 나중에는 성전 건축이 하나님의 뜻이 아니라느니, 하나님의 때가 이르지 않았다고 한다. 마지막에는 지도자가 무능하기 때문에 성전 건축이 중단되었다고 한다. 예배당 건축이 아무리 순조롭게 진행된다 할지라도 이런 식의 갈등이 반드시 생긴다. 그 갈등 때문에 마음의 상처가 심하게 되면 건축을 끝낸 뒤 목사가 교회를 떠나야 하는 경우도 있다.

그러므로 예배당 건축은 목회지를 옮길 수도 있는 상황까지 가정해야 하는 일이다. 목회의 결과와 목회지의 옮김이라는 긍정과 부정이 동시에 존재하는 것은 어떤 성격이든 목회적 전환점이 된다. 예배당 건축이 하나님의 뜻이라면, 목사는 예배당 건축이라는 뜻에 순종하여야 한다. 목회 중에서 이러한 하나님의 뜻을 수행할 수 있다면 그것도 자신에게 주어진 사명이고 은혜이며 축복이다. 만약 이런 기회가 주어졌다면 어떻게 감당할지를 생각해야 한다.

모든 성도의 하나 됨, 자원의 효율적인 배분과 사용, 목사의 성실성과 윤리적 태도, 사람을 통찰하는 일 그리고 건축 과정에서의 최적의 결과를 내는 일 등, 목사는 모두 관심을 가질 수밖에 없다. 다만 목사 자신이 결정하는 것이 아니라 성도들과 상의하고, 전문가들을 활용하며 위임하는 일이 필요하다. 예배당 건축 과정에서 목사는 목회적 식견의 성장과 확장을 경험하는 긍정적 전환점을 가지게 될 것이다.

– 나에게 교회 건축의 경험이 있는가? 교회 건축을 통해서 알게 된 것은 무엇이었는가?

제 3 편

성령님의 기쁨에 잡힌 목사

성령을 체험하라

Bucket List **#019**

목사는 성령을 체험한 사람이다. 성령 체험은 말과 글로 설명하기 힘들다. 사람이 느낀 모든 것을 온전히 표현할 수 없을진대, 신비로운 성령 체험을 말과 글로 표현할 수 없는 것은 당연하다. 성령 체험은 이론적으로 완벽하게 정립될 수 없다. 사람마다 성령 체험은 다르기 때문이다. 그럼에도 불구하고 성령의 체험에 관한 설명이 존재하고 그것에는 나름대로 체계가 있다. 성령 하나님을 체험한 공통적 특징이 있기 때문이다. 사실 목사는 성령의 체험을 이론적으로 설명하는 능력을 갖기보다는 살아있는 체험의 소유자이어야 한다.

변화의 체험을 가진 목사

성령을 체험하면 목회가 변한다. 메마르고 건조한 목회가 부드러워진다. 이성적이면서 논리적으로 딱딱했던 목회가 감수성으로 채워진다. 행동만 강조하던 목회가 하나님과의 관계성도 동시에 강조할 수 있게 된다. 성령을 체험하면 아리송하던 성경의 진리들이 명확하고 밝게 깨달아진다. 갈팡질팡하던 목회가 곧은길을 발견한 것처럼 일관성을 갖고 전진하게 된다. 말씀의 권위가 나타나지 않던 목회에서 자신도 모르게 권위 있는 선포가 가능해진다. 성령을 체험하면 사람의 노력으로 되지 않던 일들이 갑자기 이루어지기도 한다.

성령 체험의 대표적인 것은 사도행전에 나타난 오순절 체험이다. 오순절 체험에 관해서는 개혁주의와 오순절주의가 완전히 다른 설명을 한다. 개혁주의는 오순절 성령의 경험을 인정하고 방언도 인정한다. 다만 단회성이고 이후에는 동일한 현상이 나타나지 않는다고 한다. 반면에 오순절주의는 오순절의 성령 체험과 방언현상이 지금도 나타난다고 한다. 개혁주의의 주장은 현상을 보고 판단하는 귀납적 주장이다. 맞는 말이기도 하다.

그러나 하나님의 역사는 제한이 없다. 오순절에만 일어나고 지금은 일어나지 않는다고 한다면 그것은 이론이며 하나님의 계획을 단정하여 제한하는 설명이다. 반면에 오순절주의도 문제는 있다. 오순절과 비슷한 성령의 체험을 똑같은 현상이라고 고집하는 비이성적 행태를 보인다.

과거에는 목사가 어디에 속했는가에 따라서 목회가 달라졌지만 지금은 다르다. 최근 한국에서는 개혁주의 계열에서도 오순절 목회를 하는 경우가 있다. 개혁주의 계열에서도 체험을 강조하고 하나님과의 만남을 강조하는 목사들이 많다. 반면에 오순절 계열의 목회자들중에도 개혁주의 못지않은 탄탄한 신학을 기반으로 이성적인 분별을 사용하는 목회자도 있다.

개혁주의와 오순절주의는 신학의 흐름에서만 갈릴 뿐이지 목회의 현장에서는 구분이 흐려질 수 있다. 사실은 이게 맞는 것 같다. 성령의 체험을 신학적 성향에 따라 설명하기는 하지만, 하나님의 계획과 섭리와 권능을 제한할 수는 없는 노릇이며 또한 오순절주의 역시 이성적으로 성숙해야 하기 때문이다. 이성적으로 성숙해야 이성적인 사람들을 믿음의 길로 인도하기가 쉬울 것이기 때문이다.

신앙의 경험이 풍부한 목사

신학의 흐름과 관계없이 목사에게 반드시 필요한 것은 성령 체험이다. 성령을 체험한 목사와 그렇지 않은 목사는 자신의 영적 존재성과 확신에서도 다르게 나타난다. 목회에 있어서 생각과 태도와 자세와 목적이 완전히 다르게 나타난다. 성령 하나님은 믿음의 사람들 안에서 일하신다. 구약에 나타난 믿음의 사람들인 예언자들은 성령에 감동되었다. 신약에 등장하는 믿음의 사람들이 성령의 감동하심에 따라 살았다.

이 시대의 목사 역시 성령의 감동하심에 따라 살아야 한다. 그러려면 성령의 체험이 필수적이다. 성령의 체험은 다양한 현상을 동반한다. 몸의 현상을 동반하기도 한다. 무엇으로도 설명하기 어려울 만큼 몸이 뜨거워지는 경험을 하기도 한다. 가장 일반적인 것은 방언이나 신비한 현상을 경험하는 것이다.

인간의 이성으로 이해하기 어렵고, 말로 설명하기 어려운 희열을 체험하기도 한다. 갑자기 입이 열려서 방언을 말하기도 한다. 성령을 체험한 뒤 갑자기 눈이 열려서 눈에 안 보이는 것들을 환하게 꿰뚫어보기도 한다. 이런 현상들을 경험하면 일반적으로 성령을 체험했다고 한다. 일부 옳은 말이기도 하고, 위험한 판단이기도 하다. 옳다고 볼 수 있는 이유는 일반적으로 거의 이런 체험을 하기 때문이다.

성령께서는 방언이나 입신 등으로 성령의 체험을 이끌기도 하신다. 그러나 방언이나 입신이 체험의 절대적 현상이거나 모두라고 할 수는 없다. 성령께서 당신의 필요에 따라 방언이라는 은사를 주시기도 하지만, 그렇지 않기도 하신다. 방언이 은사라면 하나님이 그 은사를 필요한 사람에게 주신다. 이는 하나님께서 필요하지 않은 사람에게는 주시지 않을 수도 있다는 것을 의미하기도 한다. 그러므로 방언은 나타나는 사람도 있고, 그렇지 않은 사람도 있기 때문에 성령 체험의 절대적 현상이라고 말할 수는 없다.

하나님 경험 속에 사는 목사

성령 체험을 하면 하나님의 음성을 듣는 경험을 한다. 하나님의 음성은 귀로 듣는 것이 아니라, 마음으로 듣는다. 하나님과의 개인적 만남이 이루어진다. 자신의 실수와 잘못을 깨닫고 참회의 눈물을 흘린다. 그리고 자신을 구원하신 하나님의 은혜에 감사와 감격의 눈물을 흘리기도 한다. 성령 체험은 하나님과의 관계에서 눈물을 흘리는 경험을 수반하기도 한다. 이렇게 눈물을 흘린다는 것은 하나님 앞에서 영적 감수성이 발달했다는 것이다.

자신의 욕망과 사고에 사로잡힌 것에서 벗어나 하나님의 은혜와 뜻에 자신을 맞추고, 하나님의 뜻과 계획을 전인적으로 느끼려 한다. 이렇게 느끼면 태도와 습관의 변화가 일어난다. 예배를 드리는 태도, 사람을 대하는 태도가 달라진다.

교회 안에서의 모습과 개인적 경건의 모습 그리고 생활에서의 변화가 일어난다. 성령 체험은 자신을 중심으로 세상을 추구하는 방향에서 하나님을 중심으로 하나님 나라를 추구하는 방향으로 바뀌는 계기가 된다.

성령의 체험 중에 가장 중요한 경험은 진리가 열리는 경험이다. 성령 체험으로 진리이신 예수 그리스도를 깊이 알게 되는 경험을 할 수 있다. 예수님이 자신의 구주이시며, 삶의 주인이 되심을 확신하는 것이다. 성경은 이렇게 말한다. "하나님의 영으로 말하는 자는 누구든지 예수를 저주할 자라 하지 아니하고 또 성령으로 아니하고는 누구든지 예수를 주시라 할 수 없느니라"(고전 12:3)

성령 체험은 예수님을 체험하는 것이라 할 수 있다. 살아계신 예수님과의 완벽한 관계를 형성하는 것이다. 성령 체험을 하면 성경의 진리를 깨닫는다. 성경을 읽을 때 그 성경 안에서 예수 그리스도가 발견되고, 성경을 읽어갈수록 예수 그리스도를 깊이 알게 되며 하나님의 뜻을 알아가게 된다.

목사라면 반드시 성령의 체험이 필요하다. 본인이 개혁주의 목사라 할지라도 성령을 체험해야 한다. 목사가 이성적이고 논리적인 경향을 가졌다 할지라도 성령 체험을 해야 한다. 아니 이성적이고 논리적인 경향을 가졌다면 성령 체험이 더 필요하다.

하나님의 뜻은 이성과 논리로만 깨달을 수도 없고, 설명이 불가능하기 때문이다. 성령 체험을 할 때 하나님의 세계를 열어가는 하나님의 지혜가 채워진다. 그리고 오순절 계통의 목사라면 성령 체험의 일반적 현상에 머물지 말아야 한다. 방언과 같은 현상에 집착하기보다 하나님의 뜻을 추구하고, 성령의 다양한 역사를 인정할 수 있어야 한다. 성령 체험은 모든 목사에게 반드시 필요하다.

성찰의 시간

– 나는 언제, 어떤 방법으로 성령을 체험한 경험을 가지고 있는가?

영성 노트 쓰기를 생활화 하라

Bucket List **#020**

일기를 써 본 경험이 있을 것이다. 초등학교 다닐 때, 방학 때마다 선생님은 어김없이 일기쓰기 숙제를 내준다. 일기란 하루하루 일을 돌아보면서 자신의 생활을 적어야 하는데, 펑펑 놀다가 개학할 날이 되면 허둥지둥 지난 일을 억지로 생각해서 쓴다. 상당히 지난 일이기에 생각이 잘 안 나면 거짓말로 꾸며서 쓰기도 한다. 순전히 선생님에게 보이려는 일기, 야단맞지 않으려는 일기다. 억지이든 억지가 아니든 일기를 쓴 것은 좋은 경험이다.

일기는 일기를 쓰는 사람이 자신의 활동과 생각을 규칙적으로 기록하는 것을 말한다. 일기는 주로 자신만을 위해 쓰게 되므로 발표하기 위해 쓰는 글과는 달리 솔직하다는 특징을 갖고 있다. 일기가 오래 전부터 있었다는 것은 라틴어에 이미 'dies(날)'라는 낱말에서 유래한 'diarium(일기장, 비망록)'이라는 용어가 존재한다는 사실로도 알 수 있다. 일기 형식은 개인의 중요성이 강조되기 시작한 르네상스 시대 말기에 꽃피기 시작했다.

예를 들어 이름을 알 수 없는 프랑스의 한 성직자가 쓴 1409-31년의 일기와 그 뒤를 이어 또 다른 사람이 1449년까지 쓴 '어느 파리 부르주아의 일기(Journal d'un bourgeois de Paris)'는 샤를 6세 및 샤를 7세 시대를 연구하는 역사가에게 귀중한 자료이다.

변호사이자 국회의원인 벌스트로드 화이트로크(1605~75)가 쓴 '영국사건 연대기(Memorials of the English Affairs)'와 프랑스의 당고 후작(1638-

1720)이 1684년부터 죽을 때까지 쓴 일기도 이와 마찬가지로 역사적 사건에 관심을 기울이고 있는 것이 특징이다. 영국의 일기작가 가운데 존 에블린을 능가할 만큼 뛰어난 작가는 '새뮤얼 피프스'로, 그가 1660년 1월 1일부터 1669년 5월 31일까지 쓴 일기는 자신의 잘못과 약점을 놀랄 만큼 솔직하게 묘사하는 한편, 런던 생활, 궁정과 극장, 자신의 집, 그리고 직장인 해군부대의 생활을 훌륭하게 그려냈다(브리태니커 백과사전에서 인용).

영성노트를 생활화해야 하는 까닭

목사는 날마다, 순간마다 생각과 말과 행동이 얼마나 예수님을 닮았는지를 성찰하는 시간을 가져야 한다. 목사는 외적인 삶과 내적인 삶을 일치시키는 삶을 살고 있는지를 살펴야 한다. 목사 주변에 있는 사람이 그렇게 살아가는 목사를 보면서 느끼고 본받고 싶은 모델로 삼을 수 있어야 한다.

구약 시대에는 하나님의 직접적인 음성을 들었다. 주님과 사도들은 기적을 행하였다. 그러나 기적으로 얻어진 것은 결국은 원위치로 돌아간다. 사렙다 과부의 가루통과 기름병도 정지되었다. 오병이어의 풍성한 식탁도 비워졌다. 죽었다가 살아났던 나사로도 다시 죽었다. 병 고침을 받았던 그들도 죽었다. 눈으로 보이는 기도의 응답은 눈에 보이는 믿음의 증표다. 사실 우리는 나날이 일어나고 있는 기적의 현장에서 살아가고 있다. 그래서 믿음의 선진들은 "믿음은 바라는 것들의 실상"(히 11:1) 이었으며 곧 '이루어진 것으로' 믿었다.

어떻게 그것이 가능할까? 말씀과 기도와 묵상을 통해서 하나님의 뜻을 발견할 수 있다. 기도의 응답은 주님이 주시는 밀어(密語)이다. 기도는 범사에 감사함으로 삶을 풍성하게 한다. 이러한 진리에 터잡고 살아가는 것을 영적인 삶이라고 한다. 목사는 깊은 영성을 따라 체험하고 간증하는 사람이다. 이러한 믿음을 따라 믿음의 선진들이 앞서갔다.

목사가 살아온 지난 삶을 돌아보면 감사의 시간들 뿐이다. 목사가 앞으로 살아갈 시간을 조망해 보면 아름다운 그림이 펼쳐진다. 어떻게 보면 별 것 아닌 것 같아 보이겠지만, 목사는 하루 세끼에 감사한다. 일어나고 잠자는 것을 감사한다. 교회와 성도들을 생각하면서 감사한다. 주님이 주신 축복을 세어 보면서 감사한다. 주님 안에서 살아간다는 것은 축복이다. 바로 그것이 기도의 응답이다.

목사는 살아 있다 하나 이미 죽은 자다. "사는 것이 그리스도이니 죽는 것도 유익함이라" 목사는 이미 죽었기에 하루하루를 살고 있다. 이 삶의 근원은 그리스도 시다. 내가 사는 것이 아니라 그리스도께서 사시기 때문이다. 그러므로 목사가 사는 순간이 기적이고 축복이다. 주님의 말씀을 교감(交感)하고, 성령을 체험하고, 이를 통해 깨어나는 영감은 신비롭기만 하다. 이런 체험이 생활 속에서 면면히 이어질 때 감격한다. 이런 체험을 그냥 지워버릴 수 없다. 이런 체험을 일기 식으로 기록한다는 것은 은총이다.

영성노트는 이렇게

필자는 오랫동안 영성일기를 써왔다. 학교에 다닐 때는 주로 공부에 관한 글이 많았다. 시험을 본 후 100점을 받지 못한 과목에 대한 집중적인 점검을 했다. 꼭 외워야 할 것을 놓친 것이 있었는지? 어디서 실수를 했는지를 꼼꼼히 살피는 것이 고작이었다.

목사가 된 후에는 달랐다. 하루를 마감하는 저녁 때 철저하게 오늘을 성찰하는 시간을 가졌다. 목사로서 오늘 하루 살면서 하나님을 기쁘시게 해 드린 것은 무엇이었는가를 생각하고 하나씩 적었다. 그런 다음 목사로써 하나님 앞에 부끄러운 생각과 말과 행동은 무엇이었는가를 썼다.

하루를 살아가면서 만난 사람들의 이름을 기억나는 대로 썼다. 그런 경우 받은 명함이 많은 도움이 되었다. 그리고 하나님께 물었다. "하나님, 이 분은 계속 만나도 될까요?" 오늘 만난 사람 가운데는 내가 목사로 살아가는 데 아무런 도움은 커녕 오히려 해가 되는 분들도 많았기 때문이다. 그럴 경우 그 분 이름 옆에 'X'표를 하고, 핸드폰에 있는 그분의 이름 앞에는 '기피인물'이라고 적기까지 했다. 계속 만나도 될 사람 앞에는 'O'표를 했다.

아침부터 저녁까지 가본 곳을 적었다. 그리고 다시 하나님께 물었다. "하나님, 여기 다시 가도 좋은 곳일까요?" 하나님이 기쁘게 생각하지 않는 곳이라면 두 번 다시 그쪽을 향해 발걸음을 옮기지 않았다.

마지막으로 나는 하루 동안 아내에게 남편다운 남편처럼, 자녀에게는 아버지다운 아버지처럼 생각하고, 말하고 행동했는지를 반성하는 시간을 가졌다. 그러면서 아내를 처음 만났을 때처럼 살지 못한 이유가 무엇이었는가를 성찰하고 처음 사랑의 마음을 잃지 않으려 노력하는 결심을 쓴 후 기도하고 하루를 마감했다.

영성노트 쓰기를 생활화 하라

영성노트는 일기의 형식으로 쓰되 날짜에 얽매일 필요는 없다. 매일매일 꼬박꼬박 일기를 쓰듯 할 필요는 없다. 일단 생활 속에서 '영성노트'를 쓰겠다는 각오만 있으면 충분하다. 영성노트를 준비하면 된다. 요즘에는 컴퓨터를 이용해도 좋다.

저녁 잠자리에 들기 전이 좋다. 언제 어디서나 하나님의 말씀이 떠오르거나 기도하고 싶을 때에 쓰면 된다. 어떤 형식이나 분량에 구애받지 말라. 생각나는 대로 쓸 만큼만 쓰라. 그리고 반드시 여백(餘白)을 남겨두라. 여백은 하나님이 말씀하시는 공간이다. 그 여백을 채울 하나님의 말씀이 들리도록 기도하라. 한두 번으로 멈춰서는 안 된다. 목사의 영성이 깨어날 때까지 계속하라.

목사가 죽기 전에 꼭 해 볼 일이 영성노트를 쓰는 것이다. 목사의 설교가 하나님의 말씀을 회중에게 선포하는 일이라면, 영성노트는 자신에게 하나님의 말씀을 선포하는 일이고, 더 나아가서 하나님의 음성을 듣는 것이다. 영성이 깊어져야 은혜가 풍성해진다. 성령이 충만해진다. 기도가 살아난다. 신령한 능력이 갑절로 늘어난다. 오늘의 엘리야, 엘리사가 될 수 있다.

무엇보다도 하나님과의 관계가 회복되듯이 사랑하는 아내와의 처음 사랑이 회복되는 기쁨이 생긴다.

– 나는 영성노트를 가지고 있는가? 없다면 앞으로의 계획은 무엇인가?

나만의 은사 발전의 지도를 그리라

Bucket List **#021**

연세중앙교회 윤석전 목사는 기도를 최우선으로 한다. 하루 8시간을 기도한다. 기도 목회를 통해서 한국교회와 전 세계교회에 영성회복의 방향을 제시하고 있다. 여의도순복음교회 조용기 목사는 순복음의 기반이 되는 중생의 복음, 성령충만의 복음, 신유의 복음, 축복의 복음, 재림의 복음인 오중복음을 통하여 세계에서 가장 큰 교회로 성장했다. 옥한흠 목사는 제자훈련으로, '밥상공동체'와 '연탄은행'을 운영하는 허기복 목사는 섬김의 목회를 통해서 자신만의 은사 발전을 확장했다.

은사 목회를 하는 분들은 자신이 하나님과 깊은 만남의 경험을 먼저 한 분들이다. 목회자는 성도들의 영적 은사를 확인하여 주고, 격려와 방향 제시를 한다. 최적의 목회는 성령과의 인격적 교제를 나눔이다. 그런 목사가 있는 교회 성도들은 신비한 은사를 가진 분이 많다. 사역의 은사를 가진 분들이 자원함으로 봉사한다. 은사는 유기적으로 연합되어 성도들에게 신앙의 즐거움을 경험하게 한다.

필자는 매년 목회자 세미나를 한다. 여기서는 다양한 목회전략들이 소개된다. 상당수 목회자들이 세미나에 참석하여 다양한 목회전략을 경험한다. 몸과 마음이 지쳐있을 때, 쉼을 갖고 목회를 돌보며 새로운 힘을 얻을 수도 있다. 목회의 매너리즘을 돌파하기 위한 방법으로 세미나 참석도 때로는 적절한 방법이 될 수 있다. 다른 목회자들의 생생한 이야기를 들을 수 있기 때문이다.

때로는 소위 말하여 성공했다는 목회자의 목회적 전략을 장시간 소개하는 세미나도 많다. 교회가 경비를 부담하여 숙식을 제공하기도 한다. 때로는 여비까지 준다. 그리고 목회 성공의 핵심 노하우를 전수받는다. 그런데 막상 목회지에 돌아와서 행하려 할 때는 여러 가지 난관에 부딪힌다.

불타는 열정으로 새로운 목회 프로그램을 시도했지만, 성도들의 반발에 부딪히기도 하고, 목회자의 의지나 경험의 한계 때문에 중단되기도 한다. 우리 교회에 맞지 않다고 생각하고 또 다른 프로그램을 경험하여 시도하기도 한다. 개중에는 성공적으로 정착하는 프로그램도 있지만, 대부분의 프로그램은 중도에 사라지기도 한다. 그래서 어떤 목회자들은 세미나에 일부러 참석하지 않는다. 그냥 쉬고 여행하고, 자신만의 시간을 갖는다.

은사의 보편성과 독특성

왜 이런 일들이 일어날까? 그것은 목회자의 은사가 제대로 개발되지 못했기 때문이다. 목사는 무엇을 배우든지, 무엇을 사용하든지 은사가 적절하게 활용돼야 한다. 하나님은 모든 목사에게 은사를 주셨다. 은사는 하나님의 선물이다. 하나님이 모든 목회자들 각각에게 독특한 성령의 은사를 허락하셨다. 하나님이 목사들에게 적절하게 목회할 수 있는 자질과 재능과 강점 등을 허락하셨다(김항안 저, "성공인자를 가진 목회자들" 2013, 글로리아).

한국 교회의 성장 시기에 성령의 은사는 방언이나 예언 그리고 병 고침과 같은 신비한 현상과 결과를 동반하는 능력으로 이해되었다. 신비한 능력과 현상만이 성령의 은사의 전부로 이해되던 시절이었다. 그러나 한국교회의 신앙이 성숙하면서 성령의 은사는 지적인 이해를 동반하기도 하고, 정서적인 긍휼을 동반하기도 한다. 또한 의지적인 행동을 수반하기도 한다.

성령의 은사가 모든 목회자에게 나타나지만 목회자들마다 갖고 있는 은사는 매우 다양하다. 하나님은 목회자의 배움과 경험과 성격과 환경과 가치에 걸맞은 최적의 은사를 허락하셨다. 그런데 남의 떡이 커 보인다고 남의 은사를 내 목회 환경에 적용하려 할 때, 마치 몸에 안 맞는 옷을 입은 것처럼 불편함을 느낄 수 있다.

다른 목사의 목회 전략을 아는 것도 필요하다. 성공한 목사의 목회적 특성을 탐색하는 것도 필요하다. 그러나 그 모든 목회적 특성과 전략들이 나의 목회에 그대로 적용될 수 없다. 왜냐하면 나는 하나님이 지으신 신비하고 독특한 작품이기 때문이다. 하나님이 내게 주신 은사가 사용되지 않는다면 아무리 좋은 프로그램이나 전략이라 할지라도 그것은 하나님이 나를 통해 일하시는 것이라 하기 어렵다. 남의 은사를 부러워하지 말고 나의 은사를 개발하고 사용하는 것이 중요하다.

은사의 발견과 확장 지도 그리기

목사 자신에게 있는 성령의 은사를 어떻게 발견할 수 있는가? 사실 성령의 은사는 내가 간구해서 얻은 것 같지만, 은사는 성령께서 주신 선물이다. 하나님이 주신 은사를 어떤 방법으로 확인할 수 있는가? 다양한 방법들이 있다. 은사 확인 검사, 개인의 내적 확신, 사역 중에 발견되는 것, 다른 분들의 은사 인정 등의 방법이 있다.

먼저 서양식 실용주의 방법으로 보자면 은사확인 검사가 있다. 은사를 확인할 수 있는 설문지에 응답하고, 설문지 해석방법에 의해서 은사를 확인하는 것이다. 자신에게 주된 은사와 부수적 은사들을 확인할 수 있다. 설문지이기 때문에 다양한 은사 중에서 자신의 환경과 개인적인 특징을 반영한 합리적 결과를 도출할 수 있다. 그러나 설문지 응답 방법을 잘 모르고, 자신이 좋아하는 것을 대답한다면 자신의 은사가 아닌 것을 은사로 확인하는 오류를 범할 수도 있다.

자신이 좋아하는 사역을 은사로 확인하는 경우가 있다. 관심사를 갖고 있는 것에 사역을 집중하다 보면 결과를 확인할 수 있다. 사역 중에서 은사를 발견하는 귀납적인 방법이다. 환자들에 대한 긍휼을 갖고 기도하다 병 고치는 경험을 하였다면 이때 병 고치는 은사를 확인할 수 있다. 청년들에게 말씀을 가르칠 때 그들에게 변화와 성장이 나타나면 가르침의 은사가 있는 것으로 확인할 수 있다.

교회 공동체를 이끌고 사역의 결과가 나타나면 지도력의 은사가 있는 것으로 확인할 수 있다. 은사는 반드시 어떤 결과를 동반한다. 신비한 현상이 아닐지라도 사역 중에서 내적 만족을 가져온다. 이럴 때 사역자는 성령께서 자신에게 은사를 주셨다는 내적인 확신을 갖게 된다.

성령의 은사는 다른 이의 인정을 통해 확인되기도 한다. 선배 목회자와 전문가들이 관찰하고 확인하며 격려함으로 은사임을 확인할 수 있다. 한 번의 결과가 아니라 반복적으로 나타나는 결과를 확인하고, 그 결과에 대해 성령께서 인도하심의 결과이자 은사라고 인정해줄 수 있다. 목회 초기에는 이런 과정을 반드시 거쳐야 한다. 자신의 확신만으로 속단하는 것이 아니라 다른 이의 통찰을 통해 한 번 더 확인을 받아야 하는 것이다. 이처럼 은사는 합리적이고도 경험적인 방법의 균형 그리고 내적인 확신과 외적인 확인의 균형이 결합되어야 한다. 이렇게 할 때 은사를 보다 더 확신할 수 있다.

목회자는 사역의 초기에 한두 가지 은사를 갖게 되고 사용한다. 그러다가 목회하는 세월이 흐르면서 여러 가지 은사가 확인된다. 처음에는 한두 가지 은사를 사용하지만 목회가 무르익으며 다양한 은사를 복합적으로 사용하게 된다. 자신에게 주된 은사가 있기도 하고, 부수적인 은사가 있기도 하지만 은사가 복합적으로 나타나 다양한 목회 현장에서 사용될 때, 목회가 보다 풍성해진다. 은사가 복합적으로 나타날수록 목회자는 문제를 해결하는 능력, 공동체를 이끌어가는 능력, 사회현상을 통찰하고 대안을 제시하는 능력이 나타난다. 즉 지혜가 나타나면서 은사가 확장되는 것이다.

목사는 자신의 목회에서 은사가 나타나고 확인되는 경향을 추적할 수 있다. 목회 초반기에 나타난 은사, 중반기에 나타나는 복합 은사를 점검한다. 그리고 문제 해결이나 통찰력과 대안 제시 그리고 위기 극복의 지혜 등이 나타나는 것을 반추해 보아야 한다. 목회자가 자신의 은사 발전 지도를 그려보는 것이다.

– 나에게 어떤 은사가 있는가? 그 은사 발전을 위해서 내가 하는 일은?

영적 멘토(영적스승)를 두라

Bucket List **#022**

필자가 부러워하는 목사가 있다. 대를 이어 목사가 된 분들이다. 그분들에게는 남다른 목회 노하우가 있다. "어쩜 그렇게 지혜롭게 목회할 수 있느냐?"고 물으면 대답은 간단하다. 첫째는 하나님의 은혜요, 둘째는 아버님으로부터 배운 것이라고 말한다.

그 목사님들은 어렸을 때부터 할아버지 목사와 아버지 목사의 목회 현장을 직접 보고 자랐다. 그분들이 목사가 된 후 목회에서 어려움이 생기고 중요한 것을 결정할 일이 있을 때마다 아버지는 어떻게 했는지를 먼저 생각한다고 한다. 아버지가 그의 목회에 멘토임과 동시에 목회의 모델이고, 지혜의 샘이 된다.

목회자에게 있어 영적 스승은 예수님이시다. 목사가 어려운 결정을 내려야 할 때 예수님의 이름으로 기도한다. 결정에 관한 분명한 기준과 선택에 필요한 분명한 응답이 더딜 때도 있다. 그럴 때는 기도의 많고 적음이 아니라 하나님이 기도하는 사람에게 보내는 기다리라는 신호일 수도 있다는 것을 알아야 한다.

또 한 분의 영적 스승이 있다. 선배 중 한 분일 수 있다. 개인적이고 독특한 관계를 유지하는 선배 중 한 명일 수 있다. 의사소통과 대화가 가능한 사이이다. 그리고 실제적이고 경험적인 지혜를 나누고 받을 수 있는 관계다. 젊은 목회자일수록 영적 스승을 두어야 한다. 한 분을 모실 수도 있지만, 복수로 모실 수도 있다. 많으면 많을수록 좋은 것이 영적인 스승이다.

영적 스승은 인격적으로 신뢰할 수 있는 분이고, 나를 지지해 줄 수 있는 분이면 된다. 나의 어려움을 이해하고 들어줄 수 있으며 나를 격려해 줄 수 있는 분이면 된다. 가족 관계에서 영적 스승이 나올 수도 있고, 어린시절 존경했던 분, 사역자로 성장하는 과정에서 여러 방면으로 후원한 분일 수도 있다.

가능하면 인격적으로 조심스럽고 말을 아끼는 분이라면 좋다. 흔하지 않는 경우겠지만 너무 독선적이고 자신의 방법만을 고집하는 분이라면 영적 스승으로 모시지 않는 것이 좋다. 그분이 나의 목회에 참견하기 때문이다. 교단 정치에 능한 분도 영적 스승이라 말할 수는 없다. 목회의 정도를 배울 기회가 적어질 수도 있다. 그리고 다른 이들 앞에서 나의 이야기를 쉽게 공개하는 분도 안 된다. 나의 목회를 흠집 내고 상처를 낼 수도 있기 때문이다.

멘토가 세워지면 정기적 혹은 비정기적으로 전화를 드리거나 방문을 하고 인사를 드리겠다고 제안하는 것이 좋다. 만날 때는 어른들에게 단순한 대접을 하는 것보다는 목회의 지혜를 얻기 위해서 적극적으로 질문하는 것이 좋다. 개인적인 상황을 이야기할 수도 있으나 상황을 보편화시켜서 질문할 수도 있다. 일단 어른들은 그들에게 자문을 구하는 것을 매우 좋아한다.

영적 스승인 멘토를 모시는 마음가짐

영적 멘토를 모시려면 몇 가지 생각을 가져야 한다. 우선은 선배 목사들에게서 배울 점이 많다는 것을 인정해야 한다. 선배 목사들은 그들의 목회 연륜만으로도 다양한 경험을 갖고 있다. 그 경험이 매우 큰 유익이다. 경험은 오랜 시간에 의해 축적된 것이다. 축적된 경험을 단기간에 압축해서 배울 수 있다. 이런 유익은 멘토를 모실 때 더 잘 얻을 수 있다.

멘토를 모시려면 꾸준히 배우고 싶은 학습자의 자세를 가져야 한다. 공부를 많이 해서 학위를 갖고 있고, 어떤 전문성을 갖추고 있으며, 다양하고 깊은 경험을 갖고 있다 할지라도 모든 것을 다 알고 있지는 못하다. 목회 현장은 계속 변화하고, 다양한 변화를 꾀하는 목회자들은 계속 생겨난다. 그러기에 내가 알지 못하는 일들이 어딘가에 있다. 목회를 풍성하게 하려면 다양한 정보를 입수할 필요가 있다.

멘토는 자신을 심리적으로나 정서적으로 지지해 주는 분이 좋기는 하다. 그렇지만 자신과 성격이 똑같다면 배울 내용이 많지 않다. 같은 성격이기 때문에 결정 사항이나 경험이 비슷할 수 있기 때문이다. 때문에 멘토는 나와 성격이 다른 분이 더 좋다. 그의 결정 과정이나 통찰을 배울 수 있기 때문이다.

멘토 중에는 더러 은퇴한 어른들도 계실 수 있다. 어른을 멘토로 모실 때는 사례를 하는 것이 좋다. 대화에 임해주시고, 격려해 주신 것에 대한 감사의 인사는 필수적이다. 그리고 대화에 임해주신 것에 대한 감사의 사례를 하는 것이 좋다. 선물도 좋겠으나 대화의 수고비용에 대한 현금이 더 좋다.

우리나라는 상담에 대한 사례 문화가 부족하다. 변호사와 상담을 하면 일정한 비용을 주어야 한다. 의사와 단 몇 분 상담을 하고 비용을 주듯이 멘토와 한 시간 이상 대화를 나누었다면 그에게 사례를 하는 것이 당연하다. 멘토 측에서 원하지 않아도 멘티는 적절한 선에서 어른들에게 기쁨을 갖도록 명분을 만들어 사례하는 자세가 필요하다.

정기적 만남과 대화

멘토에게는 사전에 전화를 드리고 찾아뵙는 것이 좋다. 먼 곳에 계시는 분이라면 이메일로 정중하게 요청할 수 있다. 그리고 멘티가 되는 본인이 먼저 정기적인 만남이나 대화를 계획해야 한다. 마치 부모님에게 정기적으로 안부 인사를 드리듯이 멘토에게는 정기적으로 대화를 요청해야 한다. 이렇게 되면 멘토도 정기적인 대화를 기다릴 것이고 정기적인 대화에 관해서 준비할 것이다.

정기적으로 대화를 할 때,단 한 번의 대화 중에서 라도 하나의 과정이 존재할 것이다. 먼저 멘티가 멘토에게 부탁을 할 수 있다. 자신에게 심리적, 정서적 지지를 부탁한다는 말, 자신의 말을 경청해 달라는 말, 자신과 관점을 다르게 보아달라고 말을 할 수 있다. 그리고 지식과 경험을 나누어달라고 부탁할 수 있다.

이처럼 멘티가 먼저 부탁을 하게 된다. 이때 멘티는 자신의 이야기를 숨김없이 해야 한다. 이야기를 할 때도 횡설수설하거나 동일한 내용을 반복하거나 밑도 끝도 없이 엉뚱한 이야기면 멘토가 괴로워진다. 약간은 내용을 정돈하여 멘토에게 말씀드려야 한다. 멘토도 상황 정리가 쉽고, 대안을 쉽게 도출할 수 있도록 멘티가 먼저 멘토를 배려하는 것이다.

어느 정도 이야기를 하였다면 반드시 멘토의 이야기를 듣는 시간을 가져야 한다. 멘토의 의견, 멘토의 생각, 멘토의 해결 방법, 멘토의 조언 등을 가감없이 들어야 한다. 멘토의 이야기에 수긍하는 자세를 갖고 들어야 한다. 멘토가 상황 판단을 나와 다르게 할 수도 있고, 해결방법 제시도 나와 다를 수 있다. 그러나 멘토가 이야기하는 배경을 살필 필요가 있고, 멘토의 의견을 감안하여야 한다.

영적인 스승의 조언을 듣고 결정하고 행동에 옮기는 것은 멘토가 아닌 멘티다. 멘토는 단지 지혜를 나누어줄 뿐이고 멘티인 나를 격려할 수 있을 뿐이다. 나의 목회에 대한 인간적 차원의 책임은 전적으로 나에게 있다. 다만 나 스스로 결정하기 전에 멘토의 지혜를 빌린다면 보다 더 현명한 결정을 내릴 수 있을 것이다.

목회에서 위기를 겪을 수도 있고, 고독감에 빠질 수도 있다. 매너리즘이나 탈진 상태에 이를 수도 있다. 이때 멘토가 있다면 힘을 얻을 수 있을 것이다. 개인적으로 기도하면서, 경건생활을 하면서 휴식을 취하면서 해결의 방법을 찾을 수 있지만, 멘토의 도움이 있다면 한층 더 안정적으로 회복될 것이다. 좋은 멘토가 있다는 것은 목회에 있어서 여러 가지 유익을 준다.

- 나의 멘토는 누구인가?

자신의 죄목을 노트 한 권에 채워 보아라

Bucket List **#023**

러시아의 대문호 도스토예프스키의 대표작『죄와 벌』은 4년간의 시베리아 유형생활에서 잉태된 소설이다. 이 소설은 시대와 세월을 초월한 휴머니즘의 정수를 담고 있으며 지울 수 없는 범죄와 고독한 사랑을 그리고 있다. 인간의 잔혹한 죄와 그에 대한 엄중한 처벌을 적나라하게 표현하면서 결론적으로 '인간 영혼의 아름다움'을 이야기하고 있다. 도스토예프스키는 창녀 소냐의 영혼을 통해 '고뇌를 통한 정화'라는 그의 근본 사상을 표현하였다.

소냐는 이 소설에서 밝은 희망의 빛을 지니고 있는 유일한 인물로, 살인으로 손을 더럽힌 라스콜리니코프에게 대지에 엎드려 입 맞추고 속죄하라고 말한다. 성스러운 창녀, 고뇌하는 영혼, 그리고 모순의 아름다움을 그린 작품이다. 이 소설을 읽는 사람은 자신의 죄를 발견하고 참회를 통해서 새로운 인생을 여는 순백의 설원을 걸어갈 수 있는 삶을 발견하게 된다.

세상은 죄가 무엇인지 알지 못한다. 그러나 십자가는 인간의 죄를 알려준다. 우리는 주로 죄를 우리의 언행 심사나 잘못된 행위와 관련해서 생각하지만, 사람들이 저지르는 가장 두려운 죄는 하나님과의 관계를 깨뜨리고 자기 자신을 하나님의 자리에 올려놓는 것이다.

목사가 가장 짓기 쉬운 죄가 바로 이것이다. 인간에게 나타난 모든 죄악은 거기에서 비롯된다. 십자가는 이 죄악에 심판과 형벌이 따름을 증언해 준다. 십자가는 하나님의 거룩한 속성을 선포한다. 전 세계에 나타난 것 중에서 가장 심각한 문제가 죄다. 그리고 죄악의 가증스러움과 엄청나게 무서운 죄의 결과가 어떠한지를 선언하는 것이 십자가다.

목사는 십자가가 말하는 것을 귀담아 들어야만 한다. 목사 당신은 자세히 십자가를 음미하시라. 십자가에서 뿌려진 피가 오늘 이 순간에도 목사인 당신에게 외치는 소리가 들리는가?

세상에 죄인 아닌 사람은 없다

세상에 죄인 아닌 사람은 없다. 목사도 죄인이다. 바른 목회는 여기서부터 시작한다. 자신이 죄인임을 알지 못하는 목사는 목사가 아니다. 목사의 설교를 조금만 들어 보아도 안다. 죄를 두려워하면서 설교하는 목사의 음성은, 죄를 두려워하지 않고 설교하는 음성과 다르다.

대단히 미안한 말을 하겠다. 목사는 너무 뻔뻔하다. 자신의 죄를 회개하지 않고 교인들에만 회개하라고 설교한다. 회개하지 않고 설교하는 목사의 설교는 설교가 아니다. 그것은 강연에 불과하다. 왜 목사의 설교가 성도의 가슴을 울리지 못하는가? 그것은 목사 자신이 죄를 회개하지 않고 설교하기 때문이다. 목사도 순간순간 회개하고 날마다 회개해야 한다.

목사에게도 자기를 돌아보는 죄책감이 필요하다. 그래야 주님의 은혜에 진입할 수 있다. 목사의 취약점은 교인들의 죄는 지적하면서도 자신의 죄에 대해서는 너그럽게 관용한 데 있다. 목사도 하나님 앞에서 죄인임에도 불구하고 교인들 앞에서는 의로운 척 한다. 그러면 하나님의 은혜 밖으로 밀려날 수 있다. 목사가 죄책감으로 고민하는 사람들을 도와서 주님의 은혜에 접목시키기 위해서는, 진실한 죄의 고백과 치유의 은혜를 맛보아야 한다. 자신의 죄를 아는 자만이 회개할 수 있다. 회개하는 자만이 주님의 은혜를 알 수 있다.

성 프란시스는 수도원에서 하루 종일 기도에 몰두하고 있을 때 제자들이 기도를 엿들었다. 프란시스는 기도할 때마다 단순한 기도를 연거푸 드리고 있었다. "하나님, 당신은 누구시오며 나는 누구입니까?" 기도를 마치고 나온 스승에게 제자가 물었다. "스승님, 어찌 그런 기도만 드리고 계셨습니까?" 프란시스는 "내가 하나님을 모르고야 어찌 나를 알겠으며, 나를 모르고야 어찌 하나님을 알겠느냐? 나를 아는 것은 죄를 깨닫는 것이고, 하나님을 아는 것은 은혜를 깨닫는 것이다." 바로 이것이다. 목사도 자신의 죄를 알아야 한다. 자신의 죄를 깨달아야 하나님의 은혜를 받을 수 있다. 목사가 죄인임을 깨달을 때 은혜의 사자가 될 수 있다.

메네 메네 데겔 우바르신

단 5:1-31을 보면 벨사살 왕이 귀한 손님 천 명을 불러서 술을 마시는 큰 잔치를 벌이는 장면이 나온다. 벨사살 왕은 그의 아버지 느부갓네살 왕이 예루살렘 성전에서 가져온 금그릇과 은그릇으로 술을 마셨다. 그런 다음 금과 은과 동과 철과 나무와 돌로 만든 신들을 찬양하였다. 그런데 바로 그때에 갑자기 사람의 손이 나타나 촛대 앞에 있는 왕궁 석고 벽 위에 글을 쓰기 시작했다. 벨사살 왕은 그 손가락이 글을 쓰는 것을 보고 얼굴빛이 창백해지더니, 공포에 사로잡혀, 넓적다리의 힘을 잃고 무릎을 서로 부딪치며 떨었다.

"누구든지 이 글자를 읽고서, 그 뜻을 나에게 알려 주는 사람은 자색 옷을 입히고, 금 목걸이를 목에 걸어 주며, 이 나라에서 셋째 가는 통치자로 삼겠다."는 후한 상을 내걸었지만, 아무도 그 글자를 읽는 사람이 없을 때 다니엘이 왕께 불려나와 글의 뜻을 설명해 주기를 요청받자 다니엘이 왕 앞에서 아뢰었다.

"임금님이 주시겠다는 선물은 거두시고, 임금님이 내리실 상급은 다른 사람에게 주시기 바랍니다. 그럴지라도 저는 이 글자를 읽고서, 그 뜻을 풀이하여 임금님께 알려 드리겠습니다. 임금님은 이 모든 일을 아시면서도, 마음을 겸손하게 낮추지 않으시고, 하늘의 임금님이시요 주님이신 분을 거역하시고, 스스로를 높이시며, 하나님의 성전에 있던 그릇들을 가져 오게 하셔서, 임금님과 귀한 손님과 왕비들과 후궁들이 그것으로 술을 마시게 하셨습니다. 그리고 임금님은 금과 은과 동과 쇠와 나무와 돌로 만든 신들은 찬양하시면서도, 임금님의 호흡과 모든 길을 주장하시는 하나님께는, 영광을 돌리지 않으셨습니다. 그러므로 하나님이 손을 보내셔서, 이 글자를 쓰게 하신 것입니다."

벽에 기록된 글자는 **'메네 메네 데겔 우바르신'**이다. 그 글자를 해석하면, '메네'는 하나님이 이미 벨사살 왕의 나라의 시대를 계산하셔서 그것이 끝나게 하셨다는 것이고, '데겔'은 왕이 저울에 달리셨는데 무게가 부족함이 드러났다는 것이고, '우바르신'은 왕의 왕국이 둘로 나뉘어서 메대와 페르시아 사람에게 넘어갔다는 뜻이다. 이는 곧 하나님의 심판이다.

목사는 하나님이 벽에 글자를 쓰시기 전에 자신이 먼저 글자를 써야 한다. 터무니없는 명상이나 잡다한 글을 쓸 것이 아니라, 자신의 죄목을 기록해야 한다. 죄는 숨길 수 없다. 세상에 비밀은 없다. 혹 사람에게는 숨겨질지 모르나 하나님께는 어떤 죄라도 숨길 수 없다. 대학 노트 한 권을 준비하라. 그리고 펜을 준비하라. 조용히 눈감고 자신을 돌아보면서 생각나는 대로 자신의 죄목을 기록해 보아라.

처음에는 잘 생각이 안 날 것이다. 그렇다고 포기하지 말라. 하나님과 나와의 관계에서 생긴 일, 나와 너(가족, 친지, 성도)와의 관계에서 생긴 죄, 나와 나 자신, 목사로서 잘못한 죄...... 하루 이틀 쓸 것이 아니다. 자신의 죄가 생각날 때마다 메모해 두었다가 서재에 들어가는 순간, 자신의 죄목을 노트에 손으로 꾹꾹 눌러 회개하는 마음으로 기록해 보아라.

목사가 먼저 자신의 죄를 자복하고 회개한 후에 교인들에게 회개를 외쳐야 한다. 목사의 기득권을 버려라. 세례 요한은 바리새인들과 사두개인들을 향해서 "독사의 자식들"이라고 책망했다. "속으로 아브라함이 우리 조상이라고 생각하지 말라"고 했다. 이 말은 오늘의 목사에게 한 말이다. 돌들로도 아브라함의 자손을 만드시는 하나님이다. 목사라도 회개하지 않으면 돌보다 못한 존재가 된다.

목사로 태어나서 죽기 전에 대학노트에 자신의 죄를 빼곡하게 적어보라. 몇 페이지든 좋다. 자신의 죄가 생각나는 대로 적으라. 아무도 볼 사람은 없다. 오직 하나님만이 보신다. 기탄없이 적으라. 눈치 보지 말고 적으라. 솔직하게 적으라. 이것이 진정한 회개다. 회개는 새로운 출발이다. 목사에게 회개 없는 출발은 없다. 천국이 가까이 오고 있다. 목사가 죽기 전에 회개하고 새롭게 출발하라.

– 나에게 그런 노트가 있는가? 없다면 만들어 볼 계획은 있는가?

치유를 경험하라

Bucket List #024

목사의 역할 중 하나가 사람들을 치유하는 일이다. 치유는 목회의 한 부분이다. 목사가 만나는 사람들 중에는 상처를 지닌 사람들이 많다. 상처의 이유도 각양각색이다. 어린 시절의 소외된 경험, 가난, 학대, 비교에 의한 상대적 열등감, 실패의 경험, 외모에 대한 콤플렉스, 결손가정 등 수없이 많다.

상처를 품은 채 살아가는 사람들은 교회 안에서도 자신의 상처를 드러내 다른 사람들에게 상처의 빌미가 되는 경우가 많다. 즉 '상처 전이'이다. 목사는 그런 자들을 위해서 치유의 능력을 갖출 필요가 있다. 그러려면 목사부터 상처를 치유하는 이해와 경험을 가져야 한다.

예수님은 치유 사역에 많은 관심을 가지셨다. 전체 복음서들의 거의 5분의1 이상이 예수 그리스도의 능력을 통한 치유와 기적에 대한 것을 언급하고 있다. 목사도 주님의 치유 능력을 믿고 치유목회를 하는 것은 당연한 일이다. 치유목회는 한 인간의 육신적 질병 자체보다는 앓고 있는 질병 때문에 깨어져 버린 삶의 균형과 파괴된 비참한 모습에 관심을 가져야 한다.

목사가 인간의 질병을 치유한다는 것은, 하나님 나라의 백성이 되도록 그를 인도하는 일이다. 치유를 통해서 구원으로 인도하기 위해서는 부분적으로 환자를 관찰하기보다는 그가 살고 있는, 그리고 관계를 맺고 있는 삶 전체를 통찰할 수 있을 때 전인구원-전인건강이 가능해진다.

목사는 성경적, 신학적으로 검증된 치유를 행하고 또한 목회 현장에서 성도들의 영성을 훈련시킴으로 주님의 지상명령을 더 온전한 모습으로 감당해 나가야 한다. 목사는 치유를 위해서 전인적 인간이해와 질병의 원인, 치유의 이해, 목회 상황에 맞는 치유를 경험하고 믿음을 통한 치유 목회를 통해서 영혼까지 형통하게 되는 거룩한 건강, 거룩한 치유가 이루어지게 해야 한다.

인간이 병에 걸리는 원인은 한 사람의 영적, 정신적, 신체적 상호 조화 관계가 깨어지기 때문이다. 병이 우리 몸속에 들어올 때 미리 선전포고를 하고 들어오지 않는다. 현대 과학이 만들어낸 현미경의 도움을 받아야 볼 수 있는 아주 작은 존재이다. 그런 존재가 일단 우리 몸속에 들어오면 만물의 영장이라고 하는 인간을 고목나무처럼 쓰러지게 만드는 무서운 힘을 가지고 있다. 오죽했으면 "마음의 즐거움은 양약이라도 심령의 근심은 뼈를 마르게 하느니라"(잠 17:22)고 까지 했겠는가?

상처에서 자유로울 수 없는 목사

목사도 목사가 되기 이전에 수많은 상처를 받은 경험이 있다. 목사라고 해서 상처의 전이가 없으라는 법이 없다. 목사도 목회 중에 받는 상처가 있다. 목사도 상처를 줄 수 있다. 설교를 통해서 상처를 전이시킨다. 목사도 상처를 가슴속에 품고 아닌 척 하면서 살 수도 있다. 다른 사람들에게 자신이 상처받았다고 공개적으로 고백하기도 어렵다. 그러다보니 목사도 자신의 상처를 돌아보기도 쉽지 않고 상처를 치유 받는 것 역시 쉽지 않다. 그러면서도 목사는 다른 이들의 아픔을 치유해야 하는 위치에 있다. 목사의 신앙과 인격과 사역이 다른 이들의 아픔과 상처를 싸매주어야 하는 역할을 포함하고 있기 때문이다.

목사의 성격 때문에 자신은 물론 다른 사람들에게 직간접적으로 상처를 주는 경우도 있다. 목사가 상처를 많이 입는 경우는 소심한 성격인 경우가 많다. 성도들이나 다른 사람들의 이야기를 열심히 들어주기는 하고, 때로는 자신에 대한 비난을 들어도 즉시 해명하거나 반박하지 못하고 속으로 끙끙 앓기만 할 수 있다. 이것이 스트레스가 되고, 스트레스가 누적되다보면 자신감 결여나 우울감 등의 결과가 나타날 수 있다. 그렇다고 목회자의 처지에서 하고 싶은 말을 다 할 수도 없다. 실제로 요령 있게 대응하는 방법을 몰라서 상처를 지닌 채 목회를 하는 분들이 많다.

한편 상처를 주는 목회자들도 있다. 성격이 강하고 참을 줄 몰라서 하고 싶은 말을 그 자리에서 해야 마음이 풀리는 목사들도 있다. 그에게도 나름의 능력과 매력이 있어서 성도들이 따르기는 하지만, 가끔은 직설적인 말에 성도들이 상처를 받는 경우가 있다. 이런 목사를 향해 성도들은 '능력 있는 목사님이기는 하지만 성격이 급해서 탈'이라고 뒷이야기를 한다. 상처를 주었어도 금방 풀어져서 성도들을 위로하면 좋은데, 혹은 성도들의 상처를 잠재울만한 권위가 있으면 좋은데, 권위도 부족하고, 위로의 기술도 부족하면 목사가 성도들과 갈등을 일으킨다. 그것 때문에 성도가 떠나기도 하고, 신앙의 성숙이 더디기도 하며 혹은 목회의 전진이 멈추기도 한다.

치유의 시대

얼마 전까지는 웰빙(Well-Being) 시대였다. 삶의 질을 생각하여서 먹고, 자고, 입고, 생활하는 것이 유행이었었다. 먹는 것도 저공해 혹은 무공해만 먹으려고 했었고, 생각도 건전하게 하며 몸과 정신을 조화롭게 하려는 노력이 웰빙이다. 웰빙은 이러한 노력을 통해 개인의 행복과 아름다운 삶을 추구하는 문화적 조류이다. 웰빙에 더하여서 로하스라는 개념도 등장했다. 로하스는 'Lifestyles of Health and Substantiality'의 약자로서 웰빙에 사회와 환경을 추가해서, 친환경적이고 합리적인 소비 패턴을 지향하는 생활 방식이자 이러한 방식을 추구하는 사람들을 지칭한다. 이것이 정치와 교육, 지역개발을 더하여서 쾌적한 삶의 문화를 추구하는 어메니티(Amenity)라고 말하는 경우도 있다.

그런데 이러한 행복의 시대보다 더 시급한 문제가 생겨났다. 그것은 사람들은 웰빙이나 로하스 혹은 어메니티의 삶이 불가능할 정도로 내적인 아픔을 담고 살아간다는 것이다. 아픔이 치유되기 전에는 행복도 쾌적함도 합리적인 소비도 불가능하다. 웰빙과 로하스와 어메니티를 추구해도 내면의 상처가 깊어진다. 쾌적한 환경을 추구해도 인간관계와 삶의 환경에서 아픔을 당하고, 환경이 변화되었다 할지라도 아픔이 치료되지 않는다. 겉으로 보기에는 만족한 환경이지만, 먹는 것과 생활하는 것에서 풍족하고 부족함이 없다 할지라도 내적인 만족이나 참다운 자아를 찾지 못해 방황한다.

경제적, 문화적 발전으로 풍요의 시대, 생존의 시대에 나타나지 않았던 질병들이 생겨났다. 생존경쟁의 사회를 거친 이후에 마음의 아픔이 남아있다. 치열한 경쟁의 사회에 사람들로부터 당했던 상처를 털어내지 못해 아파하는 사람들이 있다. 그러다보니 과거의 아픔을 먼저 치유해야 하는 시대가 되었다. 치유를 강조하고, 마음속 깊은 곳에 잠재한 아픔을 치유하려는 노력이 여기저기서 일어나고 있다. 소위 말해 힐링의 시대가 된 것이다. 질병이 치유되어야 건강한 삶이 가능한데, 오히려 순서가 바뀌었다.

건강한 삶을 살다가 아픔을 발견하고 치유의 필요성이 등장한 것이다. 사회적으로 힐링을 강조하고, 힐링을 주제로 한 방송까지 등장하였다. 과거의 아픔을 치유하기 위해 마음속에 담긴 이야기, 남에게 말하기 어려운 이야기를 솔직하게 털어놓도록 한다. 어떤 경우에는 웃음을 유도하여서 실컷 웃게 하여 치유하는 경우도 있다. 소위 말해 웃음치료라는 것이다. 이처럼 치유를 말하는 다양한 이야기들이 사회적으로 회자되고 있다.

상처 입은 치유자

한국 교회 초기에는 치유라는 말보다는 신유라는 말이 있었다. 치유는 마음의 아픔을 생각하게 되지만, 신유는 몸의 아픔을 생각하는 단어였다. 한국 교회 초기에는 마음의 아픔을 느끼는 사람이 별로 없었다. 생존이 절박한 시대에는 마음의 아픔을 느낄 여력이 없다. 오히려 굶주림과 영양부족, 보건환경의 결여와 과로로 인해 몸의 질병이 더 많았다. 한국 교회 초기에는 신유의 능력을 사모하고 신유의 능력을 행하는 목사들이 많았다. 신유를 행하거나 자신의 인생에서 신유를 경험한 분들이 목회에서 큰 성장을 이루는 경우가 많았다. 예수님이 신유를 행하시는 성경의 기록도 신유를 수용하는 증명이었다.

목사는 치유를 경험해야 한다. 치유를 경험했을 때 함께하는 성도들의 아픔을 치유할 수 있다. 목사들이 성장과정과 목회 사역에서 다양한 상처를 받았으나 치유를 경험하였다면 교인들의 아픔을 치유할 수 있다. 치유자는 치유의 이론을 공부할 수도 있으나 먼저 치유를 경험해야 한다. 치유의 경험은 상처를 입었다는 것을 전제로 한다. 즉 치유자는 상처를 먼저 경험한 사람이다. 이러한 전제를 헨리 나우웬은 '상처입은 치유자(The Wounded Healer)'라는 개념으로 제시하였다. 상처를 먼저 경험한 사람이 다른 이의 상처를 깊이 공감할 수 있다. 상처를 공감할 수 있어야 비로소 치유를 행할 수 있다. 이유에 관한 이론과 상담 기법만으로는 상처 치유가 제한적일 수밖에 없다.

치유의 원리

목사는 교인들을 성경적으로 치유할 수 있고, 성경적으로 성장하고 성숙할 수 있도록 지원이 가능해야 한다. 목사가 경험해야 할 치유는 무엇인가? 먼저는 은혜에 의한 치유다. 수많은 마음의 상처가 있지만 하나님의 은혜가 모든 상처를 감쌀 수 있으며, 상처가 더 이상 활동하지 못하도록 덮을 수 있다. 상처를 솔직하게 들어내는 치유보다는 은혜로 완전히 덮는 치유가 필요하다. 쓴 뿌리를 들어냈다 할지라도 은혜로 채워지지 않으면 쓴뿌리는 여전히 활동한다. 식물의 뿌리는 들어내면 자리가 비지만, 마음의 쓴뿌리는 들어낸다 할지라도 여전히 쓴 뿌리가 남는다. 그러므로 은혜에 의한 치유가 일어나지 않으면 그것은 인간적인 이론에 의한 치유일 뿐이며, 하나님이 치유하시는 것은 아니다.

목사는 반드시 치유를 경험해야 한다. 그래야 건강도 유지할 수 있다. 목사들 중에 위장병과 심장병 환자들이 있다. 화병을 가진 분들도 있다. 먹는 것 때문에 생긴 위장병이 아닌 목회 중에 속상함 때문에 소화가 되지 않아 위장병으로 발전한다. 성도들의 말과 상황에 긴장하다 깜짝 놀라서 심장이 약해진 분들도 있다. 성도들의 말과 요구에 속을 끓이다가 화병에 처한 분들도 있다.

목사는 이런 모든 질병들에서 치유를 경험해야 한다. 하나님 앞에 나를 내려놓고, 하나님이 나의 목회와 함께 하시며 나를 도우신다는 믿음에 굳게 서야 한다. 내적인 상처와 질병이 깊어질수록 목회가 어려워진다. 목사는 은혜와 복음 그리고 하나님의 거룩성에 의한 치유를 반드시 경험해야 한다. 그러면 목회의 자신감이 상승한다. 목사여, 반드시 치유를 경험하라.

– 치유를 경험했던 순간들을 적어 보자.

최소한 3일 만이라도 금식기도를 해 보아라

Bucket List **#025**

'금식기도'는 목사의 투라우마(trauma)다. 목사는 누구나 금식기도를 하고 싶어 한다. 목사치고 금식기도를 생각 안 해본 사람은 없다. 그러나 실제로는 어렵다. 우선 목회 일정이 빠듯하여 모든 사역을 중단하고 며칠씩 앉아서 기도만 하고 있을 수 없다. 그래서 금식기도 때문에 고민에 빠질 때가 있다. '아무개 목사님은 40일 금식기도를 하셨다는데 왜 우리 목사님은 금식기도를 안 해?' 목사는 이런 소리를 들을 때 정신적 갈등을 느낀다.

무턱대고 금식기도를 할 수는 없다. 뚜렷한 목적도 없고 꼭 해야 할 이유도 없는데, 이웃 교회 목사가 금식기도를 했다고 따라서 할 수는 없는 것이 아닌가. 그렇다고 나 몰라라 하고 외면하고 지낼 수 없는 것이 목사의 입장이다. 그래서 목사는 이런 고리를 끊어버려야 한다.

목사가 금식기도를 할 때는 대개 특별한 기도의 목적이 있을 때이다. 성전 건축의 대 역사를 앞에 두고 있을 때, 교회가 쉽게 해결할 수 없는 어려운 문제를 가지고 있을 때, 목사가 큰 시험에 들었을 때, 목사가 다른 임지를 찾지 않으면 안 될 처지에 몰렸을 때, 목사나 목사의 가족 또는 교회 중직자 중에 불치의 병에 걸렸을 때에 금식기도를 한다.

금식기도는 목사의 의무인가? 아니다. 성경 어디에도, 교리서 어디에도, 교회헌법 어디에도 목사가 금식기도를 하라는 규정은 없다. 목사의 금식기도는 하나님의 명령이 아니라 목사의 자유다. 구약에서는 절기 때에 정해놓고 금식하라고 했지만 신약에서는 금식기도 하라고 명령한 적은 없다. 이것은 금식기도는 의무가 아니라 선택임을 말하고 있다. 금식기도가 목사의 사역에 많은 유익이 있음에도 목사의 자율에 맡긴다. 그럼에도 금식기도를 할 필요가 있다.

금식기도는 왜 하는가?

첫째, 목사는 사명을 잘 감당하기 위해서 금식기도가 필요하다

예수님도 공생을 시작하시면서 40일간 금식기도를 하셨다. 예수님은 바로 즉시 공생애를 시작하셔도 충분하셨지만, 기도의 필요성을 절감하셨다. 예수님 자신의 모든 것을 내려놓고 성령의 이끌림을 받으셔서 광야로 나가셨다. 무려 40일을 밤낮으로 금식하시며 기도하셨다. 대개의 금식기도는 물을 마시는데 예수님은 물 한 모금도 안마시고 40일을 기도하셨다.

둘째, 목사의 영성개발을 위해서 금식기도가 필요하다

금식기도는 육체의 소욕을 죽이는 것이다. 절제하는 것이다. 일정 기간 동안 세상으로 향하는 문을 닫고 세상 줄을 끊는 것이다. 금식하며 기도하고 말씀을 묵상하면 영적 감각이 민감해진다. 성령의 임재와 역사를 더 강하게 경험하게 된다. 기도의 문이 열리고, 하나님이 음성을 듣게 된다.

셋째, 금식기도는 목사로 하여금 능력 있는 삶을 살게 해준다

마태복음 7장 21은 성경에 (없음)으로 나타나 있다. 그런데 난외를 보니 어떤 사본에는 21절이 '기도와 금식이 아니면 이런 유가 나가지 아니하느니라'로 되어 있다. 이는 마태복음 17장 1절로 20절에 대한 설명이다. 제자들이 조용히 예수께 나아와서 "우리는 어찌하여 쫓아내지 못하였나이까?" 하고 문의했을 때에 하신 말씀이 바로 기도와 금식이 아니면 귀신을 쫓아내지 못한다고 하셨다.

이처럼 금식기도는 귀신을 내쫓는 능력을 받을 수 있다. 금식기도는 원수 마귀의 결박을 끊어준다. 술이나 담배, 마약과 음란의 수렁에서 해방시킨다.

금식기도가 유익한 점

금식기도가 유익한 점은 다양하다. 이사야 선지자의 말(사 58:6-9)에 의하면 자신의 문제 해결에 앞서 이웃관계에서 얽히고설킨 문제를 해결하는 것에 주안점을 두고 있는 것으로 보인다. 결국 목사의 금식기도는 목사 개인을 위한 것이 아니라는 것을 암시하고 있다. 하나님이 기뻐하시는 금식기도는 이웃과의 잘못된 관계를 풀고 이웃을 적극적으로 도와준다. 그리하면 금식기도 하는 자의 영혼이 새벽 빛 같이 밝아지며, 치유(모든 문제 해결)가 나타난다. 공의가 하나님 앞에 인정되고, 하나님의 영광이 나타난다. 기도가 신속하게 응답되리라는 약속이 주어진다.

금식기도의 종류

1) 하루 금식

유대인은 매년 7월10일을 대속죄일 금식일로 정하고 금식기도를 했다. "너희는 영원히 이 규례를 지킬지니라 일곱째 달 곧 그 달 십일에 너희는 스스로 괴롭게 하고 아무 일도 하지 말되 본토인이든지 너희 중에 거류하는 거류민이든지 그리하라"(레 16:29)

2) 삼일 금식

모르드개는 수산에 있는 유다인을 다 모으고 삼일을 금식기도한 후에 민족을 위기에서 구원했다. 요나는 하나님의 선교 명령을 어기고 다시스로 가다가 물고기 속에서 강권적으로 삼일 동안 금식기도를 했다. 호세아 선지자는 여호와께서 찢으셨으나 낫게 하시고 치셨으나 싸매어 주실 줄 믿고 3일 동안 금식기를 한 것으로 추정된다.

3) 이레 금식

다윗이 7계를 범하고 낳은 아이를 하나님이 치시매 죽을 병이 들었고, 아이를 위해 이레 동안 금식기도를 했다. 그러나 아이가 죽으니 다윗은 금식기도를 마치고 정상 업무에 들어갔다. "다윗이 그 아이를 위하여 하나님께 간구하되 다윗이 금식하고 안에 들어가서 밤새도록 땅에 엎드렸으니"(삼하 12:16)

4) 열흘 금식

다니엘이 뜻을 정하여 왕이 주는 열흘 동안 음식을 먹지 아니하고(금식기도) 자신을 성결케 했다. "청하오니 당신의 종들을 열흘 동안 시험하여 채식을 주어 먹게 하고 물을 주어 마시게 한 후에 당신 앞에서 우리의 얼굴과 왕의 음식을 먹는 소년들의 얼굴을 비교하여 보아서 당신이 보는 대로 종들에게 행하소서 하매 그가 그들의 말을 따라 열흘 동안 시험하더니 열흘 후에 그들의 얼굴이 더욱 아름답고 살이 더욱 윤택하여 왕의 음식을 먹는 다른 소년들보다 더 좋아 보인지라"(단 1:12-15)

5) 사십일 금식

모세는 시내산에서 사십일 동안 금식기도를 두 번 하고 십계명과 율례와 규례를 받았고,(출 24:18) 예수님은 공생애를 시작하기 전에 사십일 동안 금식기도를 했다(마 4:1-2).

6) 일흔 이레 금식

다니엘이 예루살렘의 황폐를 듣고 일흔 이레(77일) 금식기도 했다(단 9:3-4a).

금식기도 때 주의해야 할 사항

1. 금식기도를 하기 전에 준비할 사항

1) 금식기도의 목적과 제목이 분명하게 수립되어야 한다.
2) 사전에 준비하는 시간을 가지는 것이 좋다(며칠간, 몇 시간).
3) 이웃과의 관계, 이해와 사랑이 선행되어야 한다.
4) 진정한 회개가 선행되어야 한다.
5) 하나님과 사람에게 보이려는 자기 공적을 세우려는 것이어서는 안 된다.
6) 금식기도를 위한 준비 기도가 필요하다.
7) 절식하기와 기생충 약을 미리 복용한다.
8) 금식기도 시간표를 미리 작성하라.

2. 금식기도 중에 지켜야 할 사항

1) 성경읽기, 기도하기, 찬양하기, 이웃섬기기를 병행한다.
2) 금식기간에도 영적활동을 계속하라(예배인도, 전도, 영적 모임 참석 등).
3) 금식기도 동안 생수를 마시고 양치질을 자주 한다.
4) 금식기도 중에 항상 몸을 따뜻하게 하고 자주 체온 점검을 한다.
5) 금식기도 중에 신문, 라디오, TV, 공문을 접하지 않는다.
6) 가급적이면 외출을 삼가고 가족이나 사람을 만나지 않는다.
7) 금식기도 중에 마귀의 유혹과 시험에 대비하라.

3. 금식기도 후에 할 사항

1) 과격한 운동은 피하고 가벼운 산책, 스트레칭, 체조 등을 하는 것이 좋다.

2) 금식한 날만큼 반드시 보호식을 해야 한다 (첫날/동치미 국물, 둘째 날/미음, 셋째 날/죽, 다음부터 부드러운 음식으로)

3) 자극성 음식은 피한다. (화학조미료, 기름기 있는 음식, 커피, 라면, 햄버거, 우유, 계란 등등)

4) 몸이 허약하거나 감기에 걸리면 즉시 병원을 찾는다.

5) 처음부터 많은 일을 계획하지 말고 작은 일부터 시작하라.

*장기 금식인 경우에는 가정이나 교회에서 하지 말고 전문 금식기도원을 찾아가서 전문가의 도움을 받으라.

금식기도는 목사의 필수라고는 말하고 싶지 않다. 그러나 목사로 태어나서 죽기 전에 한 번은 해볼 만한 일이다. 금식기도의 도전을 받으면 용기를 내볼 필요가 있다. 치밀하게 계획을 세우고 도전해 보라. 자신의 나이와 건강을 참고로 하여 날 수를 정하라. 금식기도에 대해서만은 욕심을 내지 말라. 형편과 처지를 숙고하고 최소한 삼일만이라도 금식기도를 해 보라. 금식기도를 통해서 놀라운 영적 체험을 경험할 수 있다.

– 나는 목사가 된 후 어떤 목적으로 몇 번(일수)이나 금식기도를 해 봤는가?

한 달에 하루 정도는 침묵 속에 살아라

Bucket List **#026**

하나님은 사람을 지으실 때 입을 만드셨고 말하는 기능을 주셨다. 그래서 사람은 말을 한다. 만일 사람이 말을 할 수 없으면 어떨까 상상해 본다. 처음부터 사람이 말을 못했다면 전혀 답답하지 않았을 것이다. 본래 말을 안 했으니 말의 필요성을 깨닫지 못했을 것이다. 말 때문에 신세를 망친 분들도 많다. 어쩔 때는 언어장애인이 더 행복할 거라는 엉뚱한 추측을 해본 적이 있다.

어느 날, 전철을 타고 가는데 중년으로 보이는 세 남자가 큰 소리로 얼마나 떠들어대는지 시끄러워서 견딜 수가 없었다. 그런다고 그들을 나무랄 수 없어서 두 눈을 감고 귀까지 감고 가는데, 웬 점잖은 노인이 드디어 한 마디 했다. "여보시우! 좀 조용히들 합시다." 아, 그랬더니 그중 늙은이들이 얼굴에 핏대를 올리고 오히려 노인을 호되게 야단을 치는 것이다.

"늙은 당신이 우리에게 뭘 보태줬소? 늙었으면 혼자 늙으시오!" 눈을 감고 있다가 깜짝 놀랐다. 가슴에서 뭐가 꿈틀거리며 튀어나오려는데, 용기가 없었는지 목사 체면 때문인지 꾹, 참을 수밖에 없었다. 여자 셋이 모이면 접시가 뒤집어진다더니 사내들도 여자 못지않게 떠드니 많은 사람이 눈살을 찌푸렸다. 말. 말. 말. 정말 세상은 말이 많은 세상이다.

교회도 시끄럽다. 일찍이 세상에 나돈 말, '예수쟁이 말쟁이'라는 말은 교회를 부끄럽게 한다. 목사가 비판적인 설교를 많이 하니 교인들도 비판이 길들여져서 비판적인 말을 많이 하는 것 같다. 큰 교회일수록 말이 많다. 남의 말할 것 없다. '목사'도 말로 벌어먹고 사는 사람이다. 아나운서와 목사는 말로 사는 사람이 아닌가. 목사가 말을 하도 많이 하다 보니 이젠 말이 지겨워졌다.

말 없는 조용한 세상이 그립다. 자신을 깊숙이 들여다보고 성찰하는 시간이 필요하다. 단 하루만이라도 종일 침묵으로 지내보라. 하루 동안 세상과 벽을 쌓고 단절하라는 말은 아니다. 세상을 향하여 문을 열어두어라. 사람도 만나라. 할 일을 어김없이 하라. 침묵으로 말하지 않고 하루를 살아보아라.

분명히 힘들 것이다. 어쩜 불가능하다고 생각될지 모른다. 그러나 이것은 목사의 영성훈련이다. 가족과 교인들에게 '침묵의 날'을 선포하고 단 하루만이라도 침묵으로 온종일 살아보아라. 특히 예수님께서 돌아가신 성금요일은 기도 말고는 침묵으로 보내라. 목사가 전에 알지 못했던 놀라운 사실을 발견할 것이다.

하나님도 침묵하실 때가 있다

태초에 침묵이 있었다. 창조는 침묵과 함께 시작되었다. 침묵 속에서 하나님은 생각하셨다. 침묵 속에서 하나님은 상상하셨다. 침묵 속에서 하나님은 계획하셨다. 침묵 속에서 하나님은 창조할 피조물을 품으셨다. 침묵은 하나님의 언어다. 침묵은 말이 없다. 침묵은 말이 없는 언어다. 소리가 없는 언어다.

침묵 속에 담긴 언어는 무게가 있다. 깊이가 있다. 침묵 중에 나온 언어는 생명이 있고 넘치는 에너지가 있다. 침묵 중에 나온 언어는 사람들의 영혼을 살린다. 침묵 중에 나온 언어는 새 역사를 창조한다. 침묵 중에 나온 하나님의 말씀이 천지를 창조했다. 말이라고 해서 다 말이 아니다. 참된 말은 침묵 속에서 나온 말이다.

'침묵하는 자연 속에서 우리는 하나님의 손길을 본다. 침묵하는 자연 속에서 하나님의 침묵을 맛보게 된다. 침묵은 고요함이다. 생명이 있는 것은 고요히 자란다. 어린이들은 고요히 자란다. 서서히 자란다. 고요함 중에 꽃이 피고 고요함 중에 꽃이 진다. 하나님이 창조하신 모든 만물이 움직이는 것을 보라. 소리 없이 움직인다. 식물은 소리 없이 자란다. 곡식은 소리 없이 영근다. 침묵은 기다림이다. 기다림은 최상의 지혜이다. 기다림은 낭비가 아니다. 과실은 기다림을 통해 맛을 더해 간다. 침묵은 지혜다. 침묵할 때 마음은 고요해진다. 침묵할 때 마음은 맑아진다. 침묵할 때 마음은 깊어진다. 침묵할 때 마음은 부드러워진다. 침묵할 때 마음은 따뜻해진다. 그러므로 더 많이 침묵하라.'(강준민 목사의 글에서 인용함)

신앙생활을 하면서 가장 풀기 어려운 문제가 하나님의 침묵이다. "하나님! 왜 저의 고통을 돌아보시지 않습니까? 저의 다급한 문제를 충분히 해결할 수 있는 능력을 가지셨으면서 왜 그렇게 침묵하십니까?" 기도를 하여도 응답이 없을 때 답답한 마음에 '하나님이 주무시는 것은 아닐까?'라는 섣부른 생각을 하기도 한다.

기도를 부담으로 생각하는 것은 아무 대답도 없는 상대를 향해서 무릎을 꿇고 오랫동안 시간을 보내야 하기 때문이다. 응답도 "예스, 노, 기다려라"의 셋 중 하나이기 때문이다. 하나님이 침묵하시는 데는 나름대로 이유가 있다. 다만 우리의 짧은 생각이 하나님의 생각을 좇아가지 못할 뿐이다. 하나님의 침묵 속에는 우리가 헤아릴 수 없는 깊은 뜻이 숨겨있다.

하나님이 침묵하시는 것처럼 느껴질 때 우리가 생각해야 할 것이 있다. 하나님이 행동하시는 시기가 따로 있다는 사실이다. 하나님은 어떤 일을 하기에 적절한 시기를 기다리신다. 그 '기다림의 시간'이 우리에게 지루하게 느껴지는 것이다. 그러나 우리의 형편을 가장 잘 알고 계시는 하나님은 가장 적절한 시기를 고르신다. '침묵의 시기'가 지나면 하나님이 행동하실 때가 반드시 온다.

나를 온전히 들여다보는 침묵

침묵은 자기를 들여다보는 시간이다. '나를 향한 하나님의 뜻은 무엇인가?' '내가 해야 할 일은 무엇인가?' 이것은 자기 성찰(省察)이다. 자기 성찰 없이는 삶의 가치를 발견할 수 없다. 침묵은 자기를 발견하게 한다. 침묵은 온전히 자기를 돌아보는 시간이다. 먼저 나를 돌아보지 않고는 하나님을 알 수 없다.

하루 쯤 방문을 걸어 잠그고, 전화기를 꺼놓고, 촛불을 밝혀놓고 거울 앞에 앉아보아라. 제 몸을 태우며 점점 녹아들어가는 초를 바라보면 무슨 생각이 드는지, 초는 왜 자신을 녹이며 어둠을 밝히는지, 왜 하나님은 나를 이 교회에 보내셨는지, 나를 향한 하나님의 뜻은 무엇인지, 내가 어떻게 살아야 하나님이 기뻐하실 것인지 자문해 보아라. 정확한 답을 얻기 전에는 방에서 나오지 말라. 목사가 자신을 발견하지 못하면 목사 짓을 제대로 못한다.

침묵은 새로운 언어를 준비하는 시간

목사는 언어 제조사다. 목사는 말을 만드는 사람이다. 목사의 머리는 말을 생각해내는 유원지이다. 목사의 가슴은 하고픈 말들의 보관창고다. 말을 가장 많이 하는 사람이 목사고, 말을 가장 조심해야 할 사람이 목사다. 목사는 자신의 말을 하는 사람이 아니라, 하나님의 말씀을 전하는 사람이다. 좀 더 정확하게 표현하면 목사는 하나님의 말씀을 재생해내는 연금술사라고 할 수 있다.

침묵은 '영원' 에 잇대어 있다. 거기에 하나님이 계신다. 하나님을 만나려거든 침묵하라. "그러므로 함께 하늘의 부르심을 받은 거룩한 형제들아 우리의 믿는 도리의 사도이시며 대제사장이신 예수를 깊이 생각하라"(히 3:1) 목사는 하늘의 부르심을 받은 거룩한 형제다. 그러므로 목사는 "믿는 도리의 사도이시며 대제사장이신 예수를 깊이 생각"해야 한다.

예수님을 깊이 생각하는 것이 침묵이다. 침묵 속에서 예수님을 깊이 생각하면 주님은 새로운 언어, 새로운 말씀을 주신다. 단 하루만이라도 침묵으로 살아보라. 새로운 말씀을 깨닫고 목사인 당신의 설교가 달라질 것이다. 침묵은 새로운 언어를 준비하는 시간이다.

"소리쳐 외치지 않아도 세상이 나를 주목하게 하는 힘, 뜨거운 침묵(Passionate Silence) 은 아무런 소리를 내지 않으면서도 가장 큰 울림으로 말하는 것이다. 간절할수록 천천히 하라. 설익은 말은 자칫 나를 망치는 합창이 되지만, 뜨거운 침묵은 결정적인 순간 엄청난 폭발력을 지닌 함성이 될 것이다."(백지연『뜨거운 침묵』표지에서)

– 나는 주기적으로 침묵하는 훈련을 하고 사는가? 그렇게 못하는 이유는 무엇인가?

좋은 영적 자녀를 두라

Bucket List **#027**

사도 바울은 디도와 디모데를 영적 자녀로 두었다. 제자이며 동역자로 삼았다. 바울이 갈 수 없는 지역의 목회를 위임하였다. 바울은 디모데와 디도에게 목회를 위한 지침을 주었는데, 그것이 곧 목회서신이라 불리는 디모데서와 디도서다. 우리는 바울에게 디모데와 디도라는 영적 자녀가 있었다는 사실에 주목해 보아야 한다.

'상도'라는 연속극에서 "장사는 돈을 버는 것이 아니라 사람을 남기는 것"이라는 말이 화제가 된 적이 있다. 목회자들에게 있어서 보람이라면 무엇일까? 다양한 보람이 있겠지만, 사람을 세우는 보람이 가장 클 것이다. 목회는 사람을 구원하고, 사람을 세우는 것이 본질이기 때문이다. 부흥도 성장도 사람이 모여야 가능하고, 사람을 적절하게 세워야 가능하다.

1970년경 목포 측후동교회에 진영섭 목사님이 부임했다. 30대 초반이었지만 고등학생들에게 영어성경을 가르치고, 성령을 체험하게 하였다. 당시 고등학생들이 거의 목회자가 되었는데 어림잡아 60여 명이 넘었다고 한다.

젊은이들을 다음 세대의 지도자로 세우고, 영적 아들로 삼고, 목회자와 사역자로 세워지는 것이 하나님의 은혜에 따른 것임이 분명하지만 어떤 목회자에게서 유난히 많은 지도자가 배출되는 것을 본다. 그 이유가 무엇인가? 젊은이들에게 특별한 영향을 끼쳤기 때문이다. 자신이 목회하는 교회의 젊은이들이 목회자가 되어 다양한 사역을 펼치면서 한국 교회의 발전을 꾀하는 것은 목회자에게 큰 보람이 된다.

한 사람에게 관심을 가져라

청소년들에게 목회자의 열정적인 모습은 자신의 진로를 결정하는 데 영향을 끼친다. 때로는 담임 목사님처럼 멋진 목사가 되겠다고 말하는 경우도 있다. 열정과 인격을 보고 존경의 마음을 갖고 있기 때문이다. 이렇게 목회자는 청소년들에게 삶의 모델이며, 인생의 모델이 된다.

만약 당신의 목회에서 당신을 보고 목회자가 되겠다고 결정한 청소년이 있다면 어떻게 하겠는가? 단순히 즐거워만 하겠는가? 칭찬하는 것으로만 그치겠는가? 그럴 때는 그의 사고방식, 신앙생활, 학습과 생활태도 등에 대해 관심을 가져야 한다. 그리고 필요한 안내와 지도를 아끼지 말아야 한다. 때로는 개인적으로 대화하고 멘토의 역할을 할 수도 있다.

그들이 목회자의 영적 아들이 될 수 있다. 목사는 이런 젊은이를 영적 자녀로 품어야 한다. 하나님이 우리를 사랑하시고 자녀로 삼으셨다. 자녀로 입양하셨다. 이처럼 목사는 한 사람을 사랑하고 지도하되 자녀로서 사랑하는 마음을 가져야 한다. 그들에게 목회의 보람과 아픔과 애환과 기쁨을 전수할 수 있다.

한 사람에 대해 관심을 갖고 지속적으로 대화를 하다 보면 목사의 사고방식과 가치관이 젊은이에게 전수된다. 젊은이는 목사의 사고방식뿐만 아니라 가치관도 본받을 수 있다. 목사가 누군가를 영적 자녀로 품었다면 그에게 무엇을 가르치고 계승시켜야 할지를 고민해야 한다. 목회자로서 가치관을 잘못 전수하면 다음 세대의 목회자를 바르게 세우지 못한다. 가치관을 바르게 세워주는 일이 곧 영적 아들의 길을 열어주는 일이다.

가치를 세워주고 키워주는 스승 같은 목회자

가치관을 세워주는 일을 좀 더 자세히 풀어본다면 목회를 하는 목적, 하나님으로부터 받은 소명, 하나님을 향한 자세와 태도, 교회를 향한 마음가짐, 성도들을 대하는 몸가짐, 개인적인 삶의 방향, 사회와 불신자를 향한 사명감 그리고 역사를 향한 책임감 등을 포괄하여 세부적으로 안내하는 일이다. 가치의 영역은 이처럼 다양한 영역을 포괄한다.

목사는 자신의 영적 자녀에게 이러한 각각의 영역들에 대하여 자세한 대화를 나눌 수 있어야 한다. 영적 자녀가 신학교에 입학하여 이런 내용을 학습할 수 있겠지만, 학문의 길과 삶의 길이 완전히 일치되지만은 않는다.

학문이 인격과 소양을 다듬는 데 일정 부분 역할을 하겠지만 그것을 온전하게 세우는 것은 영적인 부모의 몫이다. 물론 성령의 감동하심과 깨달음이 필연적으로 따라야 한다. 그러므로 영적 부모된 목회자는 영적 자녀된 젊은이에게 성령의 감동과 깨달음을 말할 수 있고, 그것을 구해야 하며 그것을 일깨워주어야 한다.

목사는 가치의 다양한 영역에서의 핵심적인 깨달음, 즉 영적 가치를 조언하는 역할을 해 주어야 한다. 예를 들어 목회자가 되기를 원하는 영적 자녀된 젊은이들에게 목회의 목적이 무엇인지 질문하면 다양한 대답이 나올 것이다. 그럴 경우에는 마음껏 대답할 수 있도록 허락하고 그 대답들을 스스로 더 깊이 바르게 생각할 수 있도록 조언해 주어야 한다.

'하나님을 향한 자세와 태도는 무엇인가? 성도를 향한 몸가짐은 어때야 하는가? 교회를 향한 마음가짐의 내용은 무엇인가? 개인적인 삶의 습관은 어때야 하는가? 목회자로서의 사명은 무엇인가? 역사와 사회를 향한 어떤 책임을 가져야 하는가?' 등의 다양한 질문을 할 수 있다. 이런 질문들로 영적 자녀의 생각을 깨우고 스스로 정리하는 기회를 주어야 한다.

영적인 아버지가 된 목회자가 자신의 생각을 알려줄 수도 있지만 변화하는 사회와 목회환경에 적응하도록 준비시키려면 질문을 통해 생각을 깨우고 정리하게 하는 것이 더 바람직하다.

목사의 자녀가 목회자가 되겠다는 꿈을 품었을 때는 두말할 나위 없이 육신의 자녀가 영적 자녀가 된다. 만약 자신의 자녀가 목사가 안 된다 할지라도 영적 자녀를 두고 그의 영적 삶과 목회를 응원할 수 있다. 혹은 해외 선교사나 평신도 선교사를 영적 자녀로 삼고 응원할 수도 있다. 영적인 자녀를 두되, 좋은 자녀를 두려면 목사 자신의 삶으로 보여주는 것이 매우 중요하다.

목사는 영적 자녀와 함께 정기적이고 지속적으로 대화하되 깊이를 가진 대화, 가치를 세우는 대화를 하여야 한다. 다음 세대를 품고 세워주되, 한 사람 또 한 사람에게 관심을 가져야 한다. 각각의 은사와 재능이 다르고 목회적 관심과 사역의 방향이 다를 것이기 때문이다. 한 사람을 개별적으로 품고 지속적으로 대화하며 그들을 위한 응원이 좋은 자녀를 두는 방법이다. 그 자녀가 당신의 목회에서 평생의 보람으로 남게 될 것이다.

– 나에게 그런 영적 자녀가 있는가?

제 4 편

교회와 기쁨을 나누는 목사

자신의 목회철학을 확실히 세워라

Bucket List **#028**

성경에도 없는 '목회철학'이라는 말이 한국 교회에 등장한 것은 목회자 청빙 과정에서 생긴 말이다. 목회를 목사가 하는 것이라면 목회철학이 있을 수 있지만, 엄밀히 말해서 목회는 하나님이 하시는 것이다. 목사는 하나님의 구원 사역에 일꾼으로 부름을 받은 것이다. 그래서 목회지침서는 오직 하나, 하나님의 말씀뿐이다. 목사는 자신을 일꾼으로 부른 주인의 말씀대로 맡겨진 영혼들을 젖과 꿀이 흐르는 푸른 초장과 쉴만한 물가로 인도하면 된다.

교회가 새로운 목회자를 세울 때 청빙과정을 거치게 된다. 청빙하려는 교회 교인들과 그 교회에 지원하는 목회자는 모두 하나님의 인도를 확인하려고 복잡하고 까다로운 청빙 과정을 거친다. 목사는 청빙 과정을 통해 하나님의 인도를 확인하는 것이 최우선이 되어야 한다. 그런 다음 자신이 감당할 수 있는 교회인지를 구체적으로 점검해야 한다.

목회철학과 목회방침은 다르다

목회철학은 종종 목회방침과 혼동되어 사용되어질 때가 많다. 목회철학과 방침은 같은 점이 있으면서도 근본적으로 다르기 때문이다. 목회방침이라고 말할 때는 목회자와 교회의 현실적 형편과 상황이 많이 고려된다. 그래서 목회방침에는 교인들의 의견이 존중되기도 하고 실제로 그 의견을 수렴해야 할 경우도 있다. 하지만 이런 경우에도 목사 자신의 소신과 계획 등이 맞물려서 나타나는 경우가 많다. 그 이유는 목회방침이라고 말은 하지만 그 속에는 목사 자신의 목회철학이 있기 때문이다.

목회방침이 목사의 목회철학을 바탕으로 나타난 것이라면, 그 목회방침은 바로 목회철학이 된다. 목회철학은 목사가 교회의 상황이나 현실적 필요와 상관없이 기본적으로 갖고 있는 사고와 관점, 세계관이다. 사도 바울의 목회철학을 디모데전서 1장 12-17절에서 어느 정도 확인할 수 있다.

바울은 자신이 누구인지, 자신의 직분이 무엇인지 분명히 인식하고 있었다. 바울은 "나를 능하게 하신 그리스도 예수 우리 주께 내가 감사함은 나를 충성되이 여겨 내게 직분을 맡기심"(딤전 1:12)이라고 말한다. 바울은 자신의 목회철학을 바탕으로 디모데전후서에서 젊은 목회자인 디모데에게 교훈하고 있다.

교회의 필요와 상황에 따른 목회방침과 목회철학이 갈등을 일으키고 부딪칠 때 목사는 행복하게 목회할 수 없고 교인들은 갈등하며 고통의 늪에 빠지게 된다. 청빙 과정에서 목사가 자신의 목회철학을 분명히 점검하지 않으면 그것은 행복한 목회를 할 수 없는 이유가 된다. 따라서 현재 청빙하려는 교회와 목사 사이에서 목사는 자신이 감당할 수 있는 교회인지, 정말 기쁨으로 목회할 수 있는 교회인지, 자신의 목회철학을 점검함으로 확인해야 한다.

목사님, 우리 교회와 잘 맞나요?

청빙 과정에서 목사가 자신의 목회철학과 청빙하려는 교회와 조화를 이룰 수 있는지는 그 교회의 형편을 분명히 알아야 확인할 수 있다. 목사는 청빙 교회의 역사와 현재의 상황 및 미래 비전에 대하여 분명히 알고 있어야 한다. 자료가 필요하면 교회에 요청해야 하고 교회는 모든 정보를 정직하게 청빙 공고에 지원한 목사에게 공개해야 한다. 그러나 현실은 그렇지 않다. 지원자에게는 엄청난 것들을 요구하면서 정확한 정보를 주지 않는다. 어느새 교회에 까지 갑질현상이 나타났기 때문이다.

교회의 특성에 따라 청빙하려는 교회의 교인들은 자신들에게 적절한 목회자를 선택하려고 노력하는 것처럼 목사는 자신의 목회철학과 얼마나 부합하는 교회인지를 확인해야 한다. 청빙하려는 교회에서 교인들은 목사의 목회철학을 파악하기 위하여 과거 경력과 교육 및 목회 활동 등을 점검하려고 한다. 하지만 이것은 어느 정도 한계가 있다. 한 목사의 목회철학은 제한된 시간에 다 파악할 수 없기 때문이다.

목사 역시 자신의 목회철학을 점검하고 정말 행복하고 기쁘게 목회할 수 있는 교회인지를 확인하는 것은 매우 중요한 역할이다. 목회철학이 없는 목사는 세상에서 힘을 과시하는 신자유주의와 같은 철학에 빠져서 교회 성장 운동이란 유행을 따라가며 자신의 정체성을 잃어버리기 쉽고 교인들은 눈에 보이는 것과 숫자의 허상에 방황하게 된다. 청빙 교회의 미래를 위해서도 목사의 목회철학은 반드시 확인되어야 한다. 자신의 목회철학을 갖고 감당할 수 있는 교회인지 확인될 때 목사는 하나님의 인도하심과 함께 확신을 갖고 하나님의 부르심에 기꺼이 응답할 수 있을 것이다.

목회철학의 정립

목회철학이 무엇인가? 목회를 바라보는 관점, 교회를 바라보는 관점, 성도를 바라보는 관점, 사역을 바라보는 관점의 종합이다. 그리고 생각과 감정과 실천의 기준이다. 목회철학을 확실하게 세운 목사는 환경에 쉽게 휩쓸리지 않는다. 기쁜 일이 있다 해서 우쭐대지 않으며 억울한 일이 있어도 감정적으로 격분하지 않는다. 물론 이런 목사는 없을 것이다. 그런데 목회현장에서 우쭐대거나 감정적 격분이 나타나지 않는다는 보장이 없다.

문제는 목회철학의 명확한 기준이 존재하지 않는다는 것이다. 보편적이고, 상식적으로 통용되는 목회철학은 존재하겠지만 그것만으로 목회가 풍성해질 수는 없다. 예를 들어, 돈에 깨끗하고 이성 관계에서 순결하며 행복한 가족을 이루며 성도들을 사랑해야 한다는 목회철학을 가졌다고 하자. 그것은 어떤 목사든지 갖고 있는 추상적이고 일반적인 목회철학이다.

목사는 풍성한 목회철학을 가지고 있어야 한다. 목회에 대한 자신감, 믿음에 대한 확신, 사역에서의 목표를 성취하는 것, 성도들로부터 자연스러운 존경심을 받는 것, 목사로서의 영적 권위를 인정받는 것 등의 여러 요소들이 어우러진 것이다. 그것은 질적인 것이다. 풍성함이란 영성, 감성, 성품, 사역에서 나타나는 기쁨이라 할 수 있다. 양적인 성장이나, 넉넉함은 풍성한 목회에서 자연스럽게 따라오는 결과일 뿐이다. 그 결과가 풍성함을 추측하게 할 수는 있지만, 풍성함 자체라고 말할 수는 없다.

목회철학의 성격과 사례

목회철학은 한 가지 영역뿐만 아니라 여러 가지 영역에 걸쳐서 세워져 있어야 한다. 예를 들어 가정생활의 영역, 자기 개발과 경건의 영역, 성도들과의 관계 영역, 동료 목회자들과의 관계 영역, 사역의 영역, 내적 확신의 영역, 사회적 책임의 영역, 재정 관리의 영역 등이다.

어떤 이는 철학과 행동을 혼돈하기도 한다. 철학은 구체적이고 세부적이지만 추상적이며 포괄성을 담고 있다. 반면, 행동은 실제적이다. 예를 들어 목사 개인 학습과 자기 개발에 관한 철학과 행동의 차이가 있다. "평생 학습하는 자세를 유지한다."는 표현이라면 그것은 사역철학이다. "일주일에 한 권씩 책을 읽는다."는 생각을 갖고 있다면 그것은 개인 학습 영역의 철학과 관련된 목표와 행동이다. 목회철학을 확실하게 세웠다면 그와 관련된 목표와 행동들이 따라 온다. 내적인 철학에 외적인 행동이 있고, 둘 사이의 일관성이 생겨난다. 말과 행동이 일치되는 경향이 생겨난다.

목회철학을 갖춘다면 그것을 글로 기록해 두어야 한다. 생각 속에 있는 철학보다는 글로 표현된 철학이 훨씬 더 구체적이 된다. 기록된 것은 확인이 쉽다. 교정도 가능하다. 목사 자신의 삶과 언행이 목회철학과 벗어나 있다면 다시 설정할 수도 있다. 교회와 성도들의 시대적인 변화에 따라 바뀌는 것은 전적으로 목사의 몫이다. 목사는 가끔 자신의 사역 철학에 관한 개인적인 통찰의 시간이 있어야 하고, 그 시간에 글로 쓰는 과정을 거쳐야 한다. 혼자서 쉽지 않다면 여러 목회자가 모여서 공동 워크숍을 가질 수 있고, 서로 피드백을 해 줄 수 있다.

목회철학의 예를 각 영역별로 한 가지씩 들어보자. 여기에 예를 든 사역철학은 개인마다 다를 수 있으므로 옳고 그름을 판단하지 않기로 한다.

- 가정생활의 영역이라면, “자녀에게 부드러움의 기반 위에서 엄격함을 갖는다.”라고 할 수 있다.
- 자기 개발과 경건의 영역이라면, 앞에서 말한 “평생 학습하는 자세를 유지한다.” 혹은, “정기적인 개인 경건의 시간이 영적으로 건강하게 한다.”라고 예를 들 수 있다.
- 성도들과의 관계 영역이라면, “우선 경청한다.”를 예로 들 수 있다. 동료 목회자들과의 관계영역에서는 “할 수 있는 한 이해하라. 그럴 수밖에 없는 상황을 인정하라.”고 할 수 있다.
- 사역의 영역에서는, “가능한 대로 구체성을 띠면 실수를 방지할 수 있다.” 라고 할 수 있다.
- 내적 확신의 영역이라면, “성경이 분명한 것처럼 분명하라. 더도 말고 덜하지도 말고, 다른 것으로도 말고...”라 할 수 있다.
- 사회적 책임의 영역이라면, “억울한 사람의 친구가 되라.”고 할 수 있다.
- 재정 관리의 영역이라면, “부채로 생활의 부담을 갖지 말자.”라고 할 수 있다.

여기 한 목사가 작성한 목회철학의 요약을 소개한다.

① 오직성경과 언약의 통일성
② 이중예정과 제한속죄
③ 유한이 무한을 받지 못한다(finita non recipiunt infinita)

④ 교회의 정치적 권위는 개인에게 있지 않고, 교회 자체에 있다.

⑤ 세속정치에 대한 교회의 독립

⑥ 율법주의와 반율법주의를 거절하며, 율법의 제3사용을 확립한다.

⑦ 바른설교, 바른교육, 바른목회

심방과 위로: 설교와 성경공부를 통해 받은 하나님의 말씀이 성도의 삶에 적용될 수 있도록 목회적인 방법으로 돕는다.

⑧ 이 외에 성도들의 필요를 돌아보고, 함께 의논하며 하나님의 교회를 세우는 일에 정진한다.

목사여, 만약에 목회 사역에서 기쁨이 없다면 자신의 목회철학을 재정립하라. 그리고 목회철학에 따라 사역의 모습을 정하고 실천하라. 비록 사역의 열매가 빨리 나타나지 않는다 할지라도 사역 자체가 즐거울 것이다.

자신의 목회철학을 확실히 세워라. 그 철학이 목회의 생명력을 유지할 것이다. 반드시 개인적인 시간을 정해서 사역철학을 정리하는 시간을 가져라. 확실하게 세워졌는지 점검하라. 지속적으로 목회철학을 점검하고 보완하는 시간을 가져라. 목회철학을 확인하고 그에 맞는 사역을 펼치고 있는지를 점검하라.

– 나의 목회철학은 무엇인가? 구체적으로 적어 보자

나만의 목회 브랜드를 갖추라

Bucket List **#029**

필자는 독일 유학을 마치고 귀국하자마자 '한국교회정보센타(www.kcdc.net)'를 만들었다. 세계 최초로 컴퓨터를 목회에 적용하여 목회자들에게 필요한 영적인 부싯돌 같은 정보를 나누기 위해서였다. PC 통신이 생기기 전부터 컴퓨터를 활용한 네트워크에 관심을 갖고 있었고, PC 통신이 생길 때부터 목회자료와 정보를 공유하게 만들었다. 컴퓨터에 관심을 가진 목회자라면 컴퓨터를 처음 시작할 당시부터 한국교회정보센타를 모르는 이들이 거의 없었다고 해도 과언이 아니다.

그 덕분에 대부분의 목회자들이 필자를 만나면 새로운 목회 정보와 신선한 아이디어를 접할 수 있었다고 감사의 말을 한다. 필자는 오직 "목사가 변하면 교회가 변하고 교회가 변해야 세상이 변한다"는 것을 염두에 두고 목회자들을 돕는 일을 우선순위에 두었다. 6월 5일을 "목회자의 날"로 정하고, 이를 기념하는 목회자 세미나를 계속하고 있다. 그렇게 해서 필자에게는 컴퓨터 활용과 새로운 목회정보, 복음적인 설교와 예배, 감동적인 송구영신 예배 등과 같은 아이디어 제공이라는 브랜드, 즉 "김항안 목사 목회정보"가 생기게 되었다.

다른 목회자 혹은 성도들이 내 이름을 들을 때 떠오르는 이미지가 있을 것이다. 그 이미지 중에서 내 성격이나 지식도 있겠지만 나의 사역 방향도 떠오를 것이다. 나에 관하여 한 마디로 떠올리게 되는 것을 우리는 브랜드라고 한다. 누구나 브랜드를 갖추고 있다. 어떤 목사님에게는 기도, 어떤 목사님에게는 제자훈련, 어떤 목사님에게는 부흥회, 어떤 목사님에게는 심방, 어떤 목사님에게는 음악, 어떤 목사님은 행정, 어떤 목사님에게는 교육, 어떤 목사님에게는 유머 등의 이미지를 떠올릴 수 있다.

목사는 본인이 원하는 것과 관련 없이 상당 기간 목회 중에서 자신의 브랜드가 확립되어 간다. 다만 그 브랜드가 긍정적이고 나를 잘 설명하며 나의 사명을 반영한 것인가의 문제가 남을 뿐이다. 이왕이면 예수님이 원하는 브랜드, 성도들에게 긍정적 이미지를 떠올리게 하는 브랜드이면 더 좋을 것이다.

왜 브랜드가 필요한가? 브랜드는 무형의 가치다. 무형의 가치가 축적되면, 자연스럽게 일이 되는 경우가 있다. 사실 '브랜드'하면 세속적인 가치로 착각할 수 있다. 그러나 목사가 사는 곳도 결국은 세상이다. 그 세상에서 목사는 자신의 브랜드를 세워야 한다. 목사 개인이 브랜드를 갖고 있다면 그것이 퍼스널 브랜드이다. 브랜드를 이해하지 못하는 분들 중에는 그것이 목사 개인의 명예를 추구하는 것이라 착각할 수 있다. 만약 그렇다면 목사에게 세속적인 브랜드가 새겨지게 된다.

목사가 예수님의 사람, 기도하는 목사라면 교회와 성도들은 특정 목사를 떠올릴 때 예수님과 기도를 생각하게 될 것이다. 이 경우 목사는 예수님의 사람, 기도하는 목사라는 브랜드가 형성된다. 성경적이고도 바른 브랜드가 세워지는 것이다.

목사의 개인 브랜드는 당사자만이 가진 독특한 지혜와 통찰을 포함한다. 특정 분야에 깊은 지식과 다양한 경험을 갖고 있으며 어려운 문제가 발생하여도 해결할 수 있는 능력을 갖춘다. 이것을 창의성이라 할 수 있다. 목사의 개인 브랜드는 목회에 있어서 창의성을 포함한다. 주변의 목사와 후배 목사들이 특정 분야에서 브랜드를 가진 목사를 찾게 되며, 자문을 구할 수 있다. 목사의 브랜드는 명예와 권위를 위한 것이 아니라 오직 교회와 성도들을 위한 선한 영향력으로서의 브랜드가 되어야 한다.

어떻게 브랜드를 세울 수 있는가?

정보화 사회, 다양화 사회에서 개인의 생존뿐만 아니라 영향력 발휘를 위해서는 브랜드를 세우는 것이 반드시 필요하다. 그러면 어떤 방법으로 브랜드를 세울 수 있는가? 목회는 세속적인 직업과는 다르다. 목회자의 자기 개발은 직장인의 경력 개발과는 목적이나 방법론에서 많이 다르다. 목회자는 어떤 방법으로 브랜드를 개발해야 하는가?

첫째. 자신의 목회적 가치를 정하는 것이다.

목사에게서 목회적 가치는 두말할 나위 없이 예수님이고 교회이며 말씀이다. 남들이 다 사용하는 단어를 사용하지 않고 자신만의 특정한 표현들을 만들어보라. 예수님을 가장 잘 표현할 수 있는 목사, 성령의 사역에 민감한 사역자, 교회의 아름다움과 매력을 연구하는 목사 등으로 가치를 정하는 것이다. 교회의 브랜드를 정할 수도 있다. 대부분 교회의 표어가 브랜드일 수 있다. 표어를 정할 때 일 년의 표어가 아닌 10년의 표어, 혹은 영구적인 표어를 정할 수 있다. 그 표어들이 교회의 브랜드로 각인될 수 있을 것이다.

둘째. 자신의 사역을 가장 잘 표현할 수 있는 표현들을 정할 수 있다.

목사가 세운 독특한 목회 아이디어를 구체적으로 확장하여 사역의 리스트로 만들면 된다. 예수님을 가장 잘 표현할 수 있는 목사라면 예수님의 인격에 감동한 목사, 예수님의 사역을 따르는 목사, 예수님과의 관계성을 재밌게 설명하는 목사, 우리를 향한 예수님의 은혜를 풍성하게 드러내는 목사가 되는 것이다.

셋째, 자신의 사역을 평가해보고 일관성을 갖추는 것이다.

내가 예수님을 연구하고 설교할 때, 가르칠 때, 전도할 때 그리고 기도할 때 예수님을 얼마나 드러내고 있는지를 점검해야 한다. 그리고 내가 겉으로만 드러내는지 내 안에 예수님과의 진실한 관계성의 토대 위에서 예수님을 드러내는지를 점검해야 한다. 나의 명예가 높아짐을 위한 브랜드라면 그것은 세속적인 것이다. 나를 사랑하시는 예수님을 높이는 브랜드여야 할 것이다. 그것도 일이년이 아니라 평생의 목회에서 일괄적으로 적용해야 한다.

나만의 목회 브랜드 발전

브랜드를 세우되 중요한 것은 자신의 브랜드를 지속적으로 발전시키는 것이다. 예수님을 가장 잘 표현하고 싶다면 단순히 개인적이고 목회적인 차원에서 초월하여 더 넓은 영역으로 발전시킬 수 있다. 예를 들어, 예수님과 사회의 관계, 예수님과 소외계층과의 관계, 예수님과 생태계의 관계에까지 확장할 수 있다. 이미 성경에 이러한 통찰이 하나님의 계시로 주어져 있다. 하나님이 한 분야의 전문가를 그 분야에만 머물게 두시지 않는다. 하나님이 자신에게 주신 소명을 브랜드로 만들게 된다면 하나님은 그의 소명을 더 확장시키실 것이다.

사실 필자는 모든 인간, 모든 목회자가 각각의 브랜드를 갖고 있다고 생각한다. 다만 그 브랜드를 인식하고 차원 높게 하며 확실하게 인식하느냐의 차이가 있을 뿐이다. 브랜드를 세속적인 것처럼 거부하지 말라. 하나님이 주신 지혜와 목회직의 사명을 사용하되 세속적인 단어들 중에서 목회자를 발전시키고 하나님의 영광을 위한 활용이라면 긍정적으로 검토해 보자. 어차피 우리는 인간언어의 체계 속에서 살아가고 있으므로 언어의 효과적 활용은 목회를 풍성하게 하고, 하나님께 영광을 돌리게 되기 때문이다.

목회자여, 브랜드를 갖추어라.

- 내가 내세울 수 있는 나의 목회 브랜드는 무엇인가?

목회 동역자와 함께 성장하라

Bucket List **#030**

사도 바울은 늘 동역자와 함께하는 사역을 했다. 수리안 안디옥에서는 바나바와 함께 일하면서 큰 무리를 가르쳤다. 제1차 전도여행은 바나바와 함께 했다. 제2차 전도여행 때는 실라와 함께하였다. 고린도에서는 아굴라와 브리스길라 부부와 함께하였다. 예루살렘으로 갔다가 로마까지 압송될 때는 누가와 동행하였다. 바울의 사역에는 늘 동역자들이 곁에 있었다. 바울은 로마서 16장에서 동역자들에게 일일이 이름을 들면서 인사를 하고 그들을 칭찬하고 사역을 지속하도록 부탁하였다.

인간은 사회적 동물이라는 말이 있듯이 사람은 다른 사람과 함께한다. 목사 역시 혼자서 모든 것을 다 할 수 없다. 목회를 돕는 동역자가 필요하다. 목회의 동역자는 여러 종류가 있다. 배우자도 목회의 동역자다. 교회의 성도들이 목회의 동역자다. 목회를 돕는 부교역자나 사무직원도 동역자다. 나와 비슷한 목회 사역을 하는 목사도 동역자라 할 수 있다. 교단이나 소속이 동일한 동역자들도 있다. 어떤 동역자든지 모두 소중하고 소홀히 할 수 없다.

목사는 동역자와 함께 성장할 때 더 큰 성장을 이룰 수 있다. 이 성장은 교회의 양적인 성장일 수도 있고, 목회자의 인격과 역량의 성장일 수 있다. 동역자와 함께 성장하면 훨씬 더 아름답고 멋진 성장을 이룰 수 있다.

동역자와 함께 성장하려면 우선 목회의 가치를 공유해야 한다. 교회의 가치, 목회의 가치, 동역의 가치 그리고 동역의 원칙 등에 관하여 허심탄회한 대화를 나누어야 한다. 목회자로서 이러한 대화를 동역자들과 함께할 수 있는 담대함과 시간과 대화의 기술을 가져야 한다. 단 한 번의 대화로 목회의 가치를 공유하기는 어렵다. 그러므로 정기적이고 지속적으로 목회의 가치를 공유하는 시간을 만드는 것은 목사의 몫이다.

한 영역의 동역자와만 목회의 가치를 공유하는 것을 넘어서 다양한 영역의 동역자와 가치를 공유하는 기회를 가져야 한다. 그리고 목회자는 다양한 영역의 동역자들과 공유하는 가치를 맥락화하고, 핵심가치를 정할 수 있어야 한다. 핵심가치는 동역자들과 합의가 이루어져야 한다. 합의가 이루어지면 목회적 가치가 진정으로 공유되었다 할 수 있다.

목사는 동역자들과 가치를 공유하기 위해 경청할 수 있어야 한다. 자신의 목회적 가치만을 일방적으로 설명하는 것이 아니라 동역자들의 생각을 묻고 그들의 생각이 어떤지를 주의 깊게 들을 수 있어야 한다.

동역자들의 생각을 들어보아야 목회적 가치를 공유하는지를 확인할 수 있다. 사실 동역자라 할지라도 개성이나 개인적 가치는 다를 수 있다. 그렇다 할지라도 동역자는 공유된 가치가 있어야 한다. 그래야 팀 사역이 이루어질 수 있고, 효율적이고 효과적인 동역이 가능해진다.

동역자와 함께하는 가치 리더십

목사가 동역자들과 가치를 공유한다면 그것은 가치 중심의 지도력을 행사한다고 말할 수 있다. 지도자로서 목사는 하나님 나라의 가치를 추구하는 지도력을 발휘한다. 목사는 하나님 나라 가치를 추구하는 핵심 가치를 동역자들과 공유해야 한다.

목사는 하나님 나라를 이루기 위해 하나님이 목회자와 동역자들에게 무엇을 요구하는지를 숙고하고 토의하는 시간을 동역자와 함께 가질 수 있어야 한다. 가치를 지향하는 목사라면 동역자와 이러한 시간을 가지는 것이 당연하다. 담임 목사가 동역자와 핵심가치를 공유하고, 그 가치를 더 풍성하게 갖추려면 동역자와 함께 학습하는 시간을 가져야 한다.

동역자와 함께 체계적인 학습을 하는 것도 중요하다. 목사는 먼저 학습하는 사람이어야 한다. 미래지향적인 지도자들은 모두 학습하는 사람이다. 가치를 학습하고, 가치의 갱신이나 혁신을 학습하며, 가치의 풍성함을 학습하는 사람이다. 학습하는 것이 목회자의 목회적 가치 중에 하나여야 하고, 목사가 먼저 학습의 모범을 보여야 한다. 그러면 동역자들도 자연스럽게 학습하는 분위기를 갖게 될 것이다.

신년 목회 계획을 세우거나, 특별한 프로젝트 혹은 목회의 전략과 프로그램 등을 구상할 때 수련회나 특별한 회의를 통한 가치 공유의 공간과 시간을 만들어야 한다. 프로젝트나 전략에서 역할을 나누고, 효율적인 방법을 토의하면서 목회적 가치를 확인하고 공유하기 위해서이다. 목표를 정하고 그에 다른 대안을 준비하는 시간도 필요하겠지만, 눈에 보이지 않는 영적인 목적을 확인하고 그에 대해 동의하며 함께 기도하며 동역자들 모두 내면화하는 시간이 필요하다.

동역이 주는 성장 효과

목사는 동역자의 성장에 관하여 특별한 생각을 가져야 한다. 동역자의 성장은 곧 나의 성장이고, 공동체의 성장이며, 하나님 나라의 성장이라고 인식해야 한다. 사실 하나님 나라의 성장은 사람의 성장이라 해도 과언이 아니다. 사람의 성장은 하나님 나라의 성장으로 연결되기 때문이다. 목사가 동역자를 성장하도록 배려한다면, 그의 성장과 나의 성장, 공동체의 성장 그리고 하나님 나라의 성장을 동시에 생각하는 것이다.

목사는 동역자가 성장하도록 학습의 기회를 제공하여야 한다. 동역자의 성장에 관한 책임을 갖고 지원도 해 주어야 한다.

어떤 목사들은 동역자들을 경쟁자로 생각하는 경우가 있다. 동역자와의 관계에서 상하와 우선의 서열을 무의식적으로 생각하는 경우도 있다. 그래서 동역자의 성장을 배 아파하는 경우도 더러 있다. 한때 "부목사는 담임목사보다 설교를 더 잘하면 안 된다"는 자조 섞인 이야기가 회자된 적이 있었다.

지금 시대는 목사에게도 발상의 전환을 요구하고 있다. 동역자를 경쟁자로 생각하고, 의도적인 결별을 꾀하는 것은 목회적 가치를 공유하는 일에 소홀했기 때문이다. 목회적 가치의 공유를 충실히 하면 하나님은 분명 공동체의 성장을 허락하신다고 믿어야 한다. 담임목사는 부교역자의 성장도 자신의 성장이라고 생각해야 한다. 같은 지역의 동역자도 경쟁 상대가 아니라 하나님이 주신 동역자라고 생각해야 지역 교회의 성장을 함께 이룰 수 있다.

목사는 한 교회만 책임지는 사람이 아니다. 동역자들의 성장에 관한 책임을 진다는 것은 그만큼 목회의 사고 영역과 책임감의 영역이 확장되는 것이다. 그래서 동역자들과 함께 학습하는 모임을 만들고 학습에 임할 수 있다. 기업들이 학습조직을 장려하듯이 목회자 역시 학습조직을 만들 수 있다.

목사는 동역자의 성장을 위해서도 힘을 써야 한다. 동역자들을 위한 교육과 훈련 프로그램을 만들면 된다. 단순한 성경공부나 일방적으로 자신의 목회철학을 알리는 정도가 아니라 성공 목회 사역을 감당할 수 있는 비전을 공유하게 해야 한다. 동역자의 성장이 교회의 성장이며, 하나님 나라의 성장으로 연결된다. 동역자들도 하나님의 사람들이며 하나님이 보내주신 공동 사역자이기 때문이다.

목사는 자신의 성장뿐만 아니라 배우자의 성장을 위해서도 관심을 가져야 한다. 목회자 자신은 성장하는데 배우자가 성장하지 못한다면 배우자는 상대적 열등감을 가질 수 있다. 부부가 동시에 성장할 수 있고, 목회의 다양한 상황에서 침착하게 대응할 수 있는 역량을 갖추어야 한다. 부부가 서로 성장에 관하여 격려하며, 성장의 기쁨을 공유할 수 있다. 부부의 성장이 곧 목회 성장에 지대한 영향을 끼치기 때문이다.

- 내게 가장 가까운 목회 동역자는 누구인가?

평신도 동역자와 협력목회를 하라

Bucket List **#031**

현대목회의 대세(大勢)는 협력목회다. 목사가 제왕처럼 군림하여 교회의 제반사를 혼자 하던 시대는 지났다. 과거에 목사는 교회의 왕이었다. 하나님의 권한을 대행한다는 미명 아래 '주의 사자', '주의 종'이라고 불렸다. 그리하여 목사는 교인들에게 무조건 순종을 강요했고, 교인들은 대개 목사를 순순히 따랐다. 그러나 지금은 아니다. 평신도들의 의식이 깨어나고 뒤늦게라도 칼뱅이 주장한 만인제사장설(萬人祭司長說)이 설득력을 가지게 되었다. 이는 프로테스탄티즘(protestantism)의 근간이기도 하다.

목사는 교회를 대표할지언정 주인은 아니다. 오히려 섬기는 종으로 자처하는 게 좋다. 주님도 "인자가 온 것은 섬김을 받으려 함이 아니라 도리어 섬기려 하고 자기 목숨을 많은 사람의 대속물로 주려 함이니라"(마 20:28)고 하지 않았나. 목사는 일이 많고 피곤하다고 한다. 맞다. 목사는 피곤하다. 기도하고 설교 준비로 피곤하면 얼마나 좋겠는가? 목사가 하는 일을 가만히 들여다보면 다른 일 때문에 피곤하다.

물론 목사만이 해야 할 일이 있다. 각종 예배인도, 설교, 기도, 심방, 상담, 성례는 목사가 해야 한다. 그러나 이런 것마저도 동역목회자 파트너와 평신도와 나눌 수 있다. 목사의 고유한 영역이라고 주장하지 말라. 목사 혼자만이 하려면 힘들고 피곤하다. 그런 목사는 독선적이라는 비난을 받을 수 있다.

목회를 나누라. 그러면 목회가 편해진다

이는 목사가 놀고먹으라는 것이 아니다. '베풂'과 '나눔'을 목회의 주안점으로 삼으라는 말이다. 목사가 대접을 많이 받다보니 자신도 모르는 사이에 거지근성이 생긴다. 그래서 받는 것을 당연시 하고 자신은 주려고 하지 않는다. 목사도 선물을 받으면 선물로 갚아야 하고, 식사대접을 받으면 식사대접을 해야 한다.

평신도를 교회의 중심으로 세우라

목사중심의 목회가 아니라 평신도중심의 목회를 하면 목회는 수월해지고 교회는 든든해지며 평안해진다. 목사가 기득권을 버리기는 쉽지 않다. 목회는 목사가 하는 것이 아니다. 목회는 주님이 하신다. 목사는 목회를 위임 받은 사람일 뿐이다. 거기서 머물면 교회는 침체된다. 목사가 평신도에게 목회를 위탁하면 교회는 생기발랄하게 성장할 수 있다. 결국 목회는 평신도가 하는 것이다.

평신도란 누구인가

평신도는 '하나님의 선택받은 자'를 통칭한다고 할 수 있다. 본래의 의미는 주님을 모신 선택받은 자, 혹은 성도, 제자, 믿는 자의 공동체인 전교회를 말하고 있다.

313년 콘스탄티누스 대제는 로마 가톨릭교회를 로마제국 공인 종교로 삼는 칙령을 발표하면서 교회가 부흥하기 시작했다. 이에 따라 교회의 제도화는 피할 수 없게 되었다. 따라서 성직자들과 구별되는 일반 신도들을 공식적으로 무엇이라고 부를 것인가 하는 문제가 대두되었다.

당시 카르타고의 감독이었던 키프리안이 평신도라는 말을 공식용어로 사용하기 시작하였다. 따라서 교직을 가진 자와 갖지 못한 자를 구별하는 구약의 모습을 나타내게 되었다. 결국 평신도라는 말은 마치 교회 안에 두 계급이 존재하는 것과 같이 변질 되어 이원화 되었다. 이렇게 해서 평신도는 그 본래의 의미를 상실한 채로 1,500여 년의 시간이 흘러버린 것이다.

초대교회에서는 사도들인 '성직자'와 일반교인인 '평신도'의 계급적인 구별은 강조되지 않았다. 다만 사역 면에서의 구분이 있었을 따름이다. 그후 서방교회에서는 성직자와 평신도라는 두 계급이 발전했으며 이 양자 사이는 안수라는 행위로 차별하여 구별을 두게 되었다. 이러한 안수의식을 통해서 성직자는 우월한 자리로 인식되고, 평신도는 열등한 자라는 개념으로 고착되었다.

평신도를 목회에 이끄는 리더십

목사에게는 평신도들을 목회에 이끄는 리더십이 필요하다. 평신도 중에 주님의 일을 하고 싶어 하는 자를 찾아야 한다. 사역에 동참하는 평신도들을 양육할 줄 알아야 한다. 평신도는 교회공동체가 성장하는 DNA(가장 기본적인 요소)를 가지고 있다. 평신도가 가지고 있는 DNA는 '시간'(time), '재력'(money), '기능'(skill/function)이다. 명확하게 말해서 평신도는 나름대로 여가의 시간이 있고, 풍부한 돈이 있고, 무엇이든 시키면 할 수 있는 기능을 가지고 있다.

대부분의 목회자들이 이런 평신도의 능력을 무시하고 혼자 목회를 하려고 하니 힘들고 피곤하다. 교회에 나오는 평신도들이 공동체의 가장 기본적인 요소(DNA)를 잘 나타내는 영적 활동을 할 수 있는 기회를 주는 것이 현대목회의 성공 비결이다.

목사는 교회공동체가 필요로 하는 가장 기본적인 요소(DNA)인 평신도를 방치하고 있지 않은지 살펴야 한다. 목사는 평신도의 시간과 재력과 기능을 활용할 수 있어야 한다. 목사는 어떻게 이 평신도의 기본요소(DNA)를 개발할 수 있는지 연구해야 한다. 목사의 머릿속에 지식정도나 교리수준을 넘어서 평신도들로 하여금 그들의 믿음이 행함으로 이어질 수 있도록 인도할 수 있는지 형명하게 판단하고 그들을 목회 현장으로 이끌어내야 한다.

목사의 사역과 평신도들의 사역이 조화를 이루고, 일에 대한 긴장감과 부담감을 덜 수 있도록 관리해야 한다. 평신도가 섬기는 공동체에서 어떤 구체적인 필요의 영역을 만들어주고, 필요와 상관관계에서 불협화음이 발생하지 않도록 해야 한다. 그렇게 하면 목회를 성공할 수 있다.

평신도와 협력목회를 하라

평신도목회(Lay Ministry)의 출발점은 사도 바울이 쓴 에베소서 4:11-12이다. "그가 어떤 사람은 사도로, 어떤 사람은 선지자로, 어떤 사람은 복음 전하는 자로, 어떤 사람은 목사와 교사로 삼으셨으니 이는 성도를 온전하게 하며 봉사의 일을 하게 하며 그리스도의 몸을 세우려 하심이라" 이것은 사실 평신도목회의 주요 성구이기도 하다. 평신도목회에 대한 수백 권의 책을 본다 할지라도 이 구절은 당연히 강조되고 있다.

교회공동체의 조직은 사람이 정하는 것이 아니다. 하나님께서 직분자로 임명하셨다. 그 첫 번째 선물은 사도들이다. 사도는 그리스도로부터 직접 임명을 받았다. 그들은 초자연적인 은사를 소유했다. 그들의 관할 구역은 전 세계였다. 사도는 교회를 세우는 구성체였으며, 교회를 세우는 데 필요한 은사를 가지고 있었다.

평신도 협력목회의 키포인트는 여기에 있다. 목회의 궁극적인 목표는 성도를 온전케 하는 것이다. 성도가 "하나님의 아들을 믿는 것과 아는 일에 하나가 되어 온전한 사람을 이루어 그리스도의 장성한 분량이 충만한 데까지"(엡 4:13) 이르기 위해서는 양육과 성장이 필요하다. 이 목적을 이루기 위한 도구로서 사역에 동참시켜야 한다. 나아가서 "봉사의 일을 하게" 하여야 한다. 봉사의 일을 하게 하는 궁극적인 목적은 사역을 분담시키는 것이다.

교회 사역자들의 직책은 주인이 아니라, 그리스도께서 친히 그리 하셨던 것처럼 '종'(διακονοί)이 되게 하는 것이다. 온 교인이 종으로 사역에 참여하는 것은 "그리스도의 몸을 세우려"는 것이다.

교회 공동체의 뼈에 뼈를, 힘줄에 힘줄을 붙이고, 성도의 수를 증가시키고, 각자의 신령한 생활을 발전시킴이 목회의 목표이다. 목사와 평신도가 함께 주님이 맡기셨던 중대한 사역(Ministry)의 증진이라는 명확한 목표를 가지고, "주님처럼 섬기겠습니다."라는 삶을 살 때 협력목회는 빛을 발하게 된다.

– 나는 평신도들과 함께 협력 목회를 하는 편인가? 아니라면 그 이유는?

목양실을 개방하라

Bucket List #032

목사가 지녀야 할 덕목은 많다. 그중에 하나가 소통이다. 영어로 하면 커뮤니케이션(communication)이고 대화라 할 수 있다. 소통은 목사가 자신을 진실하게 보일 수 있는 방법이다. 목사는 먼저 기도하며 하나님과 소통한다. 그리고 성도들과는 진실한 만남으로 소통한다. 목사가 성도들과 진실한 만남을 가지려면 어떻게 해야 하는가? 그것은 목양실을 개방하는 것이다. 성도들이 목양실을 부담 없이 방문할 수 있도록 목사의 마음이 열려있어야 한다.

어떤 목사는 목회자에게 신비스러움과 권위가 있어야 하며, 사생활이 보장되어야 하기에 목양실 출입을 달가워하지 않는 경우도 있다. 일부 항존직만 목양실을 제한적으로 방문하도록 허락한다. 그러나 이제는 시대가 변했다. 목양실을 개방하여도 얼마든지 신비와 권위 그리고 사생활이 보장될 수 있다. 목양실을 개방했기 때문에 생기는 문제보다는 닫았기 때문에 생긴 문제가 많다는 것을 알아야 한다.

일반적으로 목양실이라 함은 목사의 서재이고, 사무실이다. 중요한 회의를 갖는 장소이다. 그러다 보니 목양실 출입은 제한된 몇몇 에게만 암묵적으로 허락된다. 그러다 보니 목양실도 출입이 어려운 곳에 위치하는 경우가 있다. 예를 들어 부교역자 사무실이나 교회 사무실을 거쳐 목양실에 들어가야 하는 경우가 있다.

혹은 높은 곳에 자리를 잡아서 쉽게 접근하기 어려운 곳에 목양실이 자리 잡는 경우도 있다. 공간을 효율적으로 사용하기 위해 목양실의 위치를 그렇게 잡을 수도 있다. 만약 성도들과의 소통에 대한 부담감으로 목양실의 위치를 그렇게 잡았다면 조금 달리 생각해보아야 한다.

개방 사회와 함께하는 목양실

일반 기업에서도 임원실을 개방하는 경향이 생겨났다. 임원의 자리를 일반 직원과 같은 공간에 배치하고 얕은 칸막이 정도만 하고, 언제든지 직원과 대화할 수 있게 만든다. 소통의 중요성과 의사결정의 신속함이 기업경영에서 중요하다는 것을 공간 재배치를 통해 표현하는 것이다.

물론 목회와 기업경영이 동일하지는 않다. 그러나 사회적으로 권위주의가 무너지고, 리더십의 변화가 일어나는 것을 목사가 감지해야 한다. 우리 성도들이 사회의 변화를 겪고 있는데, 목사만 사회 변화를 무시한다면 성도들과의 소통이 막힐 수밖에 없다. 그것은 목회의 위기로 진전될 수도 있다.

목사가 진심으로 성도들과 소통해야 한다는 생각을 가진다면 목양실의 개방이 그리 어려운 일이 아니다. 목사가 친근함과 따뜻함을 보이고 경청하는 자세를 보인다면 목양실을 찾는 성도들이 많아질 것이다. 목양실을 개방한다 할지라도 목사의 권위와 신비스러움이 훼손되지 않는다. 목사에게 휴식과 연구의 시간이 줄어들 수 있겠지만, 목사를 신뢰하고 배려하는 분위기도 함께 형성된다면 소통과 시간보장이라는 이율배반을 동시에 만족시킬 수 있을 것이다.

목회자의 사생활 노출

목양실을 개방한다면 목회자의 사생활이 노출될 수 있다. 그렇지만 목사의 사생활이 꼭 목양실에서만 이루어지는 것은 아니다. 사택이 따로 준비되기 때문이다. 사택은 목사의 사생활 공간이다. 개척교회거나 공간이 매우 부족한 교회가 아니라면 일반 성도들이 목회자의 주택에 출입하는 것이 쉽지 않다.

과거에는 주택까지 개방되는 경우가 많았다. 그러나 현재는 주택만큼은 목회자의 사생활을 위해 보호하는 경향이 있다. 그렇다면 목사가 목양실을 개방한다는 목적이 성도들과의 소통이라면 목양실 개방이라는 주제가 결코 사생활 보호라는 명분에 가려질 수 없다.

목회자의 사생활 노출은 어쩔 수 없다. 원하든 원치 않든 목사의 사생활이 성도들에게 노출되는 것은 사실이다. 목사 스스로 사생활에 대한 깨끗함이 있다면 노출된다고 해도 아무 상관이 없다. 그리고 사생활이 목양실에서만 나타나는 것은 아니다. 목양실이라는 말 자체가 사생활이 아닌 목회를 위한 공간이기 때문이다.

목양실 개방으로 인해 개인적인 묵상과 연구 시간이 부족해진다는 변명은 통하지 않는다. 묵상을 위해 교회 본당의 강대상에서 기도할 수도 있고, 연구를 위해 지역의 도서관을 이용할 수도 있기 때문이다. 목사의 사생활과 연구와 묵상 시간은 목사 개인의 책임이다. 그리고 성도들과의 소통도 목사의 책임이다. 목양실을 개방했다 해서 사생활이 침해받는다고 말할 수 없다.

성도들은 교회의 목양실에 목사가 있는 것만 보아도 은혜가 된다고 한다. 성도가 교회에 왔다가 목양실에 있는 목사를 보는 것으로 은혜가 되는 것만큼 기쁜 일은 없다. 그렇게 하기 위해서는 밖에서 볼 수 있도록 유리로 된 칸막이도 생각해 볼 일이다. 부교역자들이 있는 사무실과 목양실이 붙어 있는 것만으로도 동역자라는 감동을 주지 않겠는가?

목양실 개방의 유익

목양실을 폐쇄하는 것과 목양실을 개방하는 것 중에서 어떤 것이 더 유익할까? 최소한 담임목사가 목양실에 거할 때만큼은 목양실을 개방하는 것이 좋다. 목양실을 개방하려면 일단 담임목사가 목양실에 있어야 한다. 담임목사는 특별한 모임이나 심방 등과 같은 외출이 없는 한 낮에는 목양실에 거하는 것이 좋다. 일단 목양실에 거한다는 것 자체가 목회자에게는 교회를 지키고 있고, 자신의 일을 성실하게 한다는 표시다.

누구에게 보이기 위한 목회가 아닌 하나님과의 성실성, 목회의 성실성이 목양실에서 시작될 수 있기 때문이다. 목양실에는 목사의 서재를 겸한다. 목양실에 방문하는 성도들은 목사의 책들을 둘러보게 된다. 특별히 젊은이들, 청소년과 어린이들의 경우에는 서재의 책만 보아도 공부에 대한 경외심을 갖는다. 열심히 공부해야 하고, 책을 읽어야겠다는 생각을 갖게 된다. 다양한 지식과 세상의 흐름에 대한 안목이 필요하다는 것을 깨닫게 된다.

목사가 목양실을 방문하는 젊은이들과 신앙과 비전에 관한 이야기, 책에 관한 이야기를 나눈다면 젊은이들의 생각 발전과 공부하는 습관 형성에 큰 도움이 될 것이다. 혹시 책을 빌려줄 수도 있을 것이다.

때로는 목양실에 노인들을 모실 수 있다. 노인들은 목사가 자기들을 배려한다고 하여 흐뭇한 표정을 갖게 되고, 목회자를 존경한다. 어쩌다 한 번 노인들이 목양실을 방문했을 때 정성스럽게 차 한 잔 대접하면서 대화한다면 노인들의 감격은 훨씬 클 것이다. 목사님으로부터 대접받는 기쁨은 노인들에게 가장 크게 나타난다. 노인들은 목사에 대한 신뢰를 갖게 되며 기도하는 마음이 더 간절해진다.

목양실 개방은 목사의 자신감에서 비롯된다. 깨끗한 사생활, 철저한 시간관리, 성도들과 소통하려는 마음, 누구든지 즐겁게 대화할 수 있는 성품, 탈권위주의적이면서도 자연스럽게 권위가 세워지는 것, 다양한 세대와의 만남 등에 대한 관심이 목양실 개방을 통해 이루어진다.

언제 누구를 만나든지, 어떤 일이 생기든지 목사는 대처할 자세를 가져야 한다. 그러한 자세는 목양실을 개방해도 얼마든지 사생활을 보호할 수 있고, 성도들과의 기쁜 대화를 가능하게 할 것이다. 목양실을 개방했다고 해서 목사에게 피해를 주는 일보다는 유익한 일이 훨씬 더 많다.

– 목양실을 개방할 수 없는 이유가 무엇인가를 성찰해 보자.

감동적인 결혼식 주례를 하라

Bucket List **#033**

인류 최초의 결혼식은 에덴동산에서 이루어졌다. 하나님의 주례로 아담과 하와는 부부가 되었다. 하나님은 인간을 고독한 존재로 혼자 있게 내버려두지 않으시고 그들이 서로 돕는 배필이 되게 해 주셨다. 인간과 인간은 서로 공존(共存 coexistence)하는 존재다. 하나님은 남자와 여자를 마주 서있는 조력자(助力者 assistant)로 만드셨다. 이게 하나님의 형상으로 지어진 인간의 본성이다.

하나님이 주례하신 결혼은 하나님의 형상으로 지어진 인간이 '하나님의 창조섭리에 따른 동체(同體)를 이룩하는 데' 있다. 이 한 몸을 이루는 공동체는 지상에서 끝나는 것이 아니고 '하늘나라' (Kingdom of God)로 이어진다. 지상에서의 가정에 매이지 않고, '더 큰 삶'(The Big Life)으로 발전된다. 하나님은 남자와 여자가 서로 합하여 하나의 공동체를 이룩하기를 원하신다. 그러므로 결혼은 '사랑' 보다 더 높은 이상적인 의미로 지상에서의 '천국'을 이루는 것이다.

동양에서도 결혼을 인륜지대사(人倫之大事)라고 한다. 인간의 생활 영역에 속한 중대한 한 사건이기 때문이다. 결혼을 통하여 인간은 하나님의 창조에 동참케 된다. 그래서 결혼식은 기쁨이 충만한 땅의 천국잔치와도 같다.

운전면허증을 따기 위해서는 운전학원을 다닌다. 일정한 교육과정을 거친다. 그리고 정해진 법에 따라 이론과 실기 시험에 합격해야 운전을 해도 좋다는 면허증을 따게 된다. 면허증을 따기 위해서 시간을 투자한다. 실습할 때는 경험과 실력을 가진 스승의 지도를 받는다. 지원자는 물질을 투자한다. 그런 투자 없이는 면허증을 획득할 수 없다.

결혼은 부부생활, 가정생활이라는 험한 길을 혼자가 아니라 부부가 함께 운전해 가는 것과 같다. 사공이 많으면 배가 바다가 아닌 산으로 간다는 말도 있다. 그것은 핸들은 하나인데 혼자가 아니라 둘이서 함께 운전하기가 쉽지 않다는 말이다. 부부생활이 그래서 어렵다. 혼자의 생각과 판단으로 가정을 이끌고 갈 수 없다. 부부는 일심동체가 되어야 탈 없이 하루하루 안전운전을 할 수 있다.

상대방의 생각이 나의 생각이 되어야 한다. 나의 경험과 앎이 너의 지식이 되어야 한다. 달랐던 생활방식이 닮은꼴이 되어야 한다. 먹는 습관이 비슷해져야 한다. 잠자는 시간과 버릇도 그렇다. 육신도 하나가 되고, 마음도 하나가 되어야 한다. 서로 성장해 온 환경과 처지가 다르다. 그러나 결혼을 앞둔 두 사람은 어떤 형식으로든지 목적이 같은 하나가 되지 않으면 행복한 가정을 만들어 갈 수 없다.

이벤트가 아닌 감동의 축제

요즘 결혼을 보면 두 사람이 함께 사는 것을 합법화시켜 주는 요식 행위이거나 결혼을 위해서 들어간 경비를 조달받는 공식화된 기부금 납부처(?!)로 오인할 수 있을 만큼 엄숙함이나 질서가 없다. 어떤 사람은 이런 요식 행위를 통하여 한 밑천 잡아보자는 불량한 마음씨를 갖기도 하는데 그런 사람들 중 일부는 결국 얼마 못 가서 그 결혼이 순탄하지 못하고 갈라선다.

그렇다고 해서 그 성대한 결혼식장에 와서 기부금을 낸 사람이 "난 당신들 둘이 함께 영원히 백년해로 하라고 준 것인데 서로 헤어졌으니 내 축의금 도로 토해 놓아라!" 이렇게 축의금 반환 청구 소송을 했다는 말도 들어본 적이 없다.

결혼을 한 후 신혼의 단꿈이 깨기도 전에 사소한 문제로 갈라서는 커플이 늘어난다는 통계를 보면서 결혼 주례를 선다는 것이 간단하지만은 않다는 것을 알게 된다. 그러나 아름다운 새 가정을 이루기 위하여 목사가 결혼 주례를 한다는 것은 먼저 하나님께 영광이요, 본인에게는 기쁨이다. 그러므로 어떤 이유로도 결혼 주례는 소홀히 할 수 없다.

결혼은 축제이면서도 성스런 예식이다. 그러므로 결혼 주례사는 일반 설교와 다르다. 설교는 하나님의 말씀을 선포하는 선지자적인 입장에서 메시지를 전하는 것이라면, 주례사는 또 다른 의미를 함축하고 있다. 주례사가 감동을 주지 못하는 것은 고리타분한 설교 형식에 따르기 때문이다.

그런 의미에서 주례사는 설교의 벽을 넘어 하나님과의 관계, 부모와의 관계, 부부간의 사랑을 실천하면서 살아갈 수 있는 방향을 구체적으로 제시해야 한다. 하나님의 말씀에 입각하여 신앙의 갱신을 위한 기회로 활용할 수도 있다. 결혼식이 말씀을 통하여 일구어낼 수 있는 전도 집회가 되어도 좋다. 결혼부흥회가 되어도 좋다. 예식에 참석하는 사람들이 말씀을 듣고 입으로 시인하고 가슴으로 뜨겁게 믿어 믿음의 결실을 맺게 하는 것이 중요하다.

보통 사람은 상상도 못하는 엄청난 돈을 사용한 결혼식은 일시적인 흥미는 돋울지 몰라도 평생 남을 수 있는 감동은 주지 못한다. 주례를 맡게 되면 신랑 신부를 초청하여 감동적인 결혼식을 기획하라. 결혼예식에서 하나님을 소외시켜서는 안 된다. 하나님의 축복이 결여된 결혼식은 행복한 가정을 이룰 수 없다. 결혼 예식이 양가와 신랑 신부 그리고 하객이 모두 감동을 받고 평생 기억할 수 있는 결혼식이 되게 하는 것은 전적으로 주례를 하는 목사의 몫이다.

신혼여행 경비의 십일조

필자는 결혼 주례를 마친 후 이제 막 꿈같은 신혼여행을 떠나는 신랑 신부를 붙잡고 이번 신혼여행 경비의 십일조를 가지고 오라는 부탁을 한다. 주례의 부탁이기 때문에 지금까지 거절하는 일은 없었다. 신혼여행에서 돌아온 신랑 신부는 어김없이 신혼여행 경비의 십일조가 든 봉투를 가지고 온다. 필자는 그때 그 돈을 신랑 신부의 손에 쥐어 주면서 이렇게 말한다.

"지금 시부모님의 연세가 ㅇㅇ 살이기 때문에 앞으로 ㅇ년 후에는 환갑이 될 것입니다. 그때를 위해서 5년 정기 적금을 드시기 바랍니다. 그렇게 매달 적립한 돈이 모아지면 성지순례 정도는 충분히 시켜드릴 수 있는 목돈이 될 것입니다." 그리고 신랑에게도 똑같은 방법으로 적금 통장 하나를 만들 것을 부탁하고 그들이 가지고 온 신혼 경비의 십일조를 주면서 "신혼 경비의 십일조가 둘이 만들 적금 통장의 첫 번째 붓는 돈이 되시기 바랍니다."

매달 적금을 붓는 액수는 신랑의 수입이 얼마나 되는지 그들의 생활에 지장이 없을 정도로, 두 사람의 수입에 타격이 오지 않는 범위에서 실천하도록 당부한다. 이렇게 그들이 가지고 온 신혼여행 경비의 십일조를 돌려주면 그때서야 주례의 뜻이 무엇이었는가를 알아차린다. 그리고 이내 그들의 눈시울은 뜨거워지기 마련이다.

그때 어떤 성질 급한 신랑은 "사실 목사님이 신혼여행 경비의 십일조를 가지고 오라고 하셨을 때는 참 치사하고 아니꼽다는 생각을 했다."는 고백을 하면서 계면쩍어 하는 경우가 있는가 하면, 어떤 신랑은 내가 신부 측이 선정한 주례이기 때문에 신혼여행 중에 주례 선정에 문제가 있었다고 신부와 가벼운 입씨름까지 했다는 순진파도 있었다. 신혼여행 경비 십일조 봉투를 다시 쥐고 감사하면서 돌아가는 그들의 머리에 손을 얹고 축복기도를 해 준다.

결혼은 졸업이 아닌 입학

결혼하는 많은 젊은이는 환희의 찬가를 부른다. 드디어 부모의 간섭을 떠난 감격에 취한다. 부모 간섭에서의 졸업이라고 생각한다. 그것이 잘못이다. 결혼은 졸업이 아니다. 인생학교에 새로 입학하는 신입생과 같다. 신입생이 졸업생이 된 기분을 내면 문제는 얽히고 설킨다. 자신의 사언행위(詐言)에 대한 귀책성이 있다. 도움 받을 사람이 적어진다. 물질적인 문제를 스스로 해결해야 한다. 자신의 건강도 스스로 돌봐야 한다.

결혼 주례자로써 목회자는 저들의 앞날을 책임지는 막중한 의무감을 느껴야 한다. 결혼에 대한 하나님의 뜻이 결혼예배에서 극명하게 나타날 수 있는 의식을 준비하는 것은 전적으로 목회자의 몫이다. 더구나 하객 중에는 아직 그리스도를 모르는 사람이 많다는 것을 염두에 두어야 한다. 결혼하는 당사자는 물론이지만 양가 부모 중에도 신앙생활을 하지 않는 분들이 있다.

목사가 결혼 주례를 맡을 때 우선적으로 해야 할 일이 있다. 결혼 당사자는 물론이지만 양가 부모를 만나는 것이다. 그들과의 면담을 통하여 양가의 종교적인 배경을 알아두도록 한다. 결혼예식을 준비할 때 중요한 자료가 된다. 양가 부모와 결혼 당사자와 함께할 때 결혼식의 의미와 당일 있을 내용에 대한 설명을 하고 동의를 얻어야 한다.

면담이 끝나면 결혼예배의 내용에 대한 설명을 해 준다. 결혼 당사자들이 할 서약의 내용을 미리 말해 주도록 한다. 결혼이 부모의 동의와 사랑으로 이루어지는 것임을 확인한다. 결혼식 날 신랑과 신부는 양가 부모의 영향권에서 벗어나는 해방의 날이 아니라 '행복한 가정 학교'에 입학하는 것이고 그 학교의 교사는 양가 부모임을 일깨워주는 것을 물론 그 역할을 설명한다. 그리고 당일, 부모도 서약한다는 것을 알려준다. 양가 부모의 서약에는 양가 자녀들의 결혼이 부모가 허락된 합당한 결혼임을 알리고, 앞으로 계속 신앙적인 지도와 행복한 가정을 만들어갈 수 있도록 신앙적, 경제적, 정신적인 지도를 성실하게 하겠다는 것이 포함되게 한다.

양가 부모의 서약 내용을 다르게 작성하도록 한다. 딸을 시집보내고 사위로

맞이하는 가정과 며느리도 맞이하는 가정의 입장에 차이가 있을 수 있기 때문이다. 부모의 서약을 지켜보는 하객 중의 누군가에겐 이것이 현재 겪고 있는 사위와 며느리와의 갈등 해소를 위한 작은 출발점으로 작용될 수 있는 기회가 될 수 있다.

– 내가 주례하는 결혼 예배의 특징은 무엇인가?

기억에 남을 장례식 집례를 하라

Bucket List **#034**

교회가 부모의 장례 예식을 은혜롭게 해 준 감동 때문에 유가족들이 모두 교회에 나오는 경우가 많다. 그렇다. 장례는 확실히 유가족들에게 믿음을 갖게 하는 기회가 될 수 있다. 오죽하면 장례집례의 은사가 있는 목회자는 장례집례를 특히 잘 해서 다른 목회자에 비해 훨씬 더 많은 유가족을 교회로 인도한다. 장례집례는 목사에게 특별한 경험이며, 하나님의 은혜와 축복을 확인하는 기회가 될 수 있다.

한 세대 전만 해도 장례집례는 현재와 사뭇 달랐다. 현재는 전문 장례식장이나 상조회사에서 장례를 안내하고 목사는 예배를 집례하면 된다. 그러나 과거에는 목사들이 장례의 안내자이며 주도자였다. 성도들의 가정 혹은 불신자라도 지역에 초상이 났을 경우 목사는 임종부터 염습과 입관, 하관 그리고 장례 이후 위로와 조치까지 모두를 이끌어야 하는 경우가 많았다.

특히 농어촌의 경우에는 전문 장례식장이 없었으므로 가정에 시신을 모시고, 목사가 염습까지 담당해야 하는 경우가 많았다. 목사가 염습을 직접 하지 않으면 오해를 받기까지 했었다. 누군가 경험자가 도와준다 할지라도 한겨울에도 땀을 뻘뻘 흘려야 하는 매우 어려운 일이었다.

게다가 작은 교회일 경우 초상이 나게 되면 도움의 손길도 부족했다. 목사 혼자서 이리 뛰고 저리 뛰어야 했다. 가족 중에 불신자가 많을 경우에는 영적 싸움의 최전선에서 기도 했다. 불신자들이 자기들의 풍습과 관례대로 장례를 치르도록 유가족을 압박하고 목사들을 조롱하는 경우도 있었다. 예배를 인도할 때도 함께하는 이들이 부족하고, 혼자서 예배를 인도하는 부담감을 갖는 경우가 허다했다.

장례식에서의 설교는 최선을 다해서 준비해야 한다. 유가족뿐만 아니라 이웃과 불신자들까지 눈을 부릅뜨고 보기 때문이다. 그러나 선배 목회자들은 담대함이 있었다. 시신을 직접 염습하는 것을 대표적으로 시신을 처리할 때 전혀 두려워하지 않았다.

목사는 천국을 사모하는 사람, 사망의 두려움에서 벗어난 사람이기 때문이다. 그리고 사망을 이기시고 생명의 주인이신 예수님을 믿는 사람이기 때문이다. 불신자는 물론이고 유가족까지 두려워하는 일을 담대하게 처리하는 목사를 보고 놀랍기도 하고, 존경하는 경향도 있었다. 게다가 염습이나 시신 처리는 직업적으로 바람직하지 못한 경우인데, 목사가 직접 시신을 처리한다는 것은 유가족으로서는 목사의 배려와 사랑으로 비쳐졌다. 이런 장례를 치른 이후에 목사에게 존경받을 기회, 교회 성장의 이정표를 경험할 수 있었다.

장례가 주는 어려움

장례는 유가족은 물론이고 목사에게도 힘든 일이다. 교회에도 부담이 될 수 있는 일이다. 오랜 질병으로 고생한 분이거나 천수를 다했다고 생각되는 노인들의 사망은 그마나 다행이다. 젊은 사람이 사고로 사망한다거나, 어린 자녀를 둔 가장이 갑작스럽게 세상을 떠나 가정의 미래가 불안해지는 경우 등 어떤 말로도 위로할 수 없는 불행이 찾아온다면 유가족은 물론이고 목사도 감당하기 어렵다.

엉겁결에 장례를 치른다 할지라도, 장례 이후에 유가족에게 우울감과 공허감이 찾아온다. 목사가 위로한다 하지만, 제대로 위로받는다고 장담할 수 없다.

목사는 혹시라도 신앙의 낙심이 오지나 않을까 노심초사하기까지 한다. 특히 젊은 목사들의 경우 장례집례의 경험이 부족할 수 있다. 특히 갑자기 성도의 가정에 장례가 생길 경우 허둥지둥할 수 있다. 허둥지둥하는 것을 유가족이나 불신자들이 지켜보고 있으며 그것 역시 시험거리가 된다.

최근에는 시골에서도 장례식장을 이용하는 추세이고 상조회사와 예식장 측에서 유가족의 종교에 맞추어 장례가 매끄럽게 되도록 안내한다. 그렇다고 목사가 상조회사 직원들의 안내에만 따라갈 수는 없다. 목사가 먼저 유가족의 심정을 헤아리고 장례의 절차를 알고 있어야 하며 상조회사의 직원들을 이끌 수 있어야 한다. 상조회사의 직원들은 서비스 직업을 갖고 있으며, 유가족이나 조문객들에게 만족을 주어야 영업의 효과를 볼 수 있으므로 어지간하면 목사의 말에 따라준다.

목사는 상조회사 직원의 이해와 유가족의 차분함, 친척 어른들의 지나친 간섭 그리고 조문객의 의례 행위까지 모두 조정할 수 있어야 한다. 참견이 아니라 상주와 유가족을 적절하게 돌보고 장례를 통해 목회자를 향한 신뢰감이 형성되는 기회 그리고 목회자의 리더십을 발휘하는 계기로 만들어야 한다. 장례는 어려운 일이지만, 그 어려운 일을 통해 목회자의 리더십을 확인할 수 있다.

감동적인 장례가 주는 효과

유가족에게는 목사의 장례 주례가 평생 기억에 남는 일이다. 그 기억이 감동적으로 남는다면 유가족은 물론 성도와 교회에 큰 유익이 된다. 유가족들은 이미 고인을 떠나보내며 인생의 허망함, 마음의 슬픔, 헤어짐의 아픔, 고인에 대한 미안함 등이 그 마음 안에 엉켜 있다. 게다가 유가족 중에 불신자가 있다면, 그들은 다시 만날 수 없는 이별을 서러워하기까지 한다. 목사는 유가족의 이런 심정을 헤아려야 한다. 예배를 인도할 때 유가족을 위로하지만, 천국의 소망, 부활의 소망, 다시 만남의 소망을 전하게 된다. 사실 슬픔이 너무 커서 그 소망을 바로 받아들이지는 않을 것이다. 그러나 슬픔을 상쇄하는 것은 소망밖에 없다.

목사는 단순히 예배 인도와 설교로 끝내는 것이 아니라. 장례 예배를 인도하며 설교 중에 유가족들에게 고인을 향해 천국에서 다시 만나자고 말하게 하거나, 고인을 향한 감사를 표하게 한다면 유가족의 마음에 소망이 더 깊이 새겨지게 될 것이다. 가장 기억에 남는 장례집례는 유가족에게 천국의 소망을 갖게 하는 것이다.

장례가 마친 후에 유가족들은 인사차라도 교회를 찾아온다. 부모가 돌아가셨을 경우 자녀들과 가족 전체가 교회를 찾을 수 있다. 만약 돌아가신 부모가 신앙인이었고, 자녀가 불신자라면 이 기회는 전도할 수 있는 천금의 기회이다. 이 기회를 놓치면 언제 전도의 기회를 잡을지 예상할 수 없다.

목사는 단순히 유가족을 환영하는 선에 그쳐서는 안 된다. 부모의 생전 소원이 자녀의 믿음 생활이며, 지금은 헤어졌지만 부모님의 영혼은 천국에서 쉼을 갖고 계시며 자녀와 천국에서 만나기를 바라는 마음을 각인시켜주어야 한다. 부모님을 그리는 마음과 신앙의 필요성을 깨닫고, 믿음의 결단을 할 기회로 삼아야 한다. 유가족 중에 신앙인이 있다면 슬픔을 이기기 위해 새벽기도에 열심을 내는 등 신앙에 더 열심을 낼 수도 있다.

유가족 중에서 어떤 이들은 삶이 너무나도 혼란스러워 방황하며 타락의 길로 가기도 한다. 하지만 장례가 끝난 이후 바른길로 돌아서기도 한다. 목사가 기억에 남을만한 장례 주례를 하였다면 이런 역사도 나타날 것이다. 그리고 어떤 유가족들은 사망한 가족을 기념하여 교회와 사회에 무엇을 남기기도 한다.

실제로 어떤 권사님은 생전에 새벽기도를 하면서 교회의 빚이 갚아지기를 소원하였는데, 갑작스럽게 돌아가시게 되자 자녀들이 조의금을 모아 교회의 부채를 갚아 교회에 평안을 주고, 목사에게 힘이 되는 경우가 있었다. 교회 안에는 이처럼 기적의 이야기들이 많이 존재할수록 성도들의 믿음이 더 성장한다.

목사가 기억에 남는 장례를 집례했다면 이는 교회 안에 아름다운 이야기, 회개와 소망과 은혜의 이야기, 기적 같은 회복과 성장의 이야기를 형성하는 발화점이 될 것이다.

– 나에게 그런 감동적인 장례에 관한 경험이 있는가?

군대에 가있는 성도들을 심방해 보라

Bucket List **#035**

목사는 심방을 통해서 성도들에게 위로를 주고 신앙적인 권면을 한다. 특수한 경우를 제외하고 일반 목회의 8할은 심방목회다. 목사는 심방이라는 도구적인 만남을 통해서 하나님의 임재를 실현하고 인격적인 만남을 이루어낸다. 기쁨과 슬픔과 고통을 함께 나누는 동참의 현장이기도 하다. 이와 같은 인격적인 만남을 통하여 관계 개선이 이루어지기도 한다.

대부분의 교인들은 목사와 가까이 대면하고 대화할 수 있고 가정을 위해서 축복기도를 해주는 가정심방을 원한다. 실제로 대형교회의 교인들은 담임목사의 심방을 고대하나 하나님 만나기보다 담임목사 만나기가 어렵다고 한다. 그래서 어느 도시교회 교인은 '목사님은 뭐가 그리 바쁘신지 모르겠다'고 푸념을 하기도 한다.

요즘 대도시 교회에서는 심방이 실종되고 있다. 맞벌이 부부가 많을뿐더러 직장에 나가지 않는 주부들도 집에 가만히 있는 사람은 많지 않다. 가정에서 찬송가 소리가 그치니 사탄의 역사가 심하여 가정불화가 생기고, 이혼하는 가정이 많아지고, 탈선 아동과 청소년들이 속출하고 있다.

교회에 등록되어 있으나 교회에 나오지 않을 때 어떻게 하는가? 구역장이나 전담 전도사가 심방을 해서 교회에 나오지 않는 이유를 알고자 한다. 군대에 가있는 성도들이 그런 분들이다. 물론 군대 어딘가에 잘 있다는 것으로 만족하며 제대를 할 때까지 기다리는 것이 현실이다. 그러나 생각을 달리해 보면 그들도 엄연히 우리의 교인이다. 심방 목회를 군대에 가있는 성도들에게 적용시켜 그들을 위로하고 복무기간이 끝난 후 목회자와의 관계를 개선해 나가는 출발점으로 삼을 수 있지 않겠는가?

서울에 있는 한 교회에서는 당회에서 정식으로 가정심방을 폐지하기로 결의한 곳도 있다고 한다. 먼저는 교인들이 원치 않을 뿐만 아니라, 목사가 심방팀을 조성하여 아파트 세대로 우르르 몰려가서 예배를 드린다는 것이 이웃들에게 폐단이 된다는 것이다. 그래서 교회에 상담실을 설치하고 신앙상담을 하나 실제로 상담실을 찾는 교인은 많지 않다고 한다. 이것이 오늘날 한국교회의 마니너스 성장의 요인 중 하나다. 어쨌든 가정심방은 목회의 생명이다. 가정이 잘 되어야 교회가 잘 되고, 교회가 잘 되어야 교회가 부흥되며, 교회가 부흥되면 하나님이 영광을 받으신다.

심방목회

목회는 심방으로 시작한다. 전통적으로 목사는 교인들의 영혼을 돌보고, 복음을 전하며, 용기와 소망을 주기 위한 목적을 가지고 성도들의 가정이나 개인을 방문하는 목양사역을 의미한다. 목회자가 각 가정을 방문한다는 측면에서 심방사역을 방문사역이라고 부르기도 한다. 때로는 이러한 방문사역이 목회의 본질이라고 보기도 한다. 목회라는 말은 선한 목자이신 하나님(혹은 주님)과 양인 백성(혹은 교인) 사이를 잇는 사역의 단순한 표현이다.

다윗은 "여호와는 나의 목자시니"(시 23:1)라고 고백했고, 예수님은 "내가 온 것은 양으로 생명을 얻게 하고 더 풍성히 얻게 하려는 것이라"(요 10:10)고 말씀하셨다. 또한 부활 후에 갈릴리 바닷가에서 베드로에게 "내 양을 치라"(요 21:16)고 목회를 명령하셨다. 이렇게 본다면 심방은 목사의 사역 가운데 양들의 영혼을 돌보고 치료하는 중요한 목회의 본질 중 하나이다.

군대에 간 성도를 위한 특별 심방

대한민국의 남자는 장애인이나 특별한 경우가 아니면 의무적으로 군 복무를 해야 한다. 또 여성들도 자원하여 군에 입대하는 경우가 있다. 군은 특수사회이다. 일단 가정과 가족이나 친지를 떠나서 생활해야 하고, 혹독한 훈련과 엄격한 규율 아래서 군 복무를 해야 한다. 나아가서 국토방위라는 숭고한 목적으로 일정 기간 동안 사명을 감당해야 한다.

군대는 전국에서 모인 장정들이 함께하는 병영이기에 전혀 다른 문화에서 살아야 한다. 그리고 군에 복무하다 보면 생활의 리듬이 달라지고 체질이 변하기도 한다. 자녀를 군에 보낸 부모의 입장은 유별나다. 대한민국의 모든 남자라면 의무적으로 수행해야 하는 군 복무이고, 요즘은 군인에 대한 피복이나 급식, 내무반의 시설도 좋아지고, 구타나 폭압적인 군기훈련도 사라지고, 전화통화도 원만해졌다지만 부모의 마음은 노심초사한다.

자녀가 군대에 입대해 있으면 제대할 때까지 부모의 마음은 놓이지 않는다. 여기에 목회자의 관심이 필요하다. 군에 입대한 교인에게 편지를 쓴다거나 전화를 하는 것도 좋겠지만 치밀한 계획을 세워서 감동적인 심방을 하는 것이 좋다. 목회자는 신년도 목회를 위한 정책을 수립할 때 군대에 가있는 성도들을 위한 특별 심방 계획을 포함시키도록 한다.

일단 명단과 지역이 파악되고 나면 복무 중인 성도들에게 목회서신을 띄운 후 만일 복무 중인 부대로 면회를 갈 때 언제가 가장 적기인가를 알아봐야 한다. 군대는 군대 나름대로의 특수한 계획(훈련)에 의하여 움직이기 때문이다. 따라서 적당한 시간이 되면 근무하는 곳으로 찾아간다. 심방을 할 때는 지역별로 찾아가도록 한다.

목회자의 휴가를 이용한 군인성도 심방

군인성도 심방 시기는 목회자의 여름휴가를 사용하는 것도 바람직한 일이다. 먼저 복무 중인 성도가 있는 부대의 직속 지휘관이나, 군종참모를 찾아가 복무 중인 성도의 신앙생활에 대한 일반적인 조언을 듣는 것도 좋다. 신참인 경우에는 어렵겠지만, 선임이 된 경우에는 어느 정도 신상에 대한 파악이 되어 있다고 생각할 수 있다.

요즘에는 면회가 되면 특별한 부대의 사정이 없는 한 하루를 함께 보낼 수 있는 외박의 특전이 주어지기 때문에 하룻밤을 함께 보낼 수도 있다. 목회자는 복무 중인 성도와 함께 보내면서 여러 가지 인격적인 만남을 신앙적인 만남으로 승화시킬 수 있는 분위기를 만들어야 한다.

처음부터 신앙적인 권면이나 권위적인 훈계 위주의 설교보다 극히 인격적인 대화를 통하여 복무 중인 성도가 겪고 있는 인간적인 고뇌의 한 단면을 볼 수 있는 대화를 이어가려는 노력을 기울여야 한다. 목회자는 군대에 가있는 동안 그 성도가 군대에 가기 전에 몸담고 있었던 교회의 이모저모는 물론 소속되었던 기관, 즉 청년회, 교사회, 성가대에 관한 최근의 근황과 그가 가지고 있는 상상의 호기심을 만족시켜줄 수 있는 이야기 보따리를 준비하는 것도 잊지 말아야 한다.

복무 중인 성도의 가족에 관한 자세한 정보, 특히 가족의 최근 신앙생활의 전반적인 상황을 알려주는 기회로 삼아야 한다. 만났을 때는 '금강산도 식후경'이라는 말처럼 가까운 음식점에 가서 평소 그가 좋아했던 음식 나눔의 기회를 마련하도록 한다. 헤어질 때는 가지고 간 소중한 선물(책자, 기타 교회가 준비한 것)을 전달하도록 한다. 사랑은 주는 것이기 때문이다.

부대에 들어갈 때는 함께 근무하는 동료들을 위하여 작은 먹을거리를 한 아름 안겨주는 것에 인색하지 말아야 한다. 요즘 군인들을 가리켜 '초코파이 증후군'이라는 말이 있듯 초코파이 몇 상자만 안겨줘도 푸짐한 먹을거리가 된다는 것을 잊지 말자. 목회자가 혼자 감당할 수 없을 때는 부목사나 시간이 있는 장로님을 심방대원으로 활용할 수 있는 방법도 생각해 볼 수 있다.

– 나도 이런 경험을 해 본 경험이 있는가? 없다면 해 볼 결심을 적어 보자

한 번쯤 직접 만든 음식으로 교인들을 대접해 보라

Bucket List **#036**

하나님은 아담에게 에덴동산 중앙에 있는 "선악을 알게 하는 나무의 열매는 먹지 말라"(창 2:17)고 하셨다. 그 열매를 "네가 먹는 날에는 반드시 죽으리라" 고 하셨다. 그러나 아담은 뱀의 유혹을 받은 아내의 권유로 그 열매를 먹고 말았다. 그리하여 아담(adam,사람)은 '먹는 것' 때문에 죄를 짓고 말았다. 그 후로 사람은 먹는 것으로 살고, 먹는 것으로 죄를 짓고, 먹는 것으로 죽는다.

사람은 안 먹으면 못 산다. 그리고 먹는 것으로 얼마나 많은 죄를 짓는가. 이런 인간에게 주님은 먹는 것으로 살 수 있는 길을 말씀하셨다. "사람이 떡으로만 살 것이 아니요 하나님의 입으로부터 나오는 모든 말씀으로 살 것이라"(마 4:4) 먹는 것은 육신을 위한 떡(밥)이 있고, 영혼을 위한 말씀(생명의 양식)이 있다. 주님은 둘 다 사람에게 필요한 먹는 것이로되, 먹어야 하는 육신의 양식을 영혼의 양식으로 승화시켜 말씀하셨다.

예수님께서 굶주린 오천 명에게 오병이어의 적은 양식을 축사하신 후에 직접 마련한 음식으로 저들의 굶주린 창자를 채워주셨다. 그리고 거기에서 멈춘 것이 아니라, '먹는 것'에 대한 인식을 한 단계 높여서 이렇게 말씀하셨다. "나는 생명의 떡이니 내게 오는 자는 결코 주리지 아니할 터이요 나를 믿는 자는 영원히 목마르지 아니하리라"(요 6:35) 예수님은 먹고 죽을 인생을 먹고 살게 하신 것이다. 육신의 양식만 먹을 것이 아니라, 영혼의 양식까지 먹어야 산다. 그런 의미에서 '먹는 것'은 인간의 영원한 로망이다.

먹는 것의 의미

우리는 먹는 것에 유독 많은 의미를 부여한다. '식사하셨습니까?' 하고 묻는 인사는 요즘 경제가 좋아진 세상에서 끼닛거리를 걱정하는 인사가 아님은 다 알 것이다. 가까운 사람과 만남을 약속하는 '밥 한 번 먹자!' 하는 말 속에는 오순도순 밥을 먹으며 쌓는 두터운 정을 기대하고 있음이다. 아비가 자식들에게 '밥 먹었냐?' 하는 말도 꼭 못 먹어서가 아니라 안부를 묻는 말이다. 이렇듯 밥과 연관된 인사는 어려웠던 시절 이웃의 배고픔을 살피는 것에서 비롯되었지만 사실은 정을 잇고 싶은 마음이 아닐까 한다.

하물며 한 솥에 지은 밥을 나눠 먹는 식구의 존재는 그 정(情)의 정도에서 얼마나 높은 위치를 차지하고 있는가. 그래서 가족은 끈끈한 유대관계가 형성되어 생사고락을 같이 하는 경우가 많음이리라. 가족은 물론 동료를 표현함에 '한솥밥을 먹는다'고 하는 것도 이 때문일 것이다. 오늘날 사람들이 모래알처럼 흩어지는 이유는 각각 밥을 따로 먹기 때문이다. 각자의 밥을 찾아다니기 때문이다. 그래서 각자의 생각이 흩어지고 만다. 서로 바쁜 삶이지만 '너와 나'가 아닌 '우리'가 되는 데에는 마음의 한솥밥, 공동체 의식이 필요한 시점이 아닌가 싶다.

초대교회의 아름다운 모습은 먹는 것으로 비롯되었다. "날마다 마음을 같이 하여 성전에 모이기를 힘쓰고 집에서 떡을 떼며 기쁨과 순전한 마음으로 음식을 먹고 하나님을 찬미하며 또 온 백성에게 칭송을 받으니 주께서 구원 받는 사람을 날마다 더하게 하시니라"(행 2:46-47)

'인심은 광에서 나온다.' '인심은 쌀독에서 나온다.'라는 말이 있다. 인심을 부릴 수 있는 사람은 자신이 스스로 여유로운 마음으로 베푸는 사람이다. 그래서 잘 대접하는 사람이 대접을 받기 마련이다. 서로 원수야 적수야 하고 싸우다가도 같이 앉아서 밥을 먹다보면 오해가 풀리고 대화가 통하게 된다.

밥 퍼주는 목사

요즘 우리 주변에는 밥을 퍼주는 일명 '밥퍼 목사'로 알려진 최일도 목사, 동유럽에서 '밥퍼 목사'로 이름난 부다페스트 케젤렘교회의 신성학 목사는 매주 화요일과 금요일 아침이면 부다페스트 서부역 지하도에서 노숙자들과 걸인들을 위해 한 끼 식사를 대접하고 있다. 이들의 노숙자 밥퍼 사역은 신목사 부부가 헝가리에 처음 들어온 2000년부터 계속해 오고 있는 일이다. 처음에는 본국에서 오는 후원금을 쪼개 샌드위치 20개를 나누어 주는 것으로 시작했지만, 이들의 행동이 알려지고 주변의 후원이 늘어나면서 지금은 고기와 야채가 풍부하게 제공된다고 한다.

한때 음악의 도시인 오스트리아의 비엔나에서 성악을 전공하기도 했던 신목사는 노숙자들이 식사를 하는 동안 신디사이저를 연주하며 찬송가를 부른다. 그리고 노숙자들을 데리고 성경공부도 하고 예배도 드린다. 그의 구제활동은 여기서 끝나지 않고 집시족을 향한 사역으로 이어진다. 집시족은 떠돌이 생활을 하는 사람들이다. 집시들의 열악한 삶에 큰 충격을 받은 신목사는 2003년에 집시들을 돕기 위한 자선 음악회를 열면서 집시사역을 시작했다.

다행히 명문인 리스트음대 교수들이 그의 사역의 취지에 감동해 함께 나서주었다. 2003년과 2004년 두 차례의 자선 음악회를 통해 두 곳의 집시 마을을 도와온 그는 리스트음대에서 세 번째 음악회를 열었다. 이 음악회는 과거의 단순 생필품 지원에서 벗어나 그들에게 새로운 직업교육 등을 할 수 있는 유럽집시센터와 직업학교 건립을 목표로 하고 있다.

밥퍼 봉사는 누구의 전유물이 아니다. 누구든지 마음만 먹으면 할 수 있다. 처음부터 거창하게 할 필요는 없다. 알게 모르게 은밀하게 하는 것이 좋다. 밥퍼 봉사는 반드시 못 먹는 사람만 할 필요는 없다. 누구든지 가까이 하고 싶은 사람에게 다가가서 손수 밥을 퍼주면 된다. 어떤 모양으로든지 목사가 음식물을 만들어서 함께 먹는 것이 중요하다.

최고의 요리사인 목사

목사는 요리사다. 주일날 교인들에게 영양가 있는 영의 양식을 먹이기 위해서 얼마나 애쓰는가. 고단백질의 영혼의 양식을 만들기 위해서 수년 간 신학을 전공하고, 여러 해 동안 영성수련을 하고, 노심초사하며 이 책 저 책을 찾아 읽고 또 자료를 검색하여 좋은 설교를 위해서 많은 노력을 하고 있다. 이쯤 되면 이제는 영의 양식의 고수가 다 되었을 것이다.

가정주부는 끼니 때가 되어오면 늘 안절부절 한다. "이번 식탁에는 무얼 올리나?" 어느 주부에게 물어보았다. "제일 스트레스 받는 일이 무엇입니까?" 매 끼니 식사를 준비하는 일이란다. 먹고 사는 일이 이렇게 힘들다. 먹는 사람은 잘 모르지만, 먹이는 사람은 여간 힘들지 않다. 그래서 누구에게 식사 한 끼 대접을 받게 되면 속이 후련해진다고 한다.

자, 목사들이여! 당신은 영혼의 양식의 고수가 되었으니, 이제 육의 양식을 만들 수 있는 고수가 되어보지 않겠는가? 목사가 요리학원에 가서 요리공부를 하면 더 없이 좋을 것이다. 그러나 반드시 요리학원에 가지 않아도 된다. TV EBS(교육방송)에서 월 · 화 · 수 · 목 · 금요일마다 요리시간이 방송된다. 마음만 먹으면 얼마든지 요리를 배울 수 있다.

음식을 요리하는 아내를 유심히 지켜보면서 메모부터 하라. 그리고 자신이 할 수 있다고 생각되는 음식을 선택하고 식재료를 준비하라. 모든 준비가 맞춰졌으면 일단 주방을 점령하라. 몇 번 요리에 실패해도 좋다. 실패는 성공의 어머니다. 실패를 거듭하는 동안에 맛있는 요리 만들기에 성공할 수 있을 것이다. 설교를 준비하는 것만큼 요리를 준비하면 성공할 수 있다.

여기까지는 리허설이다. 본격적으로 교인들에게 목사가 직접 만든 음식을 대접해 보자. 목사가 손수 음식을 만들어 대접하면 감동적일 것이다. 목사가 만든 음식물은 다른 음식물과 다를 것이다. 예수님이 오병이어를 들고 축사하셨듯이, 음식을 만들면서 기도부터 하라. 그리고 사랑과 정성을 듬뿍 담아 음식을 만들어 대접한다면 하나님이 기뻐하시고 교인들이 감동을 받을 것이다.

– 올해는 언제 직접 만든 음식으로 교인들을 대접할 것인가? 메뉴는 무엇인가?

제 5 편

믿음의 기쁨을 전하는 목사

특수 선교지(교도소, 직장, 시장) 한 곳을 확보하라

Bucket List **#037**

선교는 목사의 로망이다. 선교는 목사의 '이상향'(理想鄕)이고, 목사가 '추구하는 목표'다. 세상에 선교를 바라지 않는 목사는 없다. 그런데 솔직히 말하면 마음대로 되지 않는 게 선교다. 목사는 우선 눈앞에 보이는 교인들을 심방하고 양육하고 또 이런저런 모임에 참석하고 설교준비에 바쁘다. 그래서 마음에는 늘 선교를 생각하면서도 쉽게 실천에 옮기지 못한다.

목사는 일상에서 주어지는 목회 말고, 특수 선교지 한 곳을 확보하는 것이 좋다. 특별한 기도와 상당한 선교비용 그리고 막대한 시간과 노력이 소요된다. 목사가 편히 목회를 하려면 굳이 특수 선교에 관심을 갖지 않아도 된다. 그러나 더 나은 목회와 참신한 도전을 위해서는 특수 선교지가 필요하다.

교회는 이상한 생리를 가지고 있다. 교회가 움직이면 힘이 솟는다. 그러나 움직이지 않으면 침체된다. 고여 있는 물이 썩듯이 교회가 선교하지 않으면 썩는다. 그러나 교회가 선교에 불을 붙이면 교회는 활성화되고 부흥된다. 특수 선교는 도전이다. 복음의 소외지역을 찾아 특수 선교의 비전 '理想, vision'을 펼쳐라.

사도 바울은 한 곳에 오래 머무르지 않았다. 끊임없이 선교지를 바꾸었다. 바울에게는 선교에 대한 열정이 있었기에 한 곳에서 장기 목회를 하지 않았다. 바울은 도전하는 목회철학을 가지고 있었다. 목사도 바울처럼 특수 선교의 꿈을 꿔라. 복음은 정지(停止, suspension)를 원치 않는다. 주님은 "땅끝까지 이르러 내 증인이 되리라"(행 1:8)고 하셨다. 성령을 받으면 선교에 불을 끌 수 없다. 성령은 불이다. 뜨겁게 타오른다. 성령을 충만하게 받으라. 복음을 가지고 특수 선교에 열정을 쏟으라.

특수 선교에 도전하라

특수 선교의 물결이 서서히 요동치고 있다. 특수 선교가 점차 선교분야의 한 장르로 자리를 잡아가면서 특수 선교에 대한 관심과 이해도가 점차 높아지고 있다. 특수 선교의 영역으로 호스피스선교, 장애인선교, 병원선교, 교도소선교, 유치장선교, 외국인노동자선교, 탈북자선교, 군선교, 섬선교, 직장선교, 문서선교, 방송선교, 인터넷선교, 스포츠선교, 실버선교, 마약 및 도박중독자 선교, 청소년선교 등 그 외에도 다양하게 많다.

최근 들어 한국의 목회가 다변화되면서 특수 선교에 대한 개교회의 참여도 늘어나고 있는 추세다. 지역사회의 봉사와 섬김의 영역을 넘어 가정폭력, 청소년상담 등 선교의 영역이 다양해지고 있다. 한 가지 특이할만한 것은 사회참여에 미온적이던 보수진영의 교회들이 특수사회선교에 눈을 떠가고 있다는 것이다. 이는 매우 고무적인 일이다. 그동안 사회참여 부진의 비판을 면치 못했던 보수진영의 사회참여 증가는 복음의 사회책임에 대한 반성에서 기인한 것이라고 볼 수 있다. 사실 '사회선교'라는 개념 자체가 보수주의진영에서는 아직까지도 명확하게 정립되어 있다고 볼 수 없다.

진보진영 교회들이 일찍부터 세계교회협의회(WCC)의 '하나님의 선교'(Missio Dei)개념 등을 통해 그리스도인의 정치적, 사회적 참여와 책임을 주장하며 경험을 축척해 오는 동안, 보수진영은 개인전도와 해외선교에 몰두하는 선교관을 고수해 왔다.

1974년 스위스 로잔에서 열렸던 국제복음주의자 대회에서 발표된 로잔언약은 '사회적 책임'이 '복음전도'와 더불어 선교의 양대 축임을 공식화했다. 한국 보수진영이 이것을 받아들여 실천하기 시작한 것은 90년대 초부터라고 말할 수 있다. 이런 신학적 견해차에서 비롯된 변화도 특수 선교의 중요한 변수이긴 하지만 사실은 보수진영의 신학적인 조율이 특수 선교에 눈을 돌리게 했다기보다는 훨씬 현실적인 이유가 작용한 것을 알 수 있다.

특수 선교 지역 한 곳을 확보하라

호스피스선교는 종합병원이나 요양병원에서 죽음을 기다리는 환자를 돌보는 것이 주요 임무이다. 호스피스선교는 분노와 좌절로 절망 속에서 죽음을 기다리는 말기 암 환자에게 예수 그리스도를 영접하게 하고 편안한 죽음을 맞아 천국에 가게 하는 것이다. 호스피스 봉사자는 기본적으로 이론 40시간, 임상 20시간 총 60시간의 호스피스 봉사자 교육과정을 이수하고 1년 이상의 자원봉사를 마쳐야 한다, 이후 호스피스협회가 주관하는 인증시험을 통과하면 호스피스 자원봉사자인증서를 받을 수 있다.

한국 교회는 병원선교로 시작되었다 해도 과언이 아니다. 1884년 4월에 알렌 선교사가 의사로서 복음을 들고 들어와 광혜원을 설립하면서 복음 선교가 시작되었다. 고로 병원선교는 한국 기독교의 효시(嚆矢)다. 기독교하면 병원을 생각하고, 병원하면 기독교를 떠올린다. 병원마다 원목이 없는 병원이 없고, 이제는 한국교회의 병원선교는 어느 정도 자리를 잡았다고 본다. 예수님은 공생애 전반에 걸쳐 병든 자를 치료하시는 데 많은 시간을 할애하셨다.

특수 선교의 영역은 많다. 교도소 선교, 유치장 선교, 외국인노동자 선교나 탈북자 선교도 있다. 교회가 있는 지역적인 특성에 따라 군 선교, 섬 선교, 직장선교, 문서선교, 방송선교, 인터넷선교, 스포츠선교, 실버선교, 마약 및 도박 중독자 선교, 청소년선교 등도 있다. 관심 있는 평신도들을 중심으로 '특별 선교회'를 만들어 함께할 수도 있다.

교회가 다양한 특수 선교에 참여하기는 어렵다. 물론 인력과 재정이 허락한다면 못할 것도 없지만 욕심을 부릴 수는 없다. 다양한 특수 선교 중에서 단 한 곳만이라도 확보하라. 특수선교지에 대한 탐색과 연구가 선행되어야 한다. 그리고 인력을 선발하여 꾸준한 교육을 실시하라. 동시에 충분한 재정을 확보하는 것은 필수이다. 꿈과 이상이 있어도 인력과 재정이 없으면 공염불에 불과하다. 준비가 되었으면 당회와 제직회의 결의를 거쳐 실시하면 된다.

특수 선교에 도전하라. 특수 선교에 불을 붙여라. 멈추면 썩는다. 움직여야 싱싱해질 수 있다. 교회는 유기체다. 교회는 생물(生物)이다. 교회는 움직여야 살아나고 부흥한다. 선교를 위한 기도를 멈추지 말라. 선교를 위한 투자를 줄이지 말라. 목사의 열정을 선교에 투입하라. 그러면 교회는 성령의 충만함을 받고 부흥할 수 있다. 선교는 멈출 수 없는 목사의 로망이다.

– 나는 어떤 특수 선교지를 확보하고 있는가? 없다면 우선적으로 해야 할 특수 선교지는 어디라고 생각되는가?

일주일에 한 번은 유치장과 병원을 방문하라

Bucket List **#038**

목사의 성품 중에 기본적으로 갖추어야 할 것이 있다. 그것은 약한 사람들을 위한 긍휼이다. 몸이 약한 사람뿐만 아니라 마음이 약한 사람을 위한 긍휼이다. 이 긍휼은 예수님이 사람들에게 베풀어주신 것이다. 목사는 예수님의 성품을 닮는 사람이다. 성도들에게 예수님을 소개하고, 예수님을 닮도록 안내하는 사람이다.

목사는 예수님과의 개인적인 관계가 형성된 사람이다. 그래서 목사의 생각과 말과 행동에 예수님의 성품이 자연스럽게 드러나야 한다. 그중 하나가 곧 긍휼이다. 사실 사람은 누구나 긍휼의 대상이다. 예수님이 죄인 된 우리를 향하여 긍휼을 보여주셨다. 예수님은 특히 약하다고 생각되는 사람들을 향해 긍휼을 더 많이 베푸셨다.

목사의 긍휼은 사실 예수님의 긍휼로부터 온다. 목회 현장에도 긍휼이 필요한 사람들이 매우 많다. 마음이 약한 사람, 몸이 불편한 사람, 실수와 실패를 거듭하는 사람, 자신을 조절하지 못하는 사람 등이 많다. 그들을 판단하고 정죄하는 것보다 우선적으로 해야 할 일은 긍휼의 마음을 갖는 일이다. 긍휼의 마음은 긍휼의 행동으로 나타난다. 긍휼의 행동이 무엇인가? 그들에게 진심어린 관심을 보이는 것이다.

목사는 기도해 준 환자가 치유되는 것을 보았을 때 하나님의 능력과 은혜를 경험하게 된다. 어두운 그늘을 담고 있는 사람과 대화했을 때 힘을 얻고 밝음을 보는 것처럼 기쁜 일이 어디 있겠는가? 목사는 변화되어가는 과정을 보면서 하나님께 감사하고 간증할 수 있게 될 것이다. 이러한 감사와 간증은 긍휼이 필요한 사람을 만나지 않고는 불가능하다. 먼저 사람을 만나야 한다. 긍휼이 필요한 사람을 만나면 어떤 일이든지 일어난다.

약한 사람들을 배려하는 목사

우리 주변에 약한 사람들이 많다.이중에서도 신체적으로 약한 사람이 가장 우선이다. 병실에 입원한 사람은 신체적으로 현저히 약해진 사람이라 할 수 있다. 평범한 사람에 비해서 약한 사람, 소외됨으로 약한 사람이 있다. 약한 것을 좀 더 세밀히 살필 필요가 있다. 신체적으로 부족한 사람뿐만 아니라 끈기가 부족한 사람이 약하다. 자신의 감정을 억제하지 못하는 사람도 약하다.

자신의 가능성과 잠재력을 깨닫지 못하고 우울하게 살아가는 사람도 약하다. 자신의 신체가 강하다고 생각하면서 다른 사람을 괴롭히는 사람도 사실은 도덕성이 약한 사람이다.

특히 약함이 심한 사람들은 스스로 소외될 가능성이 있다. 소외가 심해지면 외톨이 현상을 보인다. 이웃과 대화가 끊긴다. 자기를 억제하지 못한다. 도덕적 이성이 그를 제어하지 못하면 죄를 범할 가능성이 있다. 크고 작은 범죄의 대가로 교도소에서 생활하게 된 사람을 가만히 살펴보면 약한 사람이 많다. 이들은 자연히 사회적로부터 격리되는 아픔이 있다.

일단 약함이 심한 사람이라면 그가 신체적이든 정서적이든 치료를 위해 격리하게 된다. 그런데 우리는 정서적으로 격리된 사람을 약하게 보는 것이 아니라 죄인으로 보는 경향이 있다. 법질서가 있고 법을 어겼으니 법적으로 보면 죄인이 틀림없다. 그러나 예수님의 긍휼을 기억하고 내념화한 목사라면 죄인으로 정죄하기 이전에 긍휼의 시각으로 보고, 약한 사람이라는 생각을 가져보아야 한다.

목사에게는 옳고 그름을 분별하는 능력도 필요하지만 약한 사람을 위해 긍휼을 베푸는 역할도 필요하다. 그러기에 목사는 정기적으로 병원을 방문하여 신체적으로 약한 사람을 위로하고 격려하며, 정서적으로 약한 부분에 대해 회복을 도모할 수 있다. 교도소나 경찰서 유치장를 방문하여 도덕적으로 약한 사람을 격려하며 사회적 회복을 위해 도움을 줄 수 있다. 이 도움에서 가장 필요한 것은 구주이시고 치유자이신 예수님을 소개하고, 그리스도를 믿고 고백하게 하는 일이다.

방문이 주는 아름다운 열매

목사는 병원에 가서 약한 분을 위로하고, 하나님의 고쳐주심을 기도할 수 있다. 걱정하고 염려하는 분들에게 용기를 준다. 병이 들었거나 어려운 일을 당한 분들은 마음이 약해진다. 그때가 복음을 전할 기회가 되기도 한다. 목사가 병원을 방문하고 약한 분들을 위로하면 여러 가지 소감을 갖게 된다. 생명의 주인이 하나님이시며, 인간이 나약한 존재임을 깨닫게 되면서 목사도 그만큼 겸손한 믿음에 서게 된다.

목사도 교도소나 유치장을 방문하여 수감 생활을 하는 분들을 보면서 인간의 나약함을 알 수 있다. 목사도 스스로의 감정이나 욕구를 절제하지 못해서 죄를 지을 수밖에 없는 나약한 사람이라는 것을 알게 된다.

그런 경험을 통해서 목사는 사람들의 다양한 상황을 알게 된다. 다양한 상황을 이해하고, 사람들에 대한 진정한 긍휼이 무엇인지를 생각하게 된다. 그리고 다양한 상황에서 일하시는 하나님을 찾게 된다. 설교에서 하나님이 무엇을 원하시는지 가르칠 수 있게 된다.

목사가 병원이나 교도소를 방문할 때 그들의 입원이나 수감의 원인을 먼저 묻지 말아야 한다. 원인을 대답하는 과정에서 남을 원망하는 소리를 듣게 될 것이고, 자연스럽게 남을 원망하지 말라고 대답하다가 대화의 흐름이 끊어질 수 있기 때문이다. 오히려 지금의 상태를 묻거나, 앞으로 어떤 일이 있으면 좋겠느냐고 묻는 것이 좋다. 예수님도 바디매오에게 왜 소경이 되었는지를 묻지 않았다. 무엇을 원하는지 물었을 뿐이다. 바리새인이나 제자들은 소경이 된 원인을 찾았지만 예수님은 하나님의 영광이 드러나는 것을 생각하셨다.

교도소나 병원을 방문할 때는 무의식 중에 의인과 악인을 구분하는 실수를 하지 말아야 한다. 잘못된 언행이 듣는 사람에게 상처를 줄 수 있다. 목사 앞에 대놓고 말하지는 않으나 속으로는 비웃을 수 있고, 복음을 거절하는 명분이 될 수 있다. 또 나는 강하고 너는 약하다며, 그 약함의 원인이 너에게 있다는 방향으로 대화를 이끌어 나가서는 안된다.

약한 사람을 위로하러 찾아갔을 때, 나의 약함이 드러나지 않는다면 그들을 위로하기 어렵다. 약한 사람은 약한 사람으로부터 더 많은 위로를 받는다. 목사 역시 약한 사람 앞에서 자신의 약함을 표현함으로 위로하고 격려하며 회복을 지원할 수 있다. 이것이 성육신하신 예수님의 긍휼하심을 실천하는 것이다.

– 나는 병원과 유치장 선교를 하고 있는가? 없다면 앞으로의 계획은?

말없이 도움을 주는 누군가를 두라

Bucket List **#039**

목회는 목사 혼자하지 못한다. 주님과 더불어 한다. 또한 사람도 필요하다. 교인들이 도와야 한다. 가족도 도와야 한다. 목사에게 기드온 300용사는 되지 못해도 이름 없이 빛도 없이 숨어서 목사를 위해 기도하고 도움을 주는 누군가가 있어야 한다.

사도 바울은 가장 많은 위기를 경험한 목회자다. 그러나 말없이 도움을 주는 누군가가 있었기에 무난히 고난과 역경을 헤쳐 나가며 성공적인 목회를 할 수 있었다. 목사에게도 위기가 있다. 목사도 갖가지 시험을 당한다. 사탄은 목사를 가만히 놔두지 않는다. 헤아릴 수 없이 많은 방법으로 목사를 유혹한다. 하나님도 목사를 큰 그릇으로 쓰시기 위해서 여러 가지로 연단을 하신다.

목사는 대개 세 가지의 시험을 당한다. 첫째는 여자의 시험이다. 교회에서 봉사하는 여신도들과 함께하다보면 본의 아니게 유혹을 당할수 있고, 오해를 받을 수 있다. 둘째는 돈의 시험이다. 돈은 일만 악의 뿌리라고 했듯이 목사도 돈을 가깝게 하다보면 돈에 대한 실수나 오해를 받을 수 있다. 셋째는 권력의 시험이다. 높은 자리에 앉고 싶은 욕심이 목회는 물론 영성을 무디게 만들고 세상에 취해 비틀거리게 할 수 있다.

교회는 말이 많은 곳이다. '예수쟁이 말쟁이'라는 속언이 있듯이 교회는 항상 시끄럽다. 목사는 말들의 난장판 속에서 살아간다. 무슨 일이든 잘해도 말을 듣고 못해도 말을 듣는다. 잘 입어도 말을 듣고 못 입어도 말을 듣는다. 잘 먹어도 말을 듣고 못 먹어도 말을 듣는다. 설교를 잘해도 말을 듣고 못해도 말을 듣는다.

기도를 많이 해도 말을 듣고 조금 해도 말을 듣는다. 출타를 많이 해도 말을 듣고 교회에만 있어도 말을 듣는다. 오죽했으면 야고보는 "우리가 다 실수가 많으니 만일 말에 실수가 없는 자라면 곧 온전한 사람이라 능히 온 몸도 굴레 씌우리라 우리가 말들의 입에 재갈 물리는 것은 우리에게 순종하게 하려고 그 온 몸을 제어하는 것이라"(약 3:2-3)고 했겠는가. 이렇게 말이 많은 목회 현장에서 말없이 목사에게 도움을 주는 누군가가 있어야 한다.

다윗과 요나단의 우정은 유명하다. 다윗은 베들레헴 시골 촌놈 목동이고 요나단은 일국의 왕세자다. 서로는 비교가 안 될 정도로 신분의 차이가 있다. 그런데 이들은 깊은 우정을 가지고 있었다. 요나단은 다윗을 자기 생명 같이 사랑하였다. 그들은 더불어 우정의 언약을 맺었다.

다윗의 생명이 위태로울 때마다 요나단이 피할 길을 열어주었다. 요나단은 다윗을 끝까지 도왔다. 요나단은 다윗에게 생명의 은인이다. 하나님은 요나단을 통하여 다윗을 지키셨다. 사울의 간악한 음모와 극악한 박해에서 살아남을 수 있었던 것은 요나단을 이용한 하나님의 섭리였다. 다윗은 요나단의 은혜를 평생 잊지 않았다.

목숨 걸고 도움을 주는 사람

다윗이 헤브론에서 왕이 된 후에 예루살렘 정복에 성공했다. 다윗에게는 수많은 군사가 있었지만 삼십 명의 우두머리 용사들은 승전에 혁혁한 공을 세웠다. 이들은 창을 들어 블레셋 사람들 삼백 명을 죽였다. 그런 삼십 우두머리 중에서 특별히 세 사람은 다윗에게 영원히 지워지지 않는 도움을 준 용사였다. 다윗이 아둘람 굴에 이르렀을 때에 블레셋 군대가 르바임 골짜기에 진을 치고 있었다. 그런데 블레셋 사람들의 진영에는 베들레헴이 있었다.

베들레헴은 다윗의 고향이다. 베들레헴 성문 곁에는 다윗이 어렸을 때에 마시던 우물이 있다. 다윗은 그 우물물을 간절히 마시고 싶어졌다. 그리하여 "베들레헴 성문 곁 우물물을 누가 내게 마시게 할꼬"(대상 11:17) 하며 탄식을 했다. 이때 세 사람의 용사들이 블레셋 사람들의 군대를 돌파하고 지나가서 베들레헴 성문 곁 우물물을 길어가지고 다윗에게로 왔다. 정말로 감격스러운 장면이었다. 어린 시절의 고향을 그리워하고 고향의 우물물을 마시고 싶어가는 다윗의 심정을 알기에, 목숨을 걸고 적진을 돌파하여 우물물을 길어다가 마시게 하는 용사들의 그 열정이 얼마나 감동스러운가.

그런데 다윗은 그 우물물을 차마 마실 수 없었다. 그리하여 그 물을 여호와께 부어드리며 이렇게 고백한다. "내 하나님이여 내가 결단코 이런 일을 하지 아니하리이다 생명을 돌아보지 아니하고 갔던 이 사람들의 피를 어찌 마시리이까"(대상 11:19) 다윗은 세 용사들이 자기 생명도 돌보지 아니하고 가져온 물을 마시기를 원하지 아니하였다. 다윗과 세 용사들은 생명의 교감을 가지고 있었다. 세 용사들에게는 무슨 말이 필요 없었다. 그들은 말없이 행동을 했다. 목사가 위기를 당했을 때에 말없이 도움을 주는 이런 사람을 둘 수 있다는 것은 목사의 행복이다. 목숨 걸고 말없이 목사에게 도움을 주는 누군가를 두기 바란다.

도반(道伴)의 여행자

목사는 도반(道伴)의 여행자다. 일찍이 야곱은 인생을 나그네라고 했다. 목사가 한 교회에서 몇 년 동안 목회 할지를 모르지만 언젠가는 떠나야 한다. 목사처럼 고달픈 사람은 없다. 누가 목사의 이 불편함과 고통을 알겠는가. 믿음이 아니면 갈 수 없는 길, 사명감이 없으면 갈 수 없는 길을 목사는 가고 있다.

목사에게도 친구가 필요하다. 목사에게도 자신의 생명보다 더 사랑하는 친구가 있다면 얼마나 좋겠는가. 다윗과 요나단 같은 깊은 우정의 친구처럼 말이다. 목사에게 자신의 목숨을 걸고 목회에서의 갈급함을 채워줄 누군가가 있으면 얼마나 좋겠는가. 누구에게 터놓고 말 못할 사정을 말하고 이런 것을 알아서 해결해줄 수 있는 누군가가 있으면 정말 좋을 것이다. 외로운 목회의 길에서 죽을 때까지 같이 가주는 반려자가 있다면 이보다 더 좋을 수 없다.

목사는 무언의 순례자다. 말씽 없이 사고 없이 목회의 길을 마지막까지 가려면 말없이 도움을 주는 누군가가 필요하다. 엘리야 선지자가 로뎀나무 아래에서 하나님께 죽음을 청했을 때 구운 떡과 물 한 병을 마련하여 주시고 힘을 얻어 호렙산까지 가게 하셨다. 그리고 "내가 이스라엘 가운데에 칠천 명을 남기리니 다 바알에게 무릎을 꿇지 아니하고 다 바알에게 입 맞추지 아니한 자니라"(왕상 19:18) 하셨다.

바로 이것이다. 하나님은 목사를 위해 권력에 무릎을 꿇지 아니하고 세속에 입 맞추지 아니하고, 말없이 목사에게 도움을 주는 누군가를 숨겨 놓으셨다. 목사여, 용기를 내서 기도하라. 말없이 도움을 주는 누군가가 있다.

– 나에게 그런 성도가 있는가? 그 이름을 한 번 적어보자. 감사로 그들을 위해 기도하자.

1년 동안이라도 교회 앞길을 청소해 보라

Bucket List **#040**

항일 민족 투쟁 당시, 독립투사들 중엔 그리스도인이 많았다. 그들을 결속시키고 동질감을 갖게 하는 데는 신앙의 힘이 컸다. 동시에 그들은 굳은 의지의 표명으로 머리를 깎기까지 했다. 도산 안창호 선생이 필대은 씨를 만나 "우리가 머리를 깎고 예수를 믿기로 했는데, 지저분하게 차리고 다니면, 예수 믿는 사람들도 깔끔하지 못하다는 인상을 줄 것이 아닙니까?"라는 대화를 나누었다고 한다.

그렇다. 그리스도인은 깨끗해야 한다. 마음이 깨끗한 것은 두말할 필요가 없고 몸가짐이나 옷매무새도 정갈하고 단정해야 한다. 첫인상이 좋아야 평생에 좋은 감정을 준다.

지방에 부흥회를 인도하러 가다가 차가 고장이 나서 정비소에서 고치는 동안 근처에 있는 교회 안으로 들어갔다. 그런데 교회 입구부터 지저분하고 더러운 모습이 내 인상을 구기더니, 예배당에 들어서자 의자는 삐뚤빼뚤 제멋대로 놓여 있고, 의자는 먼지투성이어서 앉을 자리가 없었다. 바닥에는 먹던 과자 부스러기며 쓰레기들이 난잡하게 널브러져 있었다. 그 예배당에서는 도저히 기도할 마음이 생기지 않아서 서성거리다가 그냥 나오고 말았다.

교회당은 깨끗해야 한다. 하나님께 예배드리는 곳이니 깨끗해야 한다. '만인이 기도하는 집'이니 누가 들어와서 기도를 하더라도 정결하고 깨끗한 환경에서 기도하기에 좋게 해야 한다. 교회당 주변도 깨끗해야 한다. 교회 앞길은 교회의 얼굴이다. 환경은 사람의 마음을 지배한다. 나쁜 환경은 나쁜 마음을 가지게 하고, 좋은 환경은 좋은 마음을 가지게 한다.

지방의 면단위 작은 마을에 교회가 있었다. 주변에 숲이 있는 한적한 곳이어서 평소에는 찾는 사람이 별로 없다. 헌데 저녁 무렵만 되면 청소년들이 책가방을 든 채 찾아와 음침한 곳에서 담배를 피우고, 입에 담지 못할 눈에 거슬리는 행동을 하곤 했다. 그렇다고 대놓고 야단치면 예배당이 남아날 것 같지 않았다. 당회에서 의논한 후에 주변 정화에 나섰다. 담장을 헐고 조명을 더 밝게 하고 농구대를 설치했다. 그리고 아주 깨끗하게 청소를 해놓았더니 청소년들의 범죄 행위가 싹 가시고 말았다고 한다.

교회 주변부터 깨끗하게

교회는 지역 사회와 깊은 유대를 가지고 있다. 지역 주민의 협조와 동의가 없이는 교회가 발전하지 못하고 부흥할 수도 없다. 그런 의미에서 교회는 지역 사회에서 인상이 좋아야 한다. 주민들이 교회 앞길을 지나다니면서 지저분하거나 오물이 널려 있으면 비난과 외면을 면치 못할 것이다. 그래서 우선 교회 앞길이 깨끗해야 한다. 물론 교회에는 관리인이 있고 교인들에게 청소를 부탁할 수 있다.

그러나 담임목사가 교회 앞길을 날마다 깨끗하게 청소한다면, 주민들의 교회에 대한 인식이 달라질 것이다. 교인들은 일상에 바쁘다. 일 년 동안이라도 목사가 교회 앞을 청소해 보아라. 그러면 목사가 교인들과 주민들에게 호감을 줄 수 있고 이에 감동 받은 교인들도 교회 앞길 청소에 참여할 수 있을 것이다.

"너희는 세상의 빛이라 산 위에 있는 동네가 숨겨지지 못할 것이요 사람이 등불을 켜서 말 아래에 두지 아니하고 등경 위에 두나니 이러므로 집 안 모든 사람에게 비치느니라 이같이 너희 빛이 사람 앞에 비치게 하여 그들로 너희 착한

행실을 보고 하늘에 계신 너희 아버지께 영광을 돌리게 하라"(마 5:14-16)

교회 앞길을 밝는 사람의 발을 씻기는 마음으로

예수님의 생애는 온통 감동으로 이어지지만 그래도 기억에 지워지지 않는 행동은 제자들의 발을 씻겨 준 사건이다. 유월절 어느 날 예수님은 저녁을 잡수시던 자리에서 일어나 겉옷을 벗고 수건을 가져다가 허리에 두르시고 대야에 물을 떠서 제자들의 발을 씻기시고 두르신 수건으로 닦기까지 하셨다. 상상해 보라. 예수님은 하나님의 아들이시다. 그리고 제자들의 스승이시다. 그런데 예수님은 자신의 신분을 내려놓고 제자들의 발을 씻기신 것이다.

예수님의 이런 돌발적인 행동에 제자들은 놀랐다. 그러나 어안이 벙벙하면서도 누구 하나 입을 떼지 못하고 당하기만 했다. 그런데 베드로의 차례가 되었을 때에 성질이 급한 베드로는 "주여 주께서 내 발을 씻으시니이까" 하고 거절하려 했다. 이에 예수님은 이런 대답을 하셨다. "내가 하는 것을 네가 지금은 알지 못하나 이후에는 알리라"(요 13:7) 이 말씀을 깊이 묵상해 보아라. 제자들의 발을 씻기신 주님의 뜻을 오늘의 목사들은 아는가?

다른 사람의 발을 씻기는 것은 가장 낮은 자세를 취하는 것이다. 일단 수건을 준비해야 하고 세숫대야에 물을 담아 와야 한다. 그리고 허리를 굽히고 상대방의 가장 낮은 곳에 있는 가장 더럽고 냄새나는 발을 자신의 손으로 만져야 한다. 이는 말이 쉽지 실제는 쉽지 않은 행동이다. 가끔 학교에서나 교회에서 선생님이 제자들의 발을, 목사가 교인들의 발을 씻기는 세족행사에 대해서 비아냥거리는 말을 하는 사람이 있다. "이런 일은 예수님이 하신 일이니 스스로 예수님이 되고 싶지 않다"고 말을 하긴 하는데, 실상은 자신이 낮아지기를 거부하면서 그러지 못하는 자신을 옹호하는 것에 불과하다.

예수님이 말씀하셨다. "내가 너희에게 행한 것을 너희가 아느냐 너희가 나를 선생이라 또는 주라 하니 너희 말이 옳도다 내가 그러하다 내가 주와 또는 선생이 되어 너희 발을 씻었으니 너희도 서로 발을 씻어 주는 것이 옳으니라 내가 너희에게 행한 것 같이 너희도 행하게 하려 하여 본을 보였노라 내가 진실로 진실로 너희에게 이르노니 종이 주인보다 크지 못하고 보냄을 받은 자가 보낸 자보다 크지 못하나니 너희가 이것을 알고 행하면 복이 있으리라"(요 13:12-17) 이런 주님의 가르침을 명심하고 실제로 실천해 보아라.

교회 앞길을 교인들이 발로 밟고 다닌다. 교인 아닌 사람도 교회 앞길을 밟고 다닌다. 목사가 교인들이나 교회 앞길을 지나다니는 사람의 발을 일일이 씻겨주지 못할지언정 작업복을 입고 날마다 교회 앞길을 지나가는 사람의 발을 씻기는 마음으로 청소를 해 보아라. 쓰레기나 오물을 줍고 대비를 들고 말끔하게 청소해 보아라.

첫째, 교회의 인상이 달라질 것이다.
둘째, 지나가는 사람의 기분이 달라질 것이다.
셋째, 겸손한 목사에 대한 평가가 달라질 것이다.
넷째, 교회의 앞길을 밟고 자나가는 사람들의 마음까지 깨끗해질 것이다.

- 1년 동안 그렇게 실천할 용기가 있는가?

1년 동안이라도 교회 화장실 청소를 해 보라

Bucket List **#041**

화장실(化粧室, toilet, 문자 그대로는 화장을 고치는 방. 문화어 : 위생실)은 일차적으로는 인간의 배설물, 즉 소변과 대변을 처리하기 위한 편의 시설이다. 이곳은 세면을 하거나 간단히 얼굴 화장이나 옷매무새를 고치는 장소로 쓰이기도 한다. 불교에서는 화장실을 해우소(解憂所, 근심을 푸는 장소)라고 한다. 용변을 시원하게 해결하는 장소란 뜻이다. 토속적으로 뒷간(後間, 뒤 쪽에 있는 방), 측간(廁間), 변소(便所, 배설물을 처리하는 곳)라고도 부른다.

고대도시 하라파와 모헨조다로(지금의 인도와 파키스탄쯤에 위치함)에는 배설물을 떠내려 보내는 장치가 있는 화장실이 있었다. 인더스 문명에도 이러한 형태의 화장실이 있었다. 현대의 양변기는 1596년에 존 해링턴 경이 고안했으나, 널리 퍼지지는 않았고, 19세기에 와서야 미국 상류층의 주거지에서 쓰이기 시작했다. 동아시아에서는 농경에 사용되는 비료의 원료로 배설물을 모으기 위해 화장실이 지어졌다. 이러한 용도의 화장실은 화학적 방법으로 비료가 대량생산 · 판매되면서 그 숫자가 점차 줄어들게 되었다.

사람이 먹으면 배설한다. 먹는 것은 좋은데 배설하는 것이 문제다. 배설에는 어쩔 수 없이 고약한 냄새가 나기 때문이다. 사람들은 배설냄새를 싫어한다. 그래서 처갓집은 가까워도 뒷간은 멀어야 한다고 말한다. 요즘이야 화장실이 실내에 있고 옛날 같이 그리 더럽지는 않다. 그럼에도 사람들은 화장실을 싫어한다. 누구의 집이든 그 집의 화장실을 가보면 가정의 정서나 수준을 알 수 있다고 한다. 이젠 화장실이 문화의 척도가 되었다. 깨끗한 화장실을 가지는 것은 쾌적한 환경과 수준 높은 문화를 과시하는 것이라 할 수 있다.

'아름다운 사람은 머문 자리도 아름답다'라는 표어도 있듯이 교회 화장실을 이용하는 주민이나 교인들에게 깨끗하고 쾌적한 화장실을 제공하는 것은 목사의 설교 못지않게 중요하다. 문화수준이 떨어지는 사람일수록 화장실을 더럽게 사용한다. 아울러 더러운 냄새가 나는 화장실을 청소하는 것을 많은 사람이 기피한다. 그래도 누군가는 더러운 화장실을 청소해야 한다. 교회에는 화장실이 있다. 교회도 여러 사람이 모이기 때문에 개인 주택의 화장실처럼 깨끗하게 사용하기는 쉽지 않다.

화장실 청소는 의당 교회 관리 집사가 하는 것으로 알고 있다. 그러나 인식을 바꿀 필요가 있다. 관리집사는 교회에서 주는 급료를 받고 의무적으로 청소한다. 그렇게 하지 말고 자발적으로 사람들이 싫어하는 화장실 청소를 목사가 먼저 해보면 어떨까. 목사가 죽기 전에 한번 쯤 해볼 만한 일이 화장실 청소가 아닐까 한다. 한 1년 기간을 정하고 목사가 교회 화장실 청소를 해 보아라.

사람의 신체구조 중에 '뒤'는 안 보이는 곳이고 가장 낮은 곳이다. 기립했을 때야 발이 낮은 곳에 있지만, 발은 노출을 시켜도 그리 크게 예의에서 벗어나지 않는다. 그러나 '뒤'는 항상 가려야 한다. 사람들은 '뒤'를 수치스럽게 생각한다. 그래서 화장실을 '뒷간'이라고 했다. 재래식 화장실, 뒷간에는 오물과 구더기가 뒤엉켜 있다. 코를 둘 수 없을 정도로 악취가 난다. 이런 곳은 사람들이 피한다. 그런데 사람들이 피하는 곳에 가야 할 사람이 바로 목사다.

목사의 아름다운 낮아짐

일반적으로 사람들은 목사를 성직자라고 부른다. 목사를 '거룩한 직을 가진 자' 하나님을 대신하고 주님의 권한을 행사할 수 있는 사람으로 존경한다. 그렇다. 목사에게도 품위가 있어야 한다. 함부로 말해서도 안 되고 행동을 조심해야 한다. 목사는 사람들에게 존경받을 만한 생활을 해야 한다. 그러나 목사가 경계해야 할 것이 있다. 교만해서는 안 된다. 건방져서도 안 된다. 혼자만 거룩한 척 해서도 안 된다. 품위는 자기가 만들려고 해서 되는 것이 아니라, 다른 사람에 의해서 만들어 지는 것이다. 그러므로 목사는 자신을 내려놓을 줄 알아야 한다. '낮아지는 자가 높아진다.' 했다. 목사가 가장 낮은 곳에 내려앉아야 주님이 높아지신다.

목사는 낮아져야 한다. 자신을 내려놓을 줄 알아야 한다. 목사는 나 자신을 끊임없이 내려놓기를 원하지만, 마음이 쉽게 내려놓기를 원하지 않을 때가 많다. 목회하면서 가장 경계해야 할 것은 욕심이다. 목사는 설교하면 어패가 있는 말을 자주 하곤 한다. 비판적인 설교를 하고 나면 자신도 모르게 속이 시원해진다. 내 맘대로 좌지우지 하려는 이들에겐 반박하며 내 주장을 확실히 말하지만, 반대로 내 뜻대로 되지 않는 이들에겐 많은 것을 요구하고 강력하게 제압하려는 의지가 있다.

목사는 어느 곳에서도 낮아질 수 있는 길을 찾아야 한다. 섬기기 위해서는 낮아져야 하고, 낮아지기 위해서는 내려가야 한다. 가장 낮은 곳으로 가장 추한 환경으로 내려가 보지 않고는 자신을 이해할 수 없을 것이다. 물이 밑으로 흘러 내려가게 되어 있는 것처럼 자비는 자신을 겸손히 하는 자만이 행할 수 있는 덕이다.

목사가 아무도 모르게 새벽기도회를 마치고 가장 낮은 화장실에 가서 청소를 해 보아라. 거기서 자신을 발견하고 놀랄 것이다. 화장실 청소는 자신을 발견하는 수행이다. 가장 추하고 낮은 곳에서 자신을 만났을 때의 환희와 감격은 평생 잊지 못할 것이다. 그때 목사는 자신의 마음에 쌍무지개가 뜨는 체험을 하게 될 것이다. 특히 이 기쁨과 영광의 감동을 소문내지 말고 자신만이 간직하도록 하라.

화장실을 청소하는 법

화장실 청소는 그냥 세제를 뿌려서 물로 닦는다고 끝나는 것이 아니다. 가끔은 막혀 있는 구멍도 뚫어야 한다. 화장실에서 변기의 때는 샴푸나 주방세제를 묻힌 스펀지로 물을 빼면서 닦아주면 된다. 찌든 때는 락스의 원액을 분무기로 뿌린 후 약 3시간 정도 지난 후 걸레로 닦아내면 깨끗해진다.

용변을 하고 난 변기에서 나는 냄새가 아무래도 신경이 쓰일 경우가 있다. 이때는 성냥개비를 켜면 성냥을 연소시키는 성분의 냄새가 화장실의 불쾌한 냄새를 제거해 준다. 그리고 화장실에 숯을 놔두거나 촛불을 켜두면 화장실 냄새를 없애는데 많은 도움이 된다.

– 내 인생에서 값진 일 년의 추억으로 화장실 청소를 해 볼 생각은 없는가?

단 며칠이라도 노숙자와 함께 살아 보라

Bucket List **#042**

노숙자(homeless)는 '일정한 주거지와 직업이 없이 떠도는 사람'을 일컫는 말이다. 미국에서는 1980년대 레이건 정권 당시 사회복지 예산이 삭감됨에 따라 많은 노숙자들이 나왔다고 전해지고 있다. 미국의 노숙자는 전 지역에서 최저 25만-300만 명으로 집계되었지만 정확한 숫자는 파악되지 않았다.

한국에서도 1997년 말 IMF 경제위기가 닥치면서 많은 노숙자들이 생겨나 사회문제가 되고 있다. 전체 노숙자의 67%(3천304명)가 서울에 머물고 있고, 이어 부산(8.4%), 경기(7.0%), 대구(5.7%) 등의 순으로 노숙자가 많다고 한다.

현재 노숙자 문제가 사회적으로 확산되어 가고 있다. 노숙자들의 생활은 사회의 가장 밑바닥이다. 그러니 노숙자 문제는 교회가 그냥 지나칠 수 없는 문제다. 노숙자들에게 식사를 제공하는 교회가 있지만, 식사 한 끼로 저들의 문제를 해결할 수 없는 노릇이다. 그래서 교회마저도 쉽게 답을 낼 수 없다. 그런다고 교회가 노숙자를 위해 기도만 하고 있을 수 없는 노릇이다.

노숙자 문제에 대한 진단

노숙자의 문제가 왜 해결 안 되는가? 세상이 병들어서 그렇다. 세상 사람들은 소중한 것이 무엇인지 모른다. 그래서 사소한 것을 잃으면 모든 것을 잃은 것으로 생각한다. 경제 수준이 올라가고 사회가 부유해지면 노숙자 문제는 해결될 것으로 생각하지만 실제는 그렇지 않다. 경제대국 미국도 노숙자들이 엄청 많다. 물론 노숙자가 많기 때문이기도 하지만, 그것보다 더 중요한 것은 그들에게 더는 자신이 소중하게 생각하는 것이 하나도 없다는 것이 제일 큰 문제다.

사람은 자신이 소중히 여겨야 하는 것이 있어야 하는데, 그것이 없으면 삶의 의욕이 사라지고 만다. 삶의 의욕이 없어지면 만사가 귀찮고, 모든 것이 귀찮아지면 모든 것을 쉽게 포기해 버린다. 모든 것을 포기해버리니 마음이 편하다. 노숙자는 죽음은 겁먹지 않으면서 쉽게 자살하지 않는 특징을 가지고 있다. 자살은 대개 극한적인 최후의 한계점에서 시행되는데, 저들은 굶주려 얻어먹을지언정, 배고파 죽을지언정 자살이라는 극단적인 선택을 하지 않는다.

사람은 본래 자기가 주어진 조건이 어떠하던지 주어진 조건에 맞추어서 살아야 하는 존재다. 이점에서는 동물이나 사람이나 곤충이나 식물이나 마찬가지다. 그런데 유독 인간만이 자기가 사는 환경에 불만을 가지고 살아간다. 그도 그럴 것이 다른 동물이나 곤충이나 식물은 자신의 환경에 불만족하면 약육강식의 법칙에 의해서 대부분 사라진다. 그래서 모든 동물이나 식물과 곤충들은 자신의 환경을 탓하며 살지 않는다.

인간은 만물의 영장이기 때문에 하나님이 베풀어주신 은혜를 입고 감사한 마음으로 살아야 한다. 그럼에도 인간은 그런 많은 해택이 주어졌지만, 자신이 가진 것에 대해서 불만을 품고 짜증을 내고 화를 낸다. 문제는 불만을 품는 순간 인간이 소중히 여겨야할 것을 찾지 않고 자신이 원하는 것만을 얻으려고 한다는 것이다. 노숙자 문제는 여기서부터 시작된다. 노숙자 문제는 일차적으로 개인에게서 시작되지만 이는 가정의 문제, 사회적인 문제로 확대된다.

노숙자의 마음으로

노숙자의 현장은 지옥이다. 아무도 접근하기를 싫어하고 애써 피해간다. 그 지독한 냄새며 불결한 모습은 가까이 하기 힘들게 만든다. 하지만 노숙자도 사람이다. 그들에게도 인정이 있고 의리가 있을 것이다. 그들은 직장을 잃고 일자리를 박탈당하고 가족에게 버림받고 사회에서도 냉대를 받고 있다. 노숙자는 예수님 시대의 사마리아 사람과 같다. 아니 사마리아 사람보다 더한 냉대와 버림을 받고 있다. 예수님이 지금 계셨다면 아마 노숙자에게 찾아가셨을 것이다.

이 시대에 노숙자의 벗이 될 수 있는 사람은 누구인가? 목사밖에 없다고 생각된다. 노숙자 문제를 강단에서 말하고 그들을 위해서 기도만 한다고 저들의 아픔과 고통을 위로할 수 없다. 한 끼의 식사를 제공한다고 노숙자를 보듬는 것이 아니다. 목사가 노숙자의 현장에서 저들의 아픔과 고통을 체험해 보아야 한다.

노숙자가 되는 깊은 사정을 알고 보면 반드시 경제문제만은 아니다. 집도 있고, 가족도 있고, 돈이 있는 노숙자가 있다. 저들은 한마디로 사회에서 쫓겨난 사람, 버림받은 사람, 모든 것이 귀찮은 사람들이다. 오히려 노숙을 즐기는 사람도 있다. 심지어 여자 노숙자도 있다.

"길거리에서 자면 춥지는 않나요?" 멍청한 질문을 해 보았다. "추워도 지하철 같은 데서 사는 것이 자유롭지요. 처음 잠들 때는 술기운 때문에 추운 건 잘 모르고 자지만 새벽에는 엄청 춥지요. 온몸이 엄청 짜증납니다!" "왜 집으로 가지 않습니까?" "집이 싫습니다. 그리고 집도 없습니다." 피식 웃고 만다. 그야말로 우문우답(愚問愚答)이다.

천 마디의 말과 백 그릇의 밥이 저들을 도와주는 것이 아니다. 말이 필요 없다. 옷가지나 밥이 저들을 위로하는 것이 아니다. 목사가 신분을 감추고 스스로 노숙자가 되어 보아라. 그리고 그들과 대화하면서 아픔과 고통을 나누어 보라. 슬픔을 나누어 보라. 짧게라도 그들의 작은 예수친구가 되어 보라.

착각하지 말라. 노숙자가 되어 보는 것은 노숙자를 위한 것이 아니다. 목사 자신을 위한 것이다. 지옥까지 가보지 않고는 지옥을 모른다. 주님도 십자가에서 고난을 당하신 후에 지옥 같은 무덤에 내려가셨다가 부활하시지 않으셨던가.

낮은 곳에 가봐야 낮은 곳에 사는 사람을 안다. 더러운 곳에 가봐야 더러운 곳을 안다. 버림받은 사람과 같이 살아봐야 버림받은 사람을 안다. 거룩한 곳에서 '거룩 거룩'을 죽을 때까지 외쳐도 거룩해지지 않는다. 목사가 죽기 전에 가장 낮고 추한 곳에 단 며칠만이라도 살아 보아야 거룩해질 수 있다.

– 나에게 이런 경험이 있는가? 없다면 해 볼 용기는 있는가?

한 주간 동안 걸식여행을 해 보라

Bucket List **#043**

손을 잡는다는 것은 '너와 나는 하나'라는 표시가 될 수 있다. 최소한 '너는 나의 적이 아니다'라는 표시임은 분명하다. 이런 의미 때문에 우리는 서로 손 잡는 것에 신경을 쓴다. 그런데 우리가 손을 잡아야 할 상대가 있고 절대로 손을 잡아선 안 되는 상대도 있다. 예를 들어 우리는 강도와 손을 잡을 수 없고 사기꾼과 손을 잡아서도 안 된다. 왜냐하면 그렇게 되면 우리가 그들과 한편이라는 것을 뜻하기 때문이다. 손 한 번 잘 잡아서 노벨상을 받은 사람도 있다.

1979년에 노벨평화상을 받은 테레사 수녀가 바로 그 사람이다. 그 연유를 살펴보려면, 그녀가 18세 되던 해의 일로 거슬러 올라가야 한다. 자기 일생을 오로지 예수 그리스도를 위하여 바치기로 작정하고 유고슬라비아의 스코피에에 있던 자기 집을 막 떠나는 시간이었다. 순박한 신앙의 소유자인 그의 어머니는 두 눈 가득 눈물을 머금고 목멘 음성으로 간곡히 부탁을 했다.

"얘야. 예수님의 손을 꼭 붙들고 있어야 한다. 네 손도 예수님의 손처럼 되도록 노력해라."

테레사는 평생 어머니의 마지막 당부를 잊을 수가 없었다. 그녀가 기쁠 때나 슬플 때, 고단할 때나 어려울 때, 젊어서나 늙어서나 가리지 않고 언제나 예수님의 손을 꼭 붙들고 살았고, 아울러 자기의 손이 예수님의 손과 같은 역할을 해야 한다고 다짐하면서 지냈다.

이런 그가 아니고서야 어찌 '인간 지옥'이라고 불리는 인도 캘커타의 빈민굴에서 평생토록 그들과 더불어 살면서 진심으로 그들을 도울 수가 있었겠는가. 그러므로 우리가 인간으로서의 인간다운 인간이 되기 위하여 제일 먼저 잡아야 할 손은 예수님의 손이다. 왜냐하면 그분이야말로 참된 인격의 소유자이기 때문이다.

우리가 오른손으로 예수님의 손을 굳건히 잡고 왼손으로 우리 이웃의 손을 잡을 때 내 손은 바로 예수님의 손과 같은 역할을 할 수 있다. 이렇게 사용된 손이 곧 테레사의 손이요, 슈바이처의 손이라고 할 수 있을 것이다. 그리고 세상 사람들은 지금 이 시간에도 바로 이런 손을 애타게 고대하고 있는 것이다.

닮으면 좋아진다. 서로 닮기 위해서는 기쁨을 나누어야 한다. 슬픔도 나누어야 한다. 자기를 닮은 사람을 좋아하게 되는 것은 많은 사람들의 공통 심리다. 고향이 같거나 성이 같거나 항렬자가 같아도 좋아한다. 그것을 가리켜 핏줄이 통한다고 표현하기도 한다. 형제는 같은 핏줄이 흐르기 때문에 닮는다. 우리 그리스도인들은 예수 그리스도의 보혈이 통하는 주 안에서의 형제이다. 그래서 서로 사랑한다. 사랑이 없으면 형제라고 할 수 없다. 목사가 먼저 예수님을 닮아 주 안에서 하나가 되어야 한다. 목사도 예수 그리스도의 손을 잡아야 주님을 닮는다. 목사가 주님을 닮고 싶으면 주님의 손을 잡아야 한다.

가난을 체험해 보라

일상적인 생활을 하는 사람이 거지가 된다는 것은 쉬운 일이 아니다. 그러나 일정 기간 동안만이라도 '거지생활'을 경험한다는 것은 가치 있는 일이다. 누구보다도 '청빈'을 강조하는 목사에게 필요한 일이다. 목사는 강단에서 가난을 외친다. "심령이 가난한 자는 복이 있나니 천국이 그들의 것임이요"(마 5:3) 대개 목사들은 이런 말씀을 전파하면서 '심령'만을 강조한다.

'심령'(心靈, spirit)은 문자 그대로는 '마음', '정신'을 말한다. 그러나 어원을 살펴보면 다른 해석이 나온다. 히브리어의 '심령'은 (beten)으로 '내부, 속 부분이 비어 있다'는 말에서 온 말이다. 신약에서 실제로 예수님이 사용하신 '심령'(pnruma)도 '공기의 움직임, 한 줄기 바람'을 의미하는 언어다. '심령'을 우리가 영적으로 높은 차원의 언어로 사용하고 있지만, 실제는 평범한 차원의 '비어 있는', '가난한' 상태를 이르고 있음을 명심해야 한다.

목사들이여! 너무 고상해지지 말자. 진정으로 예수님을 닮으려거든 마음을 비우자. 좀 더 가난해지자. 혹독한 노예 생활에서 주님을 영접하고 그리스도인이 된 흑인들은 백인들이 죽도록 미웠고 싫었지만 그들을 용서하고 사랑하려고 예수님 닮기를 원했다. 그들은 거룩해지려고 예수님을 닮고 싶었다. "예수 닮기 원합니다. 진심으로. 진심으로." 그들은 가난했기에 예수님을 닮을 수 있었다.

성 프란시스와 그의 제자들은 세상의 모든 것을 버렸다. 지위도 버리고, 명예도 버리고, 재산도 버리고, 이름까지 버렸다. 그래서 거지가 되었다. 그래도 먹고 살면서 복음을 전해야 하기 때문에 걸인으로 얻어먹고 다녔다. 그들은 가난했기에 오히려 복음을 전하기에 충분했다. 이는 때로 지위나 명예나 재산이 복음 전파에 거침이 될 수 있다는 것을 입증하고 있다. 정말로 가난해지지 않으면 예수님을 닮고 복음을 전하기에 부담이 될 수 있다. 우선 마음을 비우고 실제로 가난을 체험해 보도록 하자.

목사들이여! 잠시만이라도, 그래 딱 일주일만 거지가 되어 보자. 우선 남루한 옷을 한 벌만 준비하자. 지갑이며 카드며 현금과 핸드폰 등을 다 내놓아라. 갈아입을 속옷과 양말과 신발만 준비하자. 세면도구도 필요 없다. 일기에 맞춰서 두툼한 담요는 필요하다. 노숙을 해야 하기 때문이다.

성경과 찬송가, 필기구와 기록할 영성노트와 메모지를 준비하라. 그리고 떠나라. 이제부터 당신은 거지다. 목이 마르거나 배가 고프면 만나는 사람에게 구걸을 하라. 주면 먹고 안 주면 굶으라. 며칠 굶는다고 죽지는 않을 것이다.

목사에게 유일한 은신처는 교회다. 이 세상 어디든지 교회는 없는 곳이 없다. 밤이면 교회에서 자고 신분을 밝히지 말고 구걸해서 먹으라. 이렇게 가난을 체험해 보면 가난한 자의 서러움과 고통을 알게 될 것이다. 아울러서 당신은 예수님을 닮게 될 것이다. 목사 당신이 걸식여행을 통해서 예수님을 닮으면 진짜 제자가 될 수 있을 것이다.

"예수께서 열두 제자를 불러 모으사 모든 귀신을 제어하며 병을 고치는 능력과 권위를 주시고 하나님의 나라를 전파하며 앓는 자를 고치게 하려고 내보내시며 이르시되 여행을 위하여 아무 것도 가지지 말라 지팡이나 배낭이나 양식이나 돈이나 두 벌 옷을 가지지 말며 어느 집에 들어가든지 거기서 머물다가 거기서 떠나라 누구든지 너희를 영접하지 아니하거든 그 성에서 떠날 때에 너희 발에서 먼지를 떨어 버려 그들에게 증거를 삼으라 하시니 제자들이 나가 각 마을에 두루 다니며 곳곳에 복음을 전하며 병을 고치더라"(눅 9:1-6)

– 진심으로 이 걸식여행을 해 볼 생각이 있는가? 계획을 써보자.

노동 현장에서 한 주간 동안 일해 보라

Bucket List **#044**

한때는 목사가 세상에서 제일 먼저 새벽에 일어나는 줄 알았다. 그놈의 '사명감'이라는 것 때문에 새벽잠을 설치고 새벽을 깨우는 것을 자랑스럽게 여겼다. 솔직히 어떤 때는 새벽에 일어나는 것이 힘겹고 싫을 때도 있었다. 그래서 어디에 출타를 하고 새벽기도회를 인도하지 않아도 되는 날에는 즐거운 해방감을 만끽하며 단잠을 잔 적도 있다.

명문 대학에서 교수로 있던 어떤 유명 목사는 서울의 대형교회에서 청빙을 받을 때 두 가지 조건을 내밀었다는 말을 들었다. '첫째, 새벽기도회 인도 안 해도 된다. 둘째, 사택을 강남에 두고 승용차로 출퇴근한다.' 웃기는 이야기 같지만 이해가 되는 면도 없지 않다. 그만큼 새벽에 일(?)한다는 것이 힘들다는 거다.

새벽 인력시장에 가보라. 아직 아무도 깨어나지 않은 꼭두새벽, 온 세상이 꽁꽁 얼어붙은 엄동설한 추운 겨울 새벽, 세네 시부터 노동자들이 모여든다. 누군가가 드럼통에 장작불을 지피니 모여든 노동자들이 언 발을 동동거리며 차가운 손을 비비면서 누군가가 나타나기를 기다린다. 인력시장의 노동자들은 선착순으로 번호표를 타고 일감을 기다린다. 자기에게 맞는 일감을 찾으면 천행다행이다.

그렇게 아침까지 기다려도 일감을 못 찾으면 그냥 집으로 돌아가야 한다. 몸은 건강하나 배운 것은 없어서다. 제대로 된 자격증 하나 없어서다. 그래서 고

단한 육체노동 같은 일감을 찾기 위해서 새벽을 깨운다. 그러나 일감을 만나기란 그리 쉬운 일이 아니다. 집에서는 처자식들이 배를 곯고 있는데, 일감을 못 찾으니 저들의 두 어깨가 축 늘어지고 기가 팍 죽어 있다. 목사가 되어가지고 저 하루 품팔이 일꾼들의 사정을 미처 알지 못하고 산다면 너무나 부끄러운 일 아니겠는가.

인력시장(人力市場)의 현장 탐방

인력시장은 품팔이 노동자들과 일손을 구하는 사람들 사이에서 품팔이 흥정이 벌어지는 장소다. 작정하고 인력시장 현장을 탐방해 봤다. 새벽 4시 경기도 성남시 수정구 태평1동 수진리고개에 봉고차들이 들어오기 시작했다. 아직 깜깜한 새벽이고, 깊어가는 겨울이라서 새벽날씨가 너무 추웠다. 봉고차 주변으로 한두 사람씩 모습을 드러내기 시작하더니 어느새 100명 남짓한 사람들이 길거리를 가득 메웠다. 사람들이 몇 명씩 무리를 지어 봉고차에 올라타기 시작했다. 사람들을 태운 봉고차는 하나둘씩 각자의 목적지를 향해 떠났다.

"매일 새벽에 나올 때마다 오늘 일이 없으면 어쩌나 걱정을 합니다." "요새는 일거리가 없어서 사람들도 많이 안 나와요. 예전 같으면 저 건너편까지 사람들로 꽉 찼을 텐데." 일거리를 기다리던 한 50대 남성 노동자가 하소연하듯 말했다. 한 시간쯤 지났을까. 도로변에 나란히 세워져 있던 10대 가량의 봉고차들은 모두 그날의 일터를 향해 떠나고 없었다.

하지만 그날 일을 찾아 나온 100여 명 중 절반가량은 여전히 그 자리에 서성대고 있었다. 이날 공친 사람들이었다. 또 다른 50대 남자가 "벌써 일주일째 일을 구하지 못하고 있다"고 걱정스러운 표정으로 말했다. 이들은 대부분 며칠째 일을 구하지 못했다고 한다. "한 달에 열흘도 일하기 힘들어요." 다른 중년 노동자가 말했다. 사람들은 그렇게 잠시 걱정을 늘어놓다가 뿔뿔이 흩어졌다. 아직 해가 뜨지 않았다. 새벽을 여는 사람들과 그 속에서 일거리를 구하지 못해서성이는 사람들. 이것이 바로 성남 인력시장의 현주소다.

노동의 가치

노동은 크게 육체노동과 정신노동으로 나눈다. 하나님은 처음의 인간, 아담을 창조하시고 이렇게 말씀하셨다. "하나님이 그들에게 복을 주시며 하나님이 그들에게 이르시되 생육하고 번성하여 땅에 충만하라, 땅을 정복하라, 바다의 물고기와 하늘의 새와 땅에 움직이는 모든 생물을 다스리라 하시니라"(창 1:28) 인간은 생육하고 번성하기 위해서는 '땅을 정복'해야 했다. 그리고 "바다의 물고기와 하늘의 새와 땅에 움직이는 모든 생물을 다스리라" 하셨다. 이를 노동이라고 말한다. 이 노동은 하나님의 축복과 잇대어 있다. 고로 노동은 축복이다.

그런데 언제부터인지 사람들은 육체노동을 천하게 생각했다. 어쩌면 유교의 사농공상(士農工商) 사상 때문이듯 하다. 선비나 관리는 대접을 받지만, 농사를 짓거나 공장에서 일하는 사람 및, 장사꾼은 천대를 받았다. 그래서 많이 배우면 이른바 가방끈이 길면 좋은 직장에 들어가 고액의 연봉으로 호의호식하고, 못 배우면 즉 가방끈이 짧으면 육체노동으로 살아가야 하는 것으로 알고 있다. 그래서 노동의 현실은 비참하다. 박봉에 시달려야 한다. 그나마도 일자리를 못 얻으면 생계가 막연해지기도 한다. 목사도 노동자인데, 육체노동이 아닌 정신노동자로 취급된다. 그래서 목사가 되어가지고 노동자의 현실을 외면할 수 있는 가능성이 있다.

노동, 과연 추하고 천하기만 한 것일까? 아니다. 노동이란 '사람이 생활에 필요한 물자를 얻기 위하여 육체적 노력이나 정신적 노력을 들이는 행위'(국어사전)라고 풀이된다. 사람이 살아가는 데 필요한 물자를 만드는 것은 절대로 천하지 않다. 노동자들의 땀 흘림이 없이 사람들의 삶이 가능하지 않다. 그런데 노동을 '육체적 노동'과 '정신적 노동'을 분리해 노동자들은 천대받고 가난하게 살아야할 존재라는 가치를 심어 왔던 것은 커다란 잘못이다. 노동이야말로 천한 것이 아니라 귀하고 아름다운 것이다. 목사는 노동의 가치를 말씀을 통해서 강조해야 한다.

성경에 나타난 노동

신약성경은 노동의 가치를 긍정적으로 나타내고 있다. 예수님은 당시에 통용되던 속담을 인용하여 제자들에게 말씀하셨다. "일꾼이 그 삯을 받는 것이 마땅하니라"(눅 10:7) 일꾼(노동자)에게는 수고한 대가가 있음을 말씀하신 것이다. 뿐만 아니라 적극적으로 일하고 수고한 이에게 보상 이상의 것이 있음도 말씀하셨다.

예수님도 "내 아버지께서 이제까지 일하시니 나도 일한다"(요 5:17)고 하셨다. 바울사도 또한 보다 적극적으로 일해야 함을 가르치고 있다. "누구든지 일하기 싫어하거든 먹지도 말게 하라"(살후 3:10) 그러므로 우리는 누구나 일해야 한다. 그것은 힘들고 어려운 일이지만 피할 수 없다. 그러나 열심히 수고한 이들에게는 보상이 따른다. 노동을 통하여 기쁨과 보람을 얻는 가치 있는 일인 것이다.

우리는 이렇게 자신들이 하는 일에 의해 자신들을 규정하는 경향이 있다. '당신은 무슨 일을 하느냐?'는 질문에 대개 '나는 000이다'라고 대답한다. 때문에 우리가 하는 일 또는 노동이 그 사람을 대변하고 있다. 이러한 일에 대한 영어 표현은 다양하다. Occupation, Calling, Work, Job, Profession, Trade, Business 등이 있다. 흔히 '일(노동)'에 해당되는 말은 Work나 Job이다. 가장 일반적인 말로 Occupation은 직업에 해당하는 말이다. Profession은 변호사나 교사와 같이 주로 학문적인 전문 지식을 필요로 하는 것을 나타낸다. Business는 회사 등에서 하는 업무를 표현한다. Trade는 손의 훈련을 필요로 하는 직업을 나타낸다.

주목해야 할 표현은 Calling이다. 이는 소명이란 말로 '신의 명령에 의한 일' 곧 천직으로 여기는 것이다. 유사한 표현으로 Vocation은 더욱 고상한 표현이다. 이 용어는 기독교적인 관점에서 우리의 일은 하나님의 부르심에 대한 응답이라는 의미를 잘 표현하고 있다. 기독교적인 전통에서 우리의 하는 일은 단순히 생계를 위해서라기보다는, 그 일에 하나님이 나를 부르셨다는 믿음을 갖는 일이 필요한 것이다.

목사도 육체노동을 체험해 보라

목사를 '성직자'(聖職者 a Minister; a Clergyman; Holy Orders)라고 부른다. 그러나 성직자라고 거룩한 척하는 바리새인에 머물러 있어서는 안 된다. 주일날 혹은 강대상에서는 성직자로 하나님의 말씀을 대언한다 해도, 일단 강대상에서 내려오면 가운을 벗어버리고 순수한 사람으로 돌아가야 한다.

사람 냄새가 없는 성직자는 위선에 빠지기 쉽다. 진짜 사람 냄새를 맡고 또 순수한 사람이기 위해서는 노동현장에 가보아라. 노동자들이 하는 일을 멀리서 지켜보라는 말이 아니다. 화이트컬러를 벗어놓고 블루컬러를 입고 목사도 노동현장에서 노동자들이 하는 일을 손수 해보라는 것이다. 한두 시간이나 하루쯤 노동을 해보아서는 노동자를 알 수 없다. 교회에 한 주간 휴가를 내고 노동현장에서 한 주간을 살아보아라. 노동자들과 함께 일하고 먹고 마시고 함께 유숙을 해 봐라. 노동자들과 대화를 하면 노동자들의 애환을 알 수 있을 것이다.

노동 현장, 즉 공사판에는 젊은이들만 있는 것이 아니다. 연세 드신 분들도 많다. 인생 말년에 얼마나 궁하면 젊은이들이나 할 수 있는 이 고달픈 노동현장에 나와서 저렇게 고역을 겪을까 싶을 정도로 동정이 가는 분들도 많다. 공사현장은 소리, 냄새, 먼지 등의 공해의 백화점이었다. 쇠파이프, 철판 절단하는 톱날소리, 구멍 뚫은 드릴소리, 망치 소리 등 고막이 찢어질 듯 요란했다. 그중

쇠파이프를 자를 때면 미세한 쇠조각이 불꽃을 튀면서 돌아가는 톱날소리가 소름이 끼치도록 징그럽다. 전화 벨소리도 들리지 않고 옆에서 말을 해도 잘 알아듣지 못할 정도다.

노가다에는 조적(벽돌 쌓는 사람), 미장, 철근, 목수, 타일 같은 일을 하는 분들이 있다. 공사판에 가기 전에는 그저 일꾼들로만 생각했던 그분들, 그러나 직접 현장에 와보니 그분들은 고급인력이었다. 특별한 기술 없이 그분들의 뒷일을 보아주는 사람을 데모도라고 한다. 잡부이다. 잡부는 뒤치다꺼리를 해주면서 삽질도 하고, 질통도 지고, 오만가지 잡일을 다 한다. 일당이 제일 적은데다가 일은 힘들고 또 일을 마쳤을 때 작업복 행색이 제일 누추해지는 것 또한 잡부이다.

목사가 시간을 내어 새벽 인력시장에 나가면 영락없는 잡부가 된다. 잡부가 되어 한 주간 동안만 일해 보라. 소중한 그 경험은 목사가 노동현장에서 사람냄새가 묻어나는 사람이 되어 인생을 배울 수 있다. 이런 체험은 성령체험 못지않게 값진 체험이다.

– 나에게 이런 경험이 있는가? 없다면 해 볼 용기는 있는가?

제 6 편

인생의 기쁨을 새기는 목사

나만의 리더십 스타일을 발전시켜라

Bucket List **#045**

리더는 분명한 삶의 목표를 정하고 살면서 타인에게 모범을 보이는 사람이다. 리더는 생과 사의 갈림길에서도 의연하며 타인에게 영향을 주는 사람이다. 리더의 순간의 선택이 시대를 죽음과 공포의 시대로 만들 수도 있고, 생명과 평화의 시대로 만들 수도 있다. 좋은 리더는 모든 사람들에게 지금 하고 있는 일이 힘들고 어려울지라도 세상이라는 거대한 수레바퀴를 돌리는 큰 힘과 소망과 용기를 준다.

목사는 리더다. 목회 현장에서 자신감이 넘치게 활동한다. 때로는 놀라운 카리스마를 발휘하기도 한다. 그 힘으로 설교를 통해서 성도들에게 책망과 질책을 하기도 한다. 그런데 문제가 있다. 평소 은혜를 받던 성도가 사소한 문제로 교회를 떠나는 경우도 있다. 그럴 때 목사는 자신의 리더십 스타일에 문제가 있다는 것을 알아야 한다.

성도들은 '카리스마의 리더십' 보다는 '섬김의 리더십'을 원한다. 예수님도 자신을 가리켜 "섬김을 받으려 함이 아니라 도리어 섬기려" 세상에 오셨다고 말씀하셨다. 예수님이 말씀하신 '섬김의 리더십'에는 예수님의 '꼴찌철학'이 담겨 있다. 예수님께서 말씀하신 '꼴찌철학'은 능력이 없어서 꼴찌를 하라는 것이 아니다. 자신이 가진 엄청난 능력을 남을 섬기기 위해서 다 사용하고 자신을 위해서는 쓸 것이 없는 빈털터리가 되라는 것이다. 성도들은 목사의 카리스마적 리더십이 격려와 따뜻함의 리더십으로 전환되기를 원한다. 이렇게 목사의 리더십이 변해야 교회가 변할 수 있다.

성도를 주님처럼 섬기는 목사

담임목사는 교회공동체 위에 군림하는 지도자가 아니다. 교회공동체로부터 대접만 받는 지도자도 아니다. 교회공동체와 더불어 신앙과 삶을 함께하는 지도자다. 사단은 교회를 공격할 때 담임목사를 가장 먼저 공격한다. 담임목사 한 사람만 넘어지면 교회공동체는 순식간에 붕괴될 수 있기 때문이다. 담임목사는 끊임없이 지도력에 대하여 공격을 받는다. 리더십의 분명한 스타일이라는 견고한 무기가 없을 경우 더 많은 공격을 받을 수 있다.

담임목사는 교회공동체와 성도들을 향한 영적이고 인격적인 지도자다. 목사의 가르침과 외침이 사회인들에게 바른 가치와 윤리의식을 갖게 할 수도 있다. 목사는 가정의 지도자다. 목사의 말과 행동이 교회를 평안하게 할 수도 있고, 불안하게 할 수도 있다.

전통적으로 몇 가지 지도력 유형이 있다. 가장 먼저는 카리스마적 리더십이다. 지도자는 태어난다는 이론이다. 태어날 때부터 지도자의 자질과 특성을 갖고 태어나서, 성장한 뒤 지도자로서 역할을 하게 된다는 이론이다. 실제로 지도자들을 보면 어릴 때부터 어떤 탁월성을 갖는 경우가 많다. 생각이나 행동에서 다른 사람들과 구별되는 경우도 있다. 그러나 이 이론은 모든 사람이 지도자라는 사고방식과 배치된다. 이 이론이 맞는다면 숙명론에 빠질 수 있다. 지도자의 특성을 갖지 못한 사람은 삶의 개발 기회조차 주어지지 않을 수 있다. 이것은 지도력에 관한 카스트적 이념이 되고 만다.

어떤 이는 상황이 지도자를 만들어낸다고 한다. 위기의 상황에서 어떤 사람이 나타나서 위기를 극복한다. 평화의 시대라면 결코 나타나지 않았을 텐데, 위기의 상황이기 때문에 지도자가 나타난다는 것이다. 예를 들어 마틴 루터는 중세 가톨릭이 성경적이었다면 나타나지 않았을 것이다. 역사에 가정이 없지만 중세 가톨릭이 면죄부 판매를 허락하지 않았다면 루터가 비텐베르크 성에 95개조항을 붙이는 일은 없었을 것이다. 확실히 위기 상황은 어떤 지도자를 필요로 한다.

이스라엘이 애굽에서 고통을 당할 때 하나님이 모세를 부르셨다. 상황이 지도자를 필요로 한다. 이 주장도 일리가 있다. 그러나 상황에 따라 지도자가 필요하다면 그 지도자는 특별한 소수의 지도자에 국한된다. 실제로 지도자는 상황을 변화시킬 수 있어야 한다. 평화의 상황일지라도 평화가 흔들릴 때를 예견하고 대비하는 지도자가 있어야 한다. 상황에 따른 지도자론은 미래를 대비하는 지도자를 예상하기 어렵게 한다.

나의 지도력 유형은?

나의 지도력 유형은 무엇인가? 내가 모든 것을 결정하는 전제형인가? 구성원들이 알아서 하도록 내버려두는 방임형인가? 구성원들의 의견을 듣고 조율하는 민주형인가? 일 중심적인가? 관계 중심적인가? 관리 중심적인가? 변화 중심적인가? 상황 중심적인가? 원칙 중심적인가? 이런 것들을 종합한 변혁적 지도자인가? 사실 이러한 지도력 유형은 그동안의 이론들에 근거한 것이다. 그 유형보다 더 독특하게 자신의 지도력 유형을 만들 수 있어야 한다.

생각과 성격과 선호유형을 종합한 지도력 유형을 만들 수 있다. 그리고 그 생각과 걸맞은 다양한 리더십 요소들을 숙고하고 그 요소들을 갖추는 노력이 뒤따라야 한다. 문제 상황이나 위기상황이 있었다면 자신의 리더십 유형이 어떻게 적용되었는지, 결과가 어땠는지를 점검해 보아야 자신의 지도력 유형이 얼마나 명확한지를 확인할 수 있을 것이다.

그리고 자신의 지도력을 동물로 표현한다면 무엇이라고 표현할 수 있을까? 그리고 그 이유는 무엇인가? 독수리로 표현하고 높은 곳에서 바라보는 시각과 정확한 관찰력을 예로 든다면 관찰형 독수리 리더십이라고 할 수 있다. 돌고래로 표현하고 잘 듣기 때문이라면 경청형 돌고래 지도력이라고 할 수 있다. 그리고 자신의 관찰력이 어떻게 사용되는지, 자신의 경청이 어떤 효과가 있었는지를 스스로 점검해 볼 수 있다. 이처럼 자신의 리더십을 어느 동물에 비유하여 자신의 리더십 유형을 스스로 만들어낼 수 있다. 자신의 리더십 특성을 먼저 규정한 뒤에 자신의 장점을 더 살리고 부족한 점을 보완해 갈 수 있다.

리더십의 유형을 어떤 특정한 검사결과로 측정할 수도 있다. 그러나 자신의 성격과 관심 유형을 스스로 목록화 해보고 더 관심이 있는 것들을 종합하고, 더 효과적인 것들을 합해 자신의 지도력 유형을 만들어보기를 권장한다. 만약 동물이나 색깔이 마음에 들지 않는다면 성경 인물들을 열거하고 그 인물의 특성과 자신의 특정을 연결시키는 방법도 좋은 방법이다. 그 인물이 처한 상황을 보고 자신이 처한 상황과 비교하며, 공통점을 기록해주면 좋다. 물론 성경에서 지도력의 최고봉은 예수님이다. 그리고 예수님은 변혁적 리더다. 그러므로 예수님의 리더십을 탐구하여 보고 상황을 변화시켜나가는 변혁적 지도력을 갖추어 가는 것이 궁극적인 자신의 리더십 유형이 될 것이다.

– 한 마디로 나의 리더십 스타일은 무엇인가?

성지 순례를 해 보라

Bucket List **#046**

복음은 상상이 아니고 체험이다. 하나님을 만나고 주님을 체험해야 말씀에서 생동감이 나온다. 예수님이 사셨던 곳에 가보지도 않고 예수님의 이야기를 한다는 것 자체가 불가능하기 때문이다. 예수님이 밟으셨던 흙을 만져보고, 예수님이 걸으셨던 길을 걸어보고, 예수님이 계셨던 하늘 아래서 숨을 쉬어보아야 주님의 말씀을 제대로 전할 수 있다. 그래서 성지순례는 목사에게 필수다.

성지에 가보면 예수님의 흔적이 지금도 있다. 성지에 가보면 예수님을 '지금 여기에서'(Here and Now) 만날 수 있다. 예수님을 피부로 느낄 수 있다. 성지순례는 여행이 아니다. 여행하는 마음으로 성지에 가면 아무 것도 느끼지 못하고 돌아온다.

처음 성지에 가면 정신이 혼란스럽다. '여기가 과연 성지인가?' 하는 의심이 든다. 주변이 말할 수 없이 지저분하고, 우글거리는 잡상인들로 가득하다. 거룩한 모습은 전혀 안 보이고, 황금으로 단장한 모슬렘의 둥근 돔이 예루살렘 한복판에 우뚝 서 있다. "내가 왜 많은 비용과 시간을 소비하고 여기에 왔나?" 하는 후회하는 마음이 가슴을 후빈다.

처음, 성지를 다녀와서 하나님께 기도했다. "하나님, 왜 저를 거기에 보내셨습니까? 저는 공허한 마음으로 돌아왔습니다. 아무 것도 느끼지 못하고 배운 것도 없이 돌아왔습니다. 왜 입니까?" 한 달 이상 그런 기도를 하나님께 드렸다. 그랬더니, 내 마음에 응답이 왔다. "그래, 너는 빈껍데기로 성지에 갔다가 왔다. 준비 되지 않은 마음에 담겨질 것이 없지 않겠니? 겉만 보고는 아무 것도 알 수도 깨달을 수도 없다. 단단히 준비하고 다시 가 보아라."

두 번째 성지순례는 내게 새로웠다. 정말 신비하고 놀라운 체험을 했다. 나는 여기서 개인적인 체험담을 말하려는 것이 아니다. 성지순례는 최소한 두 번 이상은 해 보아야 무엇인가를 체험할 수 있다. 예수님이 태어나시고 밟고 걸으시며 사셨던 땅은 보통 땅이 아니다. 그야말로 성지(聖地 the Holy Land)다. 성지순례를 여행(Traveling)으로 생각하지 말라. 성지순례는 '가슴으로 가는 여정'(a Pilgrimage)이다. 목사로 태어나서 열린 가슴으로 성령의 인도하심을 따라 영혼으로 체험하는 성지순례를 못하면 죽어서도 후회할 것이다.

성지순례를 두 번 다녀온 후에 나는 다음과 같은 고백을 할 수 있었다. "나도 하나님의 인류구원 사역에 시종 순례자적인 길을 걷다가, 모세가 모리아 산정에서 자식을 바친 것처럼 순종하겠으며, 예수님처럼 하나님 아버지께 순종하여 십자가를 질 수 있으며, 바울 같이 목이 잘리는 순교도 피하지 않겠습니다." 이처럼 성지순례는 자신의 신앙을 새롭게 다짐하는 계기가 된다.

성지순례에 대한 이해

목사가 성지순례를 꼭 해야 하는가? 성경에는 반드시 성지순례를 해야 한다는 말씀은 없다. 하지만 성경을 보면 하나님께서는 택하신 백성을 순례를 통해 훈련하고 가르치셨다. 이렇듯 목사도 성경의 역사적 현장과 주님과 그 사도들의 행적을 따라 순례하는 동안 하나님의 음성을 듣고 역사의식이 살아있는 제자로 성장할 수 있다면 이는 비할 수 없는 영광이요, 축복이다.

성지란 일반적으로 구약과 신약에 나타난 성경의 역사적 현장을 말한다. 성지순례란 성경의 역사적 현장이 되는 지금의 이집트, 요르단, 이스라엘, 레바논, 시리아, 이라크, 이란, 터키 등의 중동지방과 그리스와 로마 등지에 산재한 성지를 돌아보며 성경이 역사적 사실임을 확인하는 것이 그 첫째 의미가 된다. 성지의 가장 중요한 곳은 예수님의 발자취가 있는 곳으로 국명으로는 이스라엘, 지역으로는 팔레스타인이라 할 수 있다. 이곳은 예수님이 나시고, 공생애를 보내시고, 십자가에 죽으신 후 부활, 승천하신 곳이다.

성지순례를 제대로 하기

성지순례는 신앙 성장에 커다란 변화와 도움을 준다. 하지만 소기의 목적을 이루기 위해서는 성지순례를 제대로 해야 한다. 먼저 경건한 마음으로 하나님 앞에 서게 되는 두려움과 주님을 사랑하는 마음이 있어야 한다.

가급적이면 성서에 나오는 당시의 지도와 현재의 지도를 보고 지명을 숙지하고 성경말씀을 대조하면서 준비하면 유익한 순례가 될 수 있다. 성경말씀과 성지에 대한 지식이 없으면 보고 느끼는 바가 적다. 성지에서 성서에 언급된 장소들과 신구약에 일관되게 계시되어 있는 하나님과 예수님을 만날 수 있어야 한다. 순례하는 성지마다 사진을 찍고 방문일자, 위치와 지형, 성서 속에서의 사건, 방문소감 등을 착실히 기록하면 두고두고 성지순례의 여운과 추억을 간직할 수 있다.

성지순례를 떠나려는 순례자에게는 일반적으로 여행에 필요한 건강과 시간과 여행경비가 우선적으로 구비되어야 하는데, 이것은 여행을 가능케 하는 여행의 3대요소라 할 수 있다.

성지순례는 떠나기 전에 먼저 그 효율성을 찾아야 한다. 성지순례를 통해서 얻을 영적 효율성을 미리 체크해 두라. 성경과 찬송가는 물론이고 필요한 필기구와 노트, 사진기를 준비하고 떠나라. 그리고 떠나는 날부터 영성일기를 기록하라. 여행은 피곤하다. 그래도 매일 빠지지 말고 영성일기를 착실하게 기록해야 한다. 그날 방문한 성지에서 받은 계시와 은혜 그리고 기도를 적으라. 적합한 성경을 읽고 느낌과 결단의 말을 남겨라. 성지에서 새로운 영성과 깨달음을 남기는 것이 성지순례의 큰 소득이 된다.

성지순례의 시기를 언제 택하느냐가 중요한 관건이다. 여행의 시기는 성수기, 비수기 등으로 구분되나 효율적인 여행을 하려면 여행 비수기를 택하는 것이 좋다. 비수기에는 여행 경비가 저렴하고 또 여행지에서는 더 많은 서비스와 환대를 받게 되며, 모든 면에서 여유를 누릴 수 있다.

우리나라에서 성지순례 성수기는 1, 2월이 최고 성수기이고, 7, 8월이 성수기에 속하는데, 더욱이 1, 2월은 학교의 방학 기간인데다 교회에 특별한 절기나 그에 따른 행사가 없는 기간이기에 성지순례가 이때에 몰리고 있다. 시간을 낼 수만 있다면 성수기를 피하여 3월, 5월, 6월, 10월, 11월경에 성지순례를 떠나는 것이 좋다. 4월은 유럽인들에게 부활절 휴가로 인한 여행 성수기이므로 매우 혼잡하며, 7, 8월은 더워 성지순례에 적합하다고 볼 수 없다.

성지순례 여정 선택

성지순례 여정의 선택은 여행자가 지니고 있는 건강상태와 시간 및 경제적 여유 등이 좌우한다. 여행코스와 여행기간 등이 항공 스케줄에 따라 달라질 수 있다. 아무리 중요한 여행 목적지가 있더라도 교통편이 없으면 방문이 불가능해진다. 성지순례 코스는 개신교와 천주교가 약간의 차이가 있으며 천주교는 성모님 발현지역이 추가된다. 일반적인 개신교 성지순례 코스는 대개 8가지 정도로 구분되는데, 아래와 같다.

1. 이집트, 이스라엘 지역 (9박 10일)
2. 이집트, 요르단, 이스라엘 지역 (9박 10일)
3. 이집트, 이스라엘, 그리스, 로마 (10박 11일)
4. 터키, 밧모, 그리스(아테네, 고린도, 마케도니아) (12박 13일)

5. 요르단, 시리아, 레바논, 터키 (12박 13일)
6. 이집트, 이스라엘, 터키, 그리스, 로마, 제네바, 파리, 런던 (17박 18일)

- 나의 성지순례 경험을 써 보자, 아직 하지 못했다면 구체적인 계획을 세워 적어 보자.

한국 교회 순교지를 순례해 보라

Bucket List **#047**

한국 교회는 순교의 역사가 있다. 가톨릭을 제외하고, 개신교만 해도 일본의 제국주의 시대와 6.25 전쟁으로 인한 순교의 역사가 남아있다. 불과 몇십 년 사이에 순교자가 엄청나게 많이 발생하였다. 그리고 기억에 남을만한 순교자들도 있다. 이러한 순교자들의 순교정신이 한국교회에 면면히 흐르고 있다. 그럼에도 불구하고 한국교회가 물량주의와 성장주의에 빠져서 이전 선배들의 순수한 신앙을 망각할 가능성이 있다. 그렇게 때문에 순교유적지를 순례하는 것이 절실하게 필요하다.

순교의 시대는 모두 고난의 시대였다. 복음이 한국에 들어올 당시 오해와 비난을 받는 일들이 매우 많았다. 서양인들은 사람을 잡아먹는다 하여서 선교사들이 주민들로부터 돌을 맞는 일들이 있었다. 서양선교사들은 풍토병이나 전염병에 걸려서 꽃다운 젊은 나이에 이국에서 세상을 떠난 경우도 있었다. 그런데 그들의 순교정신과 희생정신이 사람을 깨웠다. 선교사들과 순교자들의 삶에 영향을 받은 사람들이 예수님을 믿었고, 교회의 일꾼이 되었다. 그들의 자녀들 중에서 순교정신을 이어받는 분들이 생겨나기도 했다.

한국은 짧은 기독교 역사에도 불구하고 순교의 역사가 많다. 일제시대와 6.25 전쟁 때 순교자들이 많이 배출되었다. 신앙을 지키기 위해 공개적으로 처형된 순교자들이 있기도 하고, 피난을 하면 목숨을 살릴 수 있음에도 불구하고 교회를 지키다가 순교한 이들도 있다. 순교의 유적지들이 지금도 전국에 매우 많다.

순교지 순례의 유익과 방법

순교자들이 피를 흘린 기독교 유적지를 답사한다면 순교자들의 신앙을 느끼게 될 것이다. 그때의 그 고난을 수십 년이 지난 지금도 느낄 수 있다. 순교지의 유물이나 전시물들, 모형물들을 볼 수 있다. 그리고 당시의 사람들이 등장하여 상황을 재현하는 영상물들을 감상하면서 순교자들의 마음을 느낄 수 있다.

전국에 순교지들과 기독교 유적이 매우 많다. 이런 유적지를 단번에 돌아보기에는 무리이다. 그러므로 한 지역을 정하여 집중적으로 답사하는 것이 좋다. 여행 일정의 무리도 없을 것이고, 안전사고 예방을 위한 통제도 가능할 것이다.

용인에 있는 기독교순교자기념관을 방문해보면 순교자들의 사진을 보다 마지막에 자신의 얼굴이 나오는 것을 보게 될 것이다. 거울이 있고, 그 거울에 자기 얼굴이 나오며 당신도 순교자가 될 수 있다는 메시지가 보인다. 가슴이 뭉클해지는 경험을 하게 된다.

목사들은 개인적으로 순교유적지를 순례할 수도 있고, 가족 여행 때 순교유적지를 돌아볼 수도 있다. 그리고 성도들과 함께 여행하거나 수련회 때 순교유적지를 순례할 수 있다. 한국교회 안에는 목회자들에게 순교지와 유적지들을 안내하는 목회자나 모임들이 있다. 이 모임에 정기적으로 참석한다면 한국교회 순교 유적지들을 둘러볼 수 있을 것이다.

국내 기독교 순례지는 100곳에 이른다. 서울과 경기 지역을 비롯하여 충청, 전라, 영남, 제주도까지 전국 방방곡곡에 순교 순례지들이 있다. 국내 순례지는 하루 만에 여러 곳을 둘러볼 수도 있지만 이 경우에는 순례지들이 모여 있는 지역이 될 것이다. 여행 일정이나 순례 지역의 범위에 따라서 1박2일이나 2박3일이 될 수도 있고, 시간적 여유가 있다면 4박5일로 여러 곳을 순례하는 것도 좋은 방법이다. 순례를 한 후에는 순교지 탐방에 대한 감상문을 쓰는 것도 신앙성장에 동력이 될 것이다.

추천할 만한 순례지들

1박2일 여정이나 2박3일의 여정을 계획한다면 서울에서 출발하여 한 지역을 돌아보는 경우가 있다. 순교유적지뿐만 아니라 초기 기독교 유적지를 함께 돌아볼 수 있다. 너무 많은 지역을 돌아보려고 할 경우에는 순례자들이 지칠 수 있으므로 적은 지역이라 할지라도 충분하게 느끼고 경험할 수 있도록 계획을 세우는 것이 좋다. 이를 위해 목사가 직접 계획을 세울 수도 있지만, 순례지 전문가에 의뢰할 수도 있고, 그들에게 순례지의 역사와 사건 그리고 의미에 대해 설명을 부탁할 수 있다. 전문가의 설명이 곁들여질 때 배움의 효과가 훨씬 더 커질 것이다.

국내 기독교 순례지를 계획할 경우 다양한 선택을 할 수 있다.

*__한국 기독교 역사 관련 사적지__ – 소래교회, 한국기독교 100주년 기념탑(인천), 배재학당, 이화학당, 공주 영명학교, 서울 기독교청년회관. 김제 금산교회(ㄱ자 예배당), 강경 북옥교회(한옥예배당) 등

*__일제 강점기 순교 사적__ – 제암리교회, 수촌교회, 매봉교회, 천곡교회, 남양교회, 노곡교회, 진해 웅천교회, 울릉도 저동교회, 삼척 천곡교회 등

*__6.25전쟁 관련 순교 사적__ – 애양원 및 기념관, 철원읍교회, 신안증도 증동리교회, 영광 영산교회, 상월그리스도교회, 해제 중앙교회 등

*__선교 및 복음전도 관련 순교 사적__ – 양화진 외국인묘지, 인천 외국인묘지, 광주 선교사묘지, 전주 선교사묘지, 노고단 기독교 선교 유적 등

지역별 기독교 순례지

*__서울 경기 지역__ – 양화진 선교사 묘지, 기념관(절두산), 연세대학교 선교사

기념관 및 박물관, 정동제일교회, 이화학당, 배재학당, 오산학교, 숭실대 기독교 박물관, 샘골교회(상록수의 고향), 인천 내리교회, 소래교회(최초의 교회), 교동읍교회, 강화중앙교회, 성공회내동성당, 제암교회, 한국 기독교 순교자 기념관

*강원지역 – 대한수도원, 장흥교회, 철원 제일감리교회, 한서교회

*충청지역 – 매봉교회, 병촌교회, 해미생매장 순교지, 규암교회, 인돈학술원, 영명학교

*호남지역 – 김제 금산교회(ㄱ자 교회), 정읍 두암교회, 전주 서문교회, 영광 야월교회, 영광 염산교회, 여수 애양원, 노고단 선교 유적지, 익산 두동교회, 신안 중동리교회, 영암읍교회 목포유달산 기도바위, 한국기독교 선교역사박물관

*영남지역 – 대구제일교회, 안동교회, 부산진교회, 애락원, 자천교회, 웅천교회, 대구 동산 의료원과 사과나무, 초량교회, 행곡교회, 일신여학교

*제주지역 – 제주 주앙교회, 이기풍 선교 기념관, 대정 교회, 이시돌 은총의 동산, 하멜 표류지

성도들의 신앙을 깨우려면, 그리고 한국 교회의 미래를 생각한다면 또 자신의 경건을 생각하고, 목회에서 매너리즘이나 스트레스가 찾아온다면 어떻게 하는가? 특별하게 기도원을 찾고 장시간 기도하는 방법을 선택하는 경우가 많다. 문제를 해결하고 미래를 여는 지혜를 기도하면서 하나님으로부터 받기 때문이다. 그런데 어떤 목회자들은 여행을 선택한다. 쉼과 생각의 전환이 있기 때문이다.

이왕 여행하려면 한국 교회 순교지와 기독교 유적지를 순례해 보라. 기도와 여행의 효과를 동시에 만족시킬 것이다. 목사여, 가능하다면 한국 교회의 선교유적지와 기독교유적지를 모두 돌아보라. 혼자서 할 수 없다면 주변의 동료 목사와 함께하면 경비 절감의 효과도 있다. 서로 가기 전에 각자 맡은 성지에 대한 사전 연구를 해서 함께 의견을 나눈다면 더 은혜가 넘치는 순교지 순례가 될

것이다. 국내 순교지 순례는 해외 성지순례보다 경비와 시간 면에서 훨씬 경제적이며, 한국교회의 미래에 대한 통찰을 얻게 될 것이다.

– 그동안 가본 국내 성지를 나열하고 경험을 써보자.

공동묘지에 가 보라

Bucket List #048

사람은 누구나 죽는다. 부자도 죽고 가난한 사람도 죽는다. 성공한 사람도 죽고 실패한 사람도 죽는다. 지위의 고하를 막론하고 세상에 죽지 않을 사람은 아무도 없다. 요즘이야 화장이 대세지만 그래도 사람이 인생의 마지막에 죽어서 묻힐 공동묘지는 인간의 여한과 감정이 묻어 있는 장소다. 옛날, 어린 시절에는 공동묘지에서 귀신이 나오고, 도깨비가 나온다고 해서 가기를 꺼려했다. 우리나라 60년대, 정말로 못 먹고 못 살던 시절에는 부랑인들이 공동묘지에 땅굴을 파고 살기도 했다.

공동묘지는 주검이 있는 곳이다. 그리고 무덤 안에는 해골들이 있다. 공동묘지를 생각하면 예수님이 십자가에 못 박히신 갈보리 골고다 언덕이 떠오른다. 골고다(Golgotha, γολγοθά)는 '두개골', '해골의 곳'이라는 뜻을 가지고 있다. 골고다는 예루살렘성 밖에 있는 사형장이었다.

공동묘지는 세상에서 버림받은 아웃사이더(Outsider)들이나 어디 기댈 데도 없는 자들이 찾아가는 곳이다. 목사는 십자가를 말하고 죽음에 대해서 설교하기도 한다. 그런데 막상 자신은 골고다 언덕, 주검이 있는 곳, 버림받은 자들이 찾아가는 공동묘지에 가보지도 않고 이야기한다는 것은 어불성설이다. 설교를 준비하다가도 가끔 공동묘지에 가 보아라.

고대 기독인들은 화장을 죄악시 했기에 사람이 죽으면 매장을 했다. 매장 방법도 일정한 형식이 없었다. 처음에는 개인묘지로 쓰다가 가족묘지로 진화했다. 서방에서 공동묘지의 기원은 로마의 카타콤이라고 할 수 있다. 카타콤은 매장 방식의 발전적인 형태를 알게 해 준다. 카타콤 무덤은 엄청나게 크게 펼쳐진 지하도시를 방불케 하는 공동묘지다. 이렇게 큰 지하 공동묘지를 만들게 된 원동력은 기독교의 형제애 정신과 단체정신(esprit de Corps)이다. 기독교가 공인된 후에도 카타콤 지하 무덤이 황폐화되지 않은 것은 경건한 순례자들의 발걸음이 끊이지 않은 것과 순교자들의 무덤을 기념하고 자신들도 죽으면 순교자들 곁에 묻히고 싶은 열망 때문이었다.

조선의 경우에는 '경국대전'이나 '예전'에 상장조항(喪葬條項)이 마련되어 있으나, 공동묘지에 관한 규정은 없고, 다만 무덤(墳墓)의 구역을 한정하는 규정을 두어 벼슬아치는 사방 100보(步)에서 50보까지, 서민은 사방 10보로 한정하였으며, 선산(先山)이 없는 서민들은 10보 이내에 촘촘히 묘를 썼다. 이것이 공동묘지의 구실을 한 것으로 짐작된다.

성서에 나오는 공동묘지

성경에 나오는 대표적인 공동묘지는 에스겔 골짜기다. 여호와께서 에스겔에게 권능으로 임하셨다. 하나님은 에스겔을 영으로 이끌고 데리고 가서 한 골짜기 가운데 두셨다. 그런데 자세히 보니 골짜기에는 뼈들이 가득하였다. 하나님이 에스겔을 뼈 사이로 지나가게 하시기로 본즉 그 골짜기에는 하얗게 마른 뼈들만 심히 많았다. 하나님이 입을 떼셨다. "인자야 이 뼈들이 능히 살 수 있겠느냐"(겔 37:3) 에스겔이 대답했다. "주 여호와여 주께서 아시나이다" 에스겔은 솔직히 막막했을 것이다. 이렇게 마른 뼈들이 어떻게 살 수 있단 말인가.

잠시 정적이 흐르고 에스겔이 난감한 표정으로 뼈들을 바라보고 있는데, 하나님이 말씀하셨다. "너는 이 모든 뼈에게 대언하여 이르기를 너희 마른 뼈들아 여호와의 말씀을 들을지어다 주 여호와께서 이 뼈들에게 이같이 말씀하시기를 내가 생기를 너희에게 들어가게 하리니 너희가 살아나리라 너희 위에 힘줄을 두고 살을 입히고 가죽으로 덮고 너희 속에 생기를 넣으리니 너희가 살아나리라 또 내가 여호와인 줄 너희가 알리라 하셨다"(겔 37:4-6)고 하셨다.

에스겔은 두렵고 떨리는 마음으로 하나님의 말씀을 대언했다. 에스겔이 하나님의 말씀을 대언할 때에 신비로운 소리가 나면서 이 뼈, 저 뼈가 움직여서 들어맞아 뼈들이 서로 연결되었다. 그리고 뼈에 힘줄이 생기고 살이 오르며 그 위에 가죽이 덮였다. 그러나 그 속에 생기는 없었다.

하나님이 다시 말씀하셨다. "인자야 너는 생기를 향하여 대언하라 생기에게 대언하여 이르기를 주 여호와께서 이같이 말씀하시기를 생기야 사방에서부터 와서 이 죽음을 당한 자에게 불어서 살아나게 하라 하셨다 하라"(겔 37:9) 에스겔이 담대하게 "생기야 들어가라"고 외치니 명령대로 생기가 그들에게 들어가 그들이 곧 살아나서 일어나 서는데 극히 큰 군대를 이루었다. 이는 성령에 의해서 하얀 뼈들이 살아나는 대 부활의 역사가 일어난 것이다.

세상을 부활의 현장으로 바꾸라

신문을 보나 TV방송을 시청하나 세상은 온통 죽음뿐이다. 정치가 죽고, 기업이 죽고, 학교와 공교육이 죽고, 문화와 예술이 죽고, 체육이 죽고, 사회가 죽었다. 교회까지 죽어가고 있다. 영안으로 바라보니 세상은 공동묘지와 같다. 에스겔 골짜기와 흡사하다.

목사가 공동묘지에 가 보아야 할 이유가 여기에 있다. 교회가 평안하고 안정되었다고 안일하게 여기지 말라. 경제가 나아지고 먹고 살기가 좋아졌다고 유유자적하지 말라. 목사가 삶을 즐기고 기도를 멈추면 목사 자신도 교회도 죽는다. 공동묘지와 같은 세상에 시체로 남아 있을 것이다.

목사여! 공동묘지에 가서 죽음을 체험하라. 갈보리산 골고다, 해골의 언덕에 올라가서 주님의 십자가를 바라보아라. 그리고 자신을 바라보아라. 여우들이나 사는 공동묘지에서 자신의 음흉한 모습을 찾아보아라. 목사에게 정말로 거짓이 없는가? 목사는 과연 깨끗하고 진실한가? 목사는 지금 시체를 파먹고 살고 있는 여우는 아닌지? 목사도 죽는다. 언젠가는 공동묘지에 묻힐 것이다. 목사는 죽음의 현장에서 자신을 돌아보고 자신을 찾아야 한다. 외국의 경우에는 묘비에 쓰인 짧은 글들이 좋은 묵상 자료가 된다.

목사는 부활을 외치는 선지자다. 주님의 십자가를 말한 후에 부활을 설교하지 않는가. 강대상에서 설교할 때에 예배당이 공동묘지라고 상상해 보아라. 그리고 에스겔 선지자처럼 성령의 역사로 새 생명을 불어넣고 교인들을 부활시켜라. 하나님의 말씀이 선포되어야 교인들이 살아난다. 죽음으로 가득한 세상을 향해 말씀을 선포하여 죽음을 생명으로 바꾸어라. 끊임없이 부활을 선포하기 위해서는 자주 공동묘지에 가보아라. 에스겔처럼 공동묘지에 가서 하나님의 말씀과 성령의 은사를 받아 큰 무리를 새 생명으로 살려내는 대 역사를 이루라.

– 나에게 혼자서 공동묘지에 가서 거닐어 본 경험이 있는가?

유언장과 자신의 장례식 순서를 미리 작성해 두라

Bucket List **#049**

사람은 누구나 죽는다. 사람의 출생에는 순서가 있으나 죽음에는 순서가 없다. 늙었다고 먼저 죽는 것이 아니고 젊었다고 나중에 죽는 것도 아니다. 사람이 아는 척하고 살아가고 있지만 죽음에 대해서는 아무도 모른다. 언제 죽을지, 어디서 죽을지도 모른다. 누군가가 자기가 죽을 날과 시를 알아서, 자녀를 모아 놓고, "얘들아, 내가 X월 X일 X시에 갈까 한다. 잘 기억해 뒀다가 늦지 않게 오너라" 할 수 있는 것 역시 어림없는 욕심일 뿐이다. 어린 아이들이 어두운 곳에 가기를 두려워하듯 우리네 인간들도 보편적으로 죽음을 두려워한다.

사람이 죽음에 대해서 알 수 있는 것은 다음 다섯 가지가 있다.

첫째, 누구나 죽는다.
둘째, 죽음에는 순서가 없다.
셋째, 죽으면 아무것도 가지고 가지 못한다.
넷째, 아무도 죽음을 대신할 수 없다.
다섯째, 죽음을 절대로 경험할 수 없다.

목사도 죽는다. 문제는 그때가 언제인지를 도통 알 수가 없다는 것이다. 주님은 죽음이 도둑처럼 갑자기 온다고 하셨다. 목사도 예고 없이 주님께 부름 받는다. 목사도 사건 사고가 빈번한 세상에서 전혀 예기치 못한 순간에 죽음과 맞닥뜨릴 수 있다. 누구보다도 목사는 항상 죽음에 직면하여 살고 있다. 그리고 목사는 설교를 통해서 죽음을 입버릇처럼 말하고 산다. 그런데 목사 자신이 정작 죽음에 대한 준비가 없다면, 목사의 설교가 맹탕이 될 수 있다.

목사니까 죽음을 준비하자. 목사인 나, 개인적인 의견을 말하라고 한다면 “나는 강대상에서 하나님의 말씀을 전하다가 죽고 싶다.” 그런 죽음이 가장 행복할 것이다. 죽음이 언제일지 알지 못하지만 주님이 부르시면 “주여, 내가 여기 있나이다.” 대답하고 주님 앞으로 나아갈 수 있으면 좋겠다. 준비된 죽음이 아름답다.

준비된 죽음

목사도 자연인이다. 한 사람의 자연인으로서 정말로 무서운 것은 ‘죽음 그 자체’보다도 죽음을 둘러싸고 있는 여러 가지 상황이다 그것이 우리를 힘들게 만든다. 예컨대 죽는 자의 신음소리, 경련, 핏기 없는 얼굴, 그리고 슬피 우는 가족과 친지들, 죽음을 상징하는 검은 상복, 많은 교우들의 애도, 엄숙한 장례식 등이 죽음을 무시무시한 것으로 보이게끔 만들고 있다. 목사의 죽음이라고 울지 않을 수 없고, 상처 없이 보낼 수는 없을 것이다.

“우리에게 유일한 힘, 유일한 구원, 유일한 행복이 있다고 한다면 그것은 다름 아닌 사랑이다.” 헤르만 헤세가 한 말이다. 사랑이라면 죽음의 고통도 잊을 수 있을까? 강한 힘을 가진 사랑도 죽음 앞에서는 안 통하나 보다. 한 방송을 통해 소개된 다큐멘터리 ‘아빠 안녕’ 이라는 프로가 있었다. 대장암 말기 판정을 받은 40대 초반의 가장이 아내와 자식들과 이별을 준비하면서 죽어가는 전 과정이 담긴 기록물이다. 우리나라는 일 년에 약 12만 명의 암환자가 새로이 발생하고 그 중 6만5000여 명이 사망한다고 한다. 다시 말하면 수많은 사람이 죽음으로 슬퍼하고 있다. 이런 평범함에도 우리는 죽음에 관한 이야기를 터부시한다.

목사의 마음속에 있는 감정은 죽음의 공포를 제압하고 극복할 수 없을 만큼

미약한 것이 아님을 알아야 한다. 죽음은 목사에게 그토록 무서운 적이 아니다. 누구보다도 목사는 평안한 마음으로 죽음을 극복해야 한다. 사랑하는 마음으로 죽음을 동경해야 한다. 믿음의 마음으로 죽음을 향해 달려가야 한다. 영생의 마음으로 죽음을 앞질러가야 한다.

목사는 일상에서 죽음을 준비해야 한다. 목사가 유언장을 미리 써놓으면 좋다. 유언장을 미리 써놓으면 많은 것을 느끼면서 자신 있게 죽음을 맞을 수 있을 것이다. 유언장을 미리 써놓은 목사의 설교는 자신감이 있고 박력이 차고 넘칠 것이다.

착한 죽음의 연습

필자는 대학생 때부터 매달 마지막 금요일을 '착한 죽음의 날'로 정하여 실천하고 있다. 이 기쁘고 신바람 나는 세상에서 오죽이나 할 일이 없어 하필이면 죽는 연습까지 해야 하느냐고 반문하실 분이 있을지 모른다. 우리 인간은 태어나 기억할 수조차 없는 나이부터 예행연습의 노리개(?) 노릇에 이골이 난 경험자다. 좋은 준비에 좋은 결과가 있다. 오늘의 연습은 내일의 희망이다. 소망은 바라는 실상을 앞당기는 감격이 있다. 그래서 연습에 몰두한다. 살면서 경험하는 모든 예행연습은 나를 위해서 하는 경우도 있지만, 대부분은 남을 위해서 한다. 나를 위해 진짜 해야 할 예행연습이 있다. 그것이 바로 착한 죽음의 연습이다.

죽는 연습을 해야 하는 이유는 간단하다. 죽는 그 순간이 우리에게 영원한 행복과, 영원한 멸망을 판가름하는 결정적인 순간이기 때문이다. 이 세상에서 죽는 그 순간까지 아무리 모범적인 삶을 살았다 해도 죽는 그 순간 자칫 하나님을 원망하기라도 한다면, 그의 삶은 헛된 물거품이 되어 버린다. 십자가에 달려 죽으시는 예수님 옆의 한 강도의 경우가 웅변적으로 증거 하고 있다. 참으로 극적으로 천국행 열차를 탄 행운아가 아니었던가?

죽음을 대수롭지 않게 여기는 사람도 있다. 그렇다고 불가사의한 사건이라고 간과할 수 있는 일도 아니다. 어떤 사람은 자기가 죽으면 큰 일이 날 것 같은 착각을 하는 분도 있다. 자신이 죽으면 산통이 완전히 깨지는 것으로 착각하는 분도 있다. 자신이 죽으면 세상의 모든 질서가 뒤집히는 줄 안다. 시내버스가 올 스톱하는 줄 안다. 동쪽에서 뜨던 해가 서쪽에서 떠오른다고 생각한다.

자기가 죽으면 자신의 식솔들이 밥맛을 잃을 줄 안다. 잠 맛을 잃을 줄 안다. 살맛을 잃을 줄 안다. 대단한 착각이다. 내가 죽어도 해는 어김없이 동쪽에서 떠서 서쪽으로 기운다. 지하철은 어제와 같이 정상 운영된다. 왜 그런가? 죽음은 철저히 자신의 문제이기 때문이다. 남에게 주는 충격이 있지만 그것은 일시적이다. 그래서 우리는 내 죽음의 예행연습을 해야 한다. 천국 가는 연습은 얼마나 가슴 설레는 일인가? 그래서 '착한 죽음의 연습'을 해야 한다.

착한 죽음 연습의 날, 나는 새벽기도가 내 생애 마지막 새벽기도라고 믿고 최선을 다해서 설교한다. 사랑하는 아내와 자녀에게도 마지막 남은 하루라고 믿고 진정한 사랑을 나눈다. 교회 부교역자들이나 사무원, 사찰 집사에게도 특별한 애정을 표한다. 주머니에 있는 돈을 털어서 푸짐하게 음식도 대접하고 때로는 고기를 사서 각자 집으로 가져가게 한다. 그분들은 오늘 내가 죽으면 가장 수고할 분들이기 때문이다.

그날만큼은 외출을 삼간다. 사무실을 정리한다. 내가 머물던 자리를 내가 떠난 후 정리하는 사람의 눈에 지저분하게 보이지 않기 위함이다. 평소 소원해진 분들에게 전화로 안부도 묻는다. 혹 갚아야 할 것, 빌려온 것 중 되돌려 주지 않은 것들이 있나 꼼꼼하게 챙긴다. 그날만큼은 가족과 함께 저녁식사를 한다. 그리고 교회 강단에 올라가 오랜 시간 기도한다. 인생을 정리하는 기도를 한다. 못다 한 회개를 철저하게 한다. 다시 사무실에 잠깐 들려 미리 써놓았던 유언장을 다시 한 번 정리한다. 집에 와서 침대에 누워 평소 내가 즐기던 찬송을 부르고 "주님, 저를 주님께 맡깁니다!"라고 기도하고 잠든다.

유언장을 쓰는 요령

일반인의 입장에서 유언장을 쓰는 형식과 구성요소는 각각 다섯 가지로 나눌 수 있다.

1. 유언장 형식

1) **구술유언** : 글을 모르거나 글로 유언을 남길 만큼의 건강이 따라주지 않는 분들이 이용한다. 유언자 자신은 말로 하고 다른 사람이 그 내용을 받아 적어 나중에 확인해 주고 본인이 서명을 하는 방법이다. 예수님도 구술유언의 방법을 택하셨다. 신약성경의 마태복음, 마가복음, 누가복음, 요한복음은 예수님의 유언을 제자들이 받아 적은 내용이다.
2) **자필유언** : 유언자 자신이 자필로 유언을 남기는 것이다. 자필유언이 법적효력이 있다.
3) **녹음유언** : 녹음기를 틀어 놓고 유언을 하고, 마지막에 증인이 녹음하는 방법이다.
4) **비밀유언** : 살아있는 동안 자신의 유언 내용이 공개되는 것을 원하지 않으면, 혼자 유언장을 작성하여 봉투에 봉하고 증인을 데리고 법원에 가서 확인을 받는 방법이다.
5) **공증유언** : 공증사무실에 가서 유언을 하면 변호사가 유언장을 작성하여 확인해 주는 방법인데 약간의 비용이 든다.

2. 유언장을 작성할 때 들어가야 하는 요건

1) 자필로 작성
2) 성명
3) 주소
4) 주민등록번호와 생년월일

5) 작성일
6) 작성 장소
7) 도장이나 모인(서명은 법적효력이 없다)
8) 증인 2명(배우자, 직계혈족, 미성년자, 정신질환자, 또는 유언으로 이해 관계에 있는 자 등은 증인이 되지 못한다. 증인 중에 1명은 유언 집행 관리자로 세운다.)

3. 유언장에 담겨야 할 내용

유언에 담기는 내용은 자유롭게 할 수 있으나 다음 5가지의 내용은 포함되어야 한다.

첫째. 하나님과의 관계 정리

사람이 죽음을 눈앞에 두었을 때 인간은 가장 솔직해진다. 목사도 이때만큼은 하나님 앞에 겸허해진다. 하나님께서 맡겨 주신 사명을 얼마나 감당했는지 돌아보면서 회개한다. 목사가 소망을 담은 유언을 남기는 것은 남은 가족들에게 줄 수 있는 가장 좋은 선물이다.

둘째. 이웃과의 관계 정리

목사가 죽고 나면 남은 가족들과 성도들도 떠나는 목사가 마지막으로 남긴 말을 알고 싶어 한다. 목사라고 치매에 걸리지 말라는 법이 없다. 맑은 정신으로 숨을 거둘 수 없을 경우를 대비하여 누군가에게 꼭 하고 싶은 말을 유언장에 써놓는 것이 남은 이들을 사랑하는 방법이다.

셋째. 소유물과의 관계 정리

목사에게 소유물이 얼마나 있겠냐마는 그래도 재산이나 부채의 내용을 유언장에 정리해 두는 것이 좋다. 소유물이 정리가 안 되어서 죽는 자의 임종이 가까울 때 맘 고생하는 가족이 많다. 보험을 들었다면 그 사실도 밝혀두어야 남은 가족들이 그 도움을 받게 된다.

넷째. 목회 사역과의 관계 정리

목사가 자신이 하던 목회를 깔끔하게 처리하는 것이 좋다. 만일 그러지 못하면 죽은 다음에 교회가 혼란에 빠지고 망인이 욕을 듣는다. 갑자기 죽음을 맞이해도 교회, 가정 등에서 자신이 맡고 있던 일을 다른 사람이 인수받아 차질 없이 일처리가 되도록 자세하게 정리해 두어야 떠난 뒤에도 좋은 평가를 받게 된다.

다섯째. 자기 자신과의 관계 정리

유언에 자신의 문제를 빠지지 않고 정리해 두어야 하는데 꼭 들어가야 할 내용은 자신의 훗날 혹 식물인간이 되었을 때 처리하는 방법, 장례문제, 기타 처리해야 할 일들을 세밀하게 적어두면 남은 이들이 그와 같은 문제에 부딪히게 되었을 때 크게 고민하지 않게 된다.

장례식 순서

목사가 죽기 전에 자신의 장례예식 순서를 미리 마련하는 것은 여러 가지로 의미가 있다.

첫째, 목사가 자신의 죽음을 예견한다는 것은 언젠가는 떠날 수 있다는 미래 지향적인 목회를 할 수 있다. 신학대학 목회학 시간에 귀 아프게 들은 말이다. "목사는 야전병사다. 언제든지 주님이 명령하면 출동해야 한다. 한 곳에 오래

정착할 생각을 버려라. 아무 때나 이삿짐을 쌀 마음으로 목회하라.” 교인들이 목사가 떠나기를 바라기 전에 먼저 떠나는 것이 피차에 좋다. 언제든지 죽을 수 있다는 신념으로 목양을 하면 소신 있는 목회를 할 수 있다.

둘째, 목사가 교인들의 장례식은 수도 없이 많이 집례하였을 것이다. 그러나 자신의 장례는 집례하지 못할 것이다. 타인의 장례와 자신의 장례는 그 의미가 사뭇 다를 것이다. 자신의 장례를 집례하는 심정은 어떨까. 직접 당해보지 않고는 잘 모른다. 자신의 관을 앞에 놓고 찬송을 부르고 기도를 하고 설교를 한다면 예사스럽지 않을 것이다. 평소에 자신을 잘 알고 존경하는 목사님에게 미리 예식 집례와 설교를 부탁하고, 자신을 가까이 했던 장로님이 기도를 한다면 정말 편안한 마음으로 주님의 품에 안길 수 있을 것이다.

셋째, 자신의 장례식 순서를 마련해 놓으면 죽음에 친근감을 느끼게 된다. 죽음은 현세와 전혀 다른 세계로 가는 것이 아니라, 현재의 삶의 연장이다. 지금까지 살아온 공간에서 지금까지 살아보지 못한 공간으로 이동하는 것이 죽음이다. ‘여기서 저기’ ‘현세와 천국’은 벽 하나 차이다. 죽음은 자연의 순환이기도 하다. 그래서 마치 결혼식을 올리고 신방을 차리듯 장례식을 마치면 천국이라는 더 좋은 신방을 차리는 것과 다름이 없는 것이다. 그래서 자신의 장례식 순서를 미리 마련해 놓으면 아주 편안한 마음으로 살며 목회를 할 수 있을 것이다.

자신의 장례를 위한 발인예배와 하관예배의 순서지를 준비하는 것이 좋다.

영결식 순서

① 개식사 : 지정된 집례목사가 맡는다.
② 찬송 : 자신이 부르고 싶은 장례찬송을 정해 놓는다. (249장)
③ 기도 : 교회 대표 장로로 정해 놓는다.

④ 성경 봉독 : 자신이 읽고 싶은 성경말씀을 정해 놓는다.
(요 11:17-27, 고후 5:1-7, 딤전 6:11-12)
⑤ 시편 낭독 : (시 90편)
⑥ 신약 낭독 : (요 14:1-3, 6, 10-12)
⑦ 설교 : 지정된 집례 목사가 한다.
⑧ 기도 : 설교자
⑨ 고인 약력보고 : 유가족 대표나 교회대표를 정한다.
⑩ 찬송 : 장례 찬송을 정해 놓는다. (314장)
⑪ 헌화 : 고인의 명복을 빌며 영전에 바친다.
⑫ 축도 : 노회장이나 지정된 집례목사가 한다.

4. 하관예배

① 개식사 : 집례 목사가 맡아서 한다.
② 기원 : 창 3:19 하반절을 읽는다.
③ 찬송 : 제 310장
④ 기도 : 장로 중에서
⑤ 성경 봉독 : 살전 4:13-18
⑥ 기도 : 집례 목사가 명복을 비는 기도를 한다.
⑦ 신앙 고백
⑧ 취토 : 집례 목사가 먼저 하고 상제들이 서열 순으로 흙 한줌씩 관 위에 뿌린다.
⑨ 축도 : 집례 목사가 축복을 기도를 한다.

- 나도 착한 죽음의 연습을 하는가? 유언장과 장례식순을 만들어 놓았는가?

관 속에 들어가서 한 시간만 누워 있어 보라

Bucket List **#050**

미국 오클라호마시에 있는 한 교회에 새 목사가 부임했다. 등록 교인 300명이 넘는 교회였다. 부임한 첫 주일이 되었다. 불과 열대여섯 명밖에 나오지 않았다. 실망한 목사는 '죽은 교회'가 있어서 다음 주일 오후 장례식을 치르겠노라고 광고를 냈다. 과거 교회에 나오던 사람들이 모여들었다. 강대상 앞에 놓인 관에는 꽃으로 장식되어 있었고, 목사는 정중하게 장례식을 집례했다. 이제 마지막으로 죽은 사람에게 조의를 표하는 순서가 되었다. 관 뚜껑은 열렸고 조객들은 꽃 한 송이씩 들고 와서 차례로 관속을 들여다보고는 모두 송구스러운 눈초리로 씁쓸히 물러가는 것이었다.

관속에는 큼직한 거울이 들어 있어서 보는 사람의 얼굴을 정확하게 비추고 있었다. 교회가 죽은 이유는 바로 자기 자신들에게 있었던 것이다. 깊이 깨달은 교인들이 회개하지 않았겠는가? 우리는 가끔 교회가 부흥되지 않는 책임을 목사에게 돌리고, 목사의 영적 능력의 부족이나 기도 부족으로 돌리는 이야기를 듣곤 한다. 그 책임은 누구 하나에만 있는 것이 아니라 모두에게 있다. 어떤 목사는 "양이 새끼를 낳지 목자가 양 새끼를 낳느냐?"라고 한다. 맞는 말이다. 그러나 목사가 책임지고 어미 양을 잘 먹여 살려야 어미 양이 새끼를 낳는 법이다. 목사가 죽었으니 어미 양도 죽고 새끼를 낳지 못한다. 우리도 관 속의 거울을 보자.

죽음에 대한 성찰

웨스트민스터 대성당 묘지에 있는 한 영국 성공회 주교의 무덤에는 이런 글이 적혀 있다.

“내가 젊고 자유로워서 상상력에 한계가 없을 때, 나는 세상을 변화시키겠다는 꿈을 가졌었다. 좀 더 나이가 들고 지혜를 얻었을 때, 나는 세상이 쉽게 변하지 않으리라는 걸 알았다. 그래서 내 시야를 약간 좁혀 내가 살고 있는 나라를 변화시키겠다고 결심했다. 그러나 그것 역시 불가능한 일이었다. 황혼의 나이가 되었을 때 나는 마지막 시도로, 나와 가장 가까운 내 가족을 변화시키겠다고 마음을 정했다. 그러나 아무도 달라지지 않았다. 이제 죽음을 맞이하기 위해 누운 자리에서 나는 문득 깨달았다. 만일 내가 내 자신을 먼저 변화시켰더라면, 그것을 보고 내 가족이 변화되었을 것을. 또한 그것에 용기를 얻어 내 나라를 더 좋은 곳으로 바꿀 수 있었을 것을. 그리고 누가 아는가, 세상까지도 변화되었을지!”

누구나 젊었을 때는 크고 원대한 꿈을 꾼다. 무엇보다도 목사에게는 세상을 변화시키고자 하는 꿈이 있다. 그러나 실제로 세상을 변화시키기란 그리 쉬운 일이 아니다.

어느 원로목사의 회고담을 들었다. “일찍이 나를 변화시켰더라면 교회와 세상을 변화시켰을 것이다.” 공감한다. 자신이 죽은 경험이 없이는 자신을 변화시키고 세상을 변화시키기 어렵다. 그래서 사도 바울은 “나는 날마다 죽노라”(고전 15:31)고 하지 않았던가.

목사도 죽어보아야 자신을 알고 주님을 알고 성도들을 알 수 있다. 흔히 목사들은 ‘날마다 죽는다.’고 한다. 그러나 말로만 죽지 말고 실제로 죽음을 경험해 보아야 한다. 자신이 죽어 땅에 묻히는 경험이 필요하다.

목사로 태어나서 죽기 전에 관속에 들어가 한 시간 동안만이라도 있어 본다면 어떤 큰 깨달음이 있을 것이다. 이런 일을 이벤트화 할 필요까지는 없다. 아무에게도 알리지 말고 은밀하게 관 하나를 마련하라. 예배당 지하실이나 서재에 관을 놓고 외부와는 완전히 차단해 버려라. 핸드폰도 꺼놓고 실내조명도 끄고 관속으로 들어가라. 그리고 숨 쉴 틈만 남기고 관 뚜껑을 닫아라.

이렇게 해서 몸 하나 제대로 움직일 수 없는 캄캄한 공간에서 죽음을 경험하는 것이다. 여기서 죽어가는 자신을 발견해야 한다. 기도부터 시작하는 것이 좋을 것이다. 먼저 자신을 돌아보며 성찰하는 기도부터 하라. 철저하게 회개하라. 그리고 새로운 자신을 천천히 발견하라.

'나는 누구인가?' '나는 지금껏 왜 살았는가?' '나의 삶의 목적은 무엇인가?' '나는 사명감을 다 했는가?' '나는 누구에게 상처를 입히지 않았는가?' '내가 지금 죽는다면 마지막 남기고 싶은 말이 무엇인가?' '나는 진짜 주님을 믿는가?' '나는 과연 죽으면 부활할 수 있는가?' '나는 주님을 위해서 순교할 수 있는가?' '나는 목숨 걸고 복음을 전했는가?' '나는 가족을 위해서 무엇을 했는가?' '나는 주님과 교회를 위해서 무엇을 했는가?' '내가 지금 죽는다면 꼭 하고 싶은 일이 무엇인가?' '나에게 과연 진정한 생명이 있는가?'

일단 자신이 죽었다고 가정하라. 혈기와 감정이 죽었고, 욕망과 열정도 죽었고, 야망까지도 죽었다. 죽음이란 無에 이르는 과정이다. 無는 허무가 아니다. 無는 텅 빈 공간이다. 지금까지 채우기 위해서 얼마나 몸부림쳤는가. 교인 수를 늘리기 위해서, 교회 재정을 확보하기 위해서, 노회장 총회장 등 교계에 이름을 내기 위해서, 유명한 설교가가 되기 위해서, 지나치게 애썼던 과거가 생각날 것이다.

그런데 이런 것들은 하나의 욕망이었다. 그런 것 때문에 주님을 만나지 못했다. 공간이 있어야 주님을 만날 수 있지 않겠는가. 관속에서 죽음을 경험하고 텅 빈 공간을 만들어라. 지나간 인생의 모든 여정을 묻어버려라. 학력도 지위도

인연도 지연도 모두 묻어버려라. 그리고 새롭게 태어난 목사로 거듭나라.

부활은 죽음 후에 나타나는 것이다. 죽음 없는 부활은 없다. 니고데모가 주님을 존경하면서도 주님의 제자가 되지 못한 것은 자신을 미처 죽이지 못했기 때문이다. 나중에 주님이 십자가에서 죽으신 후에야 주님의 시신을 자신의 무덤에 안장했지만, 일단은 주님 밖의 사람이었다.

주님이 니고데모에게 한 말씀을 기억하라. “진실로 진실로 네게 이르노니 사람이 거듭나지 아니하면 하나님의 나라를 볼 수 없느니라”(요 3:3) “진실로 진실로 네게 이르노니 사람이 물과 성령으로 나지 아니하면 하나님의 나라에 들어갈 수 없느니라”(요 3:5)

목사들이 혀가 닳도록 외치는 말씀이다. 그러나 이 말씀을 교인들에는 외쳤지만 정작 자신에게는 말하지 않았다. 거듭나기 위해서 아니 부활하기 위해서 먼저 죽어라. 관 속에 들어가서 한 시간만이라도 있으면서, 자신을 발견하고 거듭나서 부활을 체험하는 목사가 되도록 하라. 그러면 당신의 설교가 달라진다. 교인들의 얼굴에서 예수를 발견할 것이다.

– 나는 그렇게 해 볼 용기가 있는가?

하루 동안 벽만 보고 앉아 있어 보라

Bucket List **#051**

현대인의 화두는 소통이다. 가족이나 이웃 사이, 목사와 교우 사이, 고용주와 근로자 사이, 정부와 국민 사이에 원활한 소통을 바라나 그게 잘 안 된다. 요즘 우리의 큰 골칫거리는 뭐니 뭐니 해도 불통이다. 부부간의 대화가 단절되고, 부모와 자녀가 정겹게 나누는 대화가 끊겨 있다. 남북이 막혀 있고, 동서가 갈등하고 있으며, 보수와 진보의 이념의 단절로 몸살을 앓고 있다.

프랑스 소설가 로맹 가리(Roman Kacew)가 쓴 '짤막한 크리스마스 이야기' 「벽」이란 단편이 있다. 7페이지 분량의 짧은 소설이지만, 이 소설을 읽으면 인간의 '벽'이란 과연 무엇인가 하는 질문을 만나게 된다. 멋진 크리스마스 이야기를 쓰겠다고 다짐한 주인공은 이야기가 떠오르지 않아서 마치 벽만 바라보고 있는 듯 했다.

그는 꽉 막힌 벽 앞에 서있는 답답한 느낌으로 의사인 친구를 찾아간다. 친구에게 '낙관주의'를 불러일으킬 새로운 '기적의 약'을 처방해 달라고 부탁한다. 의사 친구는 '기적의 약' 대신 '벽'에 대한 이야기를 들려준다.

모두가 가족이나 사랑하는 사람과 함께 보내는 어느 해 성탄절. 지나치게 예민하고 극도로 외로웠던 청년은 가족도 친구도 돈도 없이 홀로 방에 앉아 있었다. 온통 그리운 것은 따뜻한 사랑과 따뜻한 손길이었다. 옆방에는 어떤 처녀가 살고 있었다. 청년은 그 여자를 잘 알지는 못했지만 종종 층계에서 마주친 적이 있었다.

그 '천사 같은 아름다움'에 아주 깊은 인상을 받았다. 그런데 청년이 쓸쓸함과 절망과 싸우며 몸부림치고 있을 때에 벽을 통해서 옆방으로부터 무슨 소리가 들렸다. 뭔가 삐걱거리는 소리, 신음하는 숨소리 같은 것이었다. '천사 같은 옆방 여자'의 관능적인 신음소리는 특히 그가 처하고 있었던 고독과 절망과 모든 것이 역겹게 느껴지는 상태에서는 여간 가슴 쓰린 것이 아니었다. 그는 고독과 절망을 견디지 못하고 커튼 줄을 뜯어서 다시 돌이킬 수 없는 자살의 길을 택했다.

그후 벽 쪽에서는 아무 소리도 들리지 않았다. 아마 사랑의 몸부림이 끝난 후 기분 좋은 잠이 그들에게 찾아온 모양이었다. 시체를 검안한 의사는 호기심이 발동하여 경찰관과 함께 벽 건너편 방에 들어가서 커튼을 활짝 잡아 당겨 열었다. 거기에는 또 하나의 죽음이 있었다. 청년은 벽을 통해 들려온 신음소리와 경련적인 비명과 한숨소리를 오해한 것이다.

처녀의 베개 위에는 비소(砒素)가 놓여있었다. 그 처녀는 벌써 사망한지 여러 시간 된 듯했고 죽기 전에 매우 오랫동안 몸부림친 것이 분명 했다. 책상 위에 놓여 있는 편지로 미루어 보아 자살한 동기는 절망과 고독, 참기 어려운 외로움, 그리고 인생에 대한 싫증 때문이었다.

요즘 우리나라에서 자살하는 사람이 하루에 무려 40여 명인 것으로 보도되고 있다. 그리고 고독사(孤獨死)로 아무도 몰래 세상을 떠나는 사람이 날로 늘어가고 있다. 문제는 절망이고 고독이다. 아무도 자신을 알아주는 사람이 없고 돌보는 이도 없다. 가정은 깨져 산산이 흩어지고 자력으로 살아갈 가능성이 안 보인다. 취직은 안 되고 돈도 벌 수 없다. 앞에 있는 것은 단 하나, 벽밖에 안 보인다. 하늘이나 땅이나 아무리 주변을 둘러보아도 희망이 안 보인다. 그러니 마지막 카드는 단 하나 죽음뿐이다. 목사, 당신은 고독과 절망을 경험해 보았는가?

단절과 고독의 벽을 넘어서

여행을 하다보면 느끼는 가장 큰 어려움은 언어의 장벽이다. 어느 나라건 말이 통하지 않아 새로운 인연을 맺기에 힘든 구석이 있다. 말이 통하지 않을 때 그는 이미 단절의 독방에 갇혀 있는 죄수와 같은 단절의 아픔을 겪는다.

현대인은 단절로 가슴을 앓고 있다. 거창하게 문화적인 차이라고 넘겨버릴 수 없는 현실이다. 부모와 자식 간에도 말이 통하지 않고, 부부 사이에도 등을 돌리고 사는 사람이 많이 있다. 그러니 이웃 간에 소통이 없고 노사 간에도 끝없는 투쟁만 있을 뿐이다. 당신이 벽 앞에 하루 종일 앉아 있을 때에 무엇이 떠오르는가? 얼마나 답답하다는 생각을 하는가? 이 답답함은 개인을 넘어서 집단적인 문제이다. 단절을 경험하고 뚫을 수 있는 방법을 연구하여 보라. 목사는 강단에서 설교만 한다고 할 일을 다 하는 것은 아니다.

1979년 뉴욕에서는 일본의 유명한 사진작가의 사진 전시회가 있었다. 고독이라는 제목의 사진전 이었는데 작가는 부제를 붙여 「한 인간의 고독」이라고 했다. 사진전의 내용은 이러했다. 뉴욕의 뒷골목인 흑인들만이 살고 있는 거리였다. 불이 꺼진 석유난로가 있고 새벽녘에 뿌옇게 창가를 찾아오는 냉기만이 있는 한 칸 방에 한 노인이 흰 벽을 향하여 담요를 뒤집어쓰고 앙상하게 누워있는데 머리맡에는 전화가 한 대 놓여 있었다. 그런데 이 전화가 바로 사진의 초점이었다.

아무도 찾아주지 않는 밀폐된 방안에 외부 세계와의 단 하나의 연결인 가느다란 이 전화선이 놓여 있을 뿐이다. 어김없이 하루에 한 번씩 전화벨이 울렸다. "밤새 별 일이 없으셨습니까?" 이 전화는 자녀나 친구들이 아닌 '장의사'의 문의 전화이다. 전화의 응답이 없으면 이 노인이 간밤에 별세한 줄로 알고 앰뷸런스가 늦지 않게 찾아오도록 조치가 되어 있다는 것이다. 그의 죽음을 확인하려는 전화선 하나 외에는 외부 세계와 단절되어 있는 이 노인방에서, 죽음 앞에 서 있는 이 노인방에서, 죽음 앞에 서 있는 한 인간의 고독을 상징으로 한 사진전이었다.

인생의 말년에는 고독만이 남아 있다. 고독은 인생을 더욱 처량하게 한다. 결국 고독의 결론은 죽음뿐이다. 모세도 이런 고백을 했다. "주께서 사람을 티끌로 돌아가게 하시고 말씀하시기를 너희 인생들은 돌아가라 하셨사오니 주의 목전에는 천 년이 지나간 어제 같으며 밤의 한 순간 같을 뿐임이니이다 주께서 그들을 홍수처럼 쓸어가시나이다 그들은 잠깐 자는 것 같으며 아침에 돋는 풀 같으니이다 풀은 아침에 꽃이 피어 자라다가 저녁에는 시들어 마르나이다"(시 90:3-6) 모세는 여기서 인생의 허무를 이야기 하고 있다.

1954년「노인과 바다」로 노벨 문학상을 받은 미국의 문호 헤밍웨이가 자살을 했다. 온 세계의 추앙을 받는 대작가가 자신의 문제를 해결하지 못하고 스스로 죽어 버렸다는 것이다. 그는 유서에 이렇게 썼다. "나는 전류의 흐름이 그치고 필라멘트가 끊어진 전구처럼 고독하다." 그는 패자였다. 목사도 고독하다. 그런데 목사는 흔히 고독을 잊고 살아간다.

벽 앞에서 발견하는 소통의 길

한국 교회가 과거 아동기적인 신앙의 자세를 포기하고 성숙한 신앙으로 탈바꿈하려는 몸부림 속에 등장한 단어가 영성(Spirituality)이다. 영성이라고 할 때 한자어로 품성 성(性)자를 쓰기 때문에 영적인 품성을 개발하는 것이 영성훈련이라고 쉽게 오해를 한다. 물론, 동양 종교의 영성들은 자기를 비우고 내면의 어떤 품성을 개발하는 것이 주 목적이었다. 그러나 성경이나 기독교적인 전통은 다르다.

기독교 영성은 하나님께 영광을 돌리고자 하는 생활이요, 예수 그리스도에게 충성하고 헌신하는 삶이요, 하나님 나라를 이루고자 하는 실천이다. 그러므로 기독교적인 영성훈련은 아래와 같은 세 단계의 통합과 조화를 이룰 때 참된 영성훈련이라고 말한다.

영성훈련의 첫째 단계는 초월적인 전재인 하나님을 만나는 것.
영성훈련의 둘째 단계는 그분을 만남으로 내 존재가 거듭나고 변화되는 것.
영성훈련의 셋째 단계는 그분의 명령에 순종하고 세상으로 파송 받아 거기서 헌신하고 봉사하며 하나님께 영광을 돌리며 하나님 나라를 건설하는 것.
이런 것들이 기독교 영성훈련이다.

영성훈련은 '예수의 마음을 품고 예수처럼 생각하고, 예수처럼 말하고, 예수처럼 행동하는 것을 훈련하는 것'이다. 그래서 오성춘 교수는 영성훈련을 "예수 그리스도의 정신으로 이 세상 한복판에서 살아가는 것"이라고 정의했고, 박홍 교수는 "믿는 신앙을 실천하는 실천적 영적 지혜"라고 말한다(출처 : 뜨레스디아스와 한국교회 영성훈련의 과제에서).

영성훈련(Spiritual Formation)에는 '벽 바라보기'라는 과정이 있다. 주어진 시간 동안 벽만 바라보고 자기를 성찰하는 것이다. '단절, 벽은 무엇을 의미하는가?' '벽 앞에 있는 자신은 누구인가?' '자신은 벽 속에 있는가, 아니면 밖에 있는가?' '벽 너머에는 누가 있는가?' '벽에는 과연 길이 없는가?' '벽을 뚫고 소통할 길은 무엇인가?'

현대는 단절과 불통으로 몸살을 앓고 있다. 이 현존하는 벽 앞에서 하루만 있어 보아라. 그리고 벽을 뛰어넘는 소통의 길을 찾아라. 내가 만든 고집의 벽 안에 내 스스로 갇혀 사는 그가 바로 나는 아닌지? 화해의 손을 내가 먼저 내밀지 못했으면서 내밀어 온 손을 뿌리치고 분노의 독방에 갇혀 사는 그가 나는 아닌지? 교계 정치의 높은 장막에 갇혀 살아가는 어리석은 그가 바로 나는 아닌지?

지금 세상은 5060 세대와 2030세대가 단절의 갈등이라는 숙제를 안고 살아가고 있다. 교회도 마찬가지이다. 목회는 소통이다. 소통이 없는 목회는 성공할 수 없다. 성도들과의 소통에 문제가 있는가? 그렇다면 지금 당신은 하나님과의 소통에 문제가 있다는 증거다. 부모님과의 소통에 문제가 있다는 증거다.

목사여! 죽기 전에 자신을 뛰어넘는 그리고 모든 벽을 허무는 소통의 길을 찾아라.

– 나도 이런 경험을 해 본 적이 있는가? 없다면 해 볼 결심을 적어 보자.

오지 여행을 해 보라

Bucket List **#052**

사도 바울(당시는 사울)도 오지 여행을 했다. 바울이 다메섹에서 주님을 만난 후에 누구와 전혀 상의하지도 않고 아라비아로 갔다. 이는 이른바 바울의 '오지 여행'이다. 바울은 오지에서 오랜 세월 동안 자신과 싸우는 처절한 고독의 시간을 경험했다. 바울은 홀로 있기 훈련을 통해서 이론적인 사람에서 벗어나 영의 사람이 될 수 있었다. 교리에 따라서 행동하던 버릇을 버리고 영을 따라 행동하는 법을 배웠으며, 보이는 것을 따르던 무지함에서 벗어나 영을 따르는 비결을 이해한 사람이 되었다.

그는 끊임없이 그리스도를 영으로 만났고, 만나기 위해서 자신을 고독 가운데 들어가게 했다. 때로 성령께서 그렇게 하시는 경우도 많았다. 그는 선교를 위하여 아시아로 가고자 했지만 성령께서 그 길까지 막아놓았다. 이런 막힌 담 안에서 그는 홀로 있을 수밖에 없었다. 짧게는 몇 달 길게는 몇 해를 갇힌 듯이 있어야만 했다. 이런 홀로 있기를 통해서 바울은 자신 안에 있는 주님을 깊이 이해할 수 있게 되었다.

바울은 고독 훈련을 통해서 자신의 외면에 갖추었던 모든 것들의 가치를 배설물처럼 여기게 되었고, 자신의 내면에 주어진 그리스도의 능력의 무한함을 발견하게 된 사람이다. 그가 그렇게 될 수 있었던 것은 오로지 긴 세월 버려진 것 같은 홀로 있었던 시간 때문이었다. 하나님은 모든 그리스도인들에게 길든 짧든 강하든 약하든 자신에게 맞는 고독의 시간을 허락하신다. 이 시간은 일생에 한 번 있을 수도 있고 빈번히 있을 수도 있다. 성령의 인도하심이 있을 수도 있고, 인위적으로 영성훈련과 같은 조직된 훈련을 받을 수도 있다.

그런 의미에서 목사의 고독 훈련을 위해 오지 여행을 권하고 싶다. 영적인 고독은 여러 가지 형태로 나타난다. 좌절, 따돌림, 실패, 질병, 무응답 등과 같이 우리가 결코 자의적으로는 받아들이기에 부담이 되는 현상들이다. 실제로 이런 영적인 고독은 우리를 지치게 한다. 그러나 이 과정은 우리 안에 있는 영을 통해서 자신이 할 수 있는 능력의 한계를 보는 것이다.

바울은 이 과정을 거친 후에 이런 고백을 했다. "내게 능력 주시는 자 안에서 내가 모든 것을 할 수 있느니라"(빌 4:13) 목사가 영적 고독 훈련의 과정을 통해서 자신에게 능력 주시는 주님을 실제로 체험하게 되면 그 후에 나타나는 모든 두려움이 사라지게 될 것이다.

목사의 고독 훈련

목사의 적은 사단이기 전에 사람일 수 있다. 목사의 주변에는 사람이 많다. 새벽부터 저녁까지 목사는 사람들을 만난다. 새벽기도회, 심방, 상담으로 이어지는 곳에는 항상 사람들이 있다. 세상에 나쁜 사람은 없다. 그런데 목사가 사람들 속에서 부대끼다 보면 외로움이나 고독을 잃어버린다. 목사는 만나는 사람에게서 후한 대접을 받는다. 좋은 소리를 듣고 떠받침을 받는다. 그러다보면 자신도 모르는 사이에 마음이 우쭐해지면서 교만해진다. 사단은 이 순간을 노린다. "교만은 패망의 선봉이요 거만한 마음은 넘어짐의 앞잡이니라"(잠 16:18)

목사도 혼자 있을 때가 필요하다. 목사는 외롭고 고독해야 한다. 그래야 목사의 영성이 살아난다. 영성훈련에 고독훈련이라는 것이 있다. 이는 목사가 외적 잣대로부터 자신을 분리시켜 자신의 내면을 진솔하게 들여다보고 판단하는 훈련이다. 지금까지 목사는 보이는 외부 환경을 잣대로 자신을 판단했고, 그렇게 할 수밖에 없었다. 교회의 성장 정도에 따라서 자신의 지적 능력을 판단했다. 자신이 가진 환경을 고려해서 자신의 능력의 한계를 결정했다. 이러한 결정은 자신의 진정한 가치를 발견하는 데 있어 여러 가지 문제를 가져올 수 있다.

목사는 자신의 내면을 살피는 데 우선해야 한다. 세상 사람들은 보이는 것을 쫓아가지만 목사는 보이지 않는 것을 따르는 사람이다. 세상 사람은 학문이나 재력을 통해서 자신의 입장을 드러내지만 목사는 하나님을 쫓아가는 영성으로 자신을 나타낸다. 하나님은 영이시기 때문에 목사 안에 있는 영의 능력을 가지는 것으로부터 시작해야 한다.

목사는 주어진 성령의 능력으로 자신을 판단하는 것이다. 목사는 목회를 위해서 어쩔 수 없이 사람들을 만날 수밖에 없지만, 사람 속에 빠지지 말라. 철저하게 사람을 피하라. 그래야 내면을 쫓는 목사가 될 수 있다. 성령은 밖에 계시는 것이 아니라 안에 계신다. 주님도 목사의 안에 내주해 계신다. 목사로 태어나서 죽기 전에 오지 여행을 해 보아라. 홀로 아무도 없는 외진 곳에 떨어져서 주님을 만나고 성령을 체험하기 위해서 오지여행을 해 보아라.

한국의 오지 마을

우리나라에 가볼 만한 오지가 많다.
영월 와석리 '어둔마을', 정선군 '안도전마을', 정선 '발구덕마을', 삼척군 하장면 '한소리마을', 정선과 영월 사이의 고산지대를 뚫고 흐르는 동강에 있는 영월 '문산리마을', 강릉시 연곡면 삼산리 오대산 깊은 자락에 자리 잡은 '가마소마을', 해발 843m인 청학산의 정수리께에 자리잡은 경북 의성군 옥산면 금봉리의 '소미기', '의방이', '물랭이골' 마을은 물질문명과는 먼 거리를 두고 사는 곳으로 오지 여행을 나선 이들에게 많은 생각을 불러일으키게 한다.

경상북도 울진군 서면 왕피리는 오지치고 사람들이 많이 사는 곳이다. 세월이 흐를수록 주민수가 격감하는 것이 오지의 운명인데 이곳만은 유달리 주민수가 줄지 않고 오히려 고향을 찾는 사람들이 늘어나는 그런 곳이다.

봉화군의 춘양면과 소천면은 춘양목으로 널리 알려진 적송의 원산지로 봉화 두음리 듬골에서 나는 붉은 몸체의 소나무는 최고의 건축자재로 각광을 받아 예부터 궁궐이나 사찰 또는 관청은 물론 대가집의 드높은 용마루를 떠받치는 기둥감으로 애용되었다.

지리산 기슭에 자리 잡은 논골마을. 하동군 청암면 금남리에서 북쪽으로 들어가야 만날 수 있다. 경남 산청 '오봉마을' 은 툇마루에 누워 산장에서처럼 지리산 자락을 고즈넉이 바라볼 수 있는 마을이다.

그 외에도 단양 '빗재마을', 장수 '신기마을'은 청학동 도인들이 새로 이주한 마을, 소백산맥의 맹주인 덕유산이 지리산으로 산줄기를 넘기기 전에 무주, 진안, 장수군 일대에 무진장의 산악지대를 형성하고 있다.

– 오지 여행의 경험이 있는가? 없다면 계획을 만들어 보자. 시작이 반이다.

제 7 편

성장의 기쁨을 즐기는 목사

나만의 한 가지 일에 전문가가 되라

Bucket List #053

하나님은 만물을 창조하신 후 처음 사람, 아담에게 "땅을 정복하라, 바다의 물고기와 하늘의 새와 땅에 움직이는 모든 생물을 다스리라 하시니라"(창 1:28)고 하셨다. 이때부터 사람은 일을 했다. 하나님이 태초에 창조의 일을 하셨고, 하나님의 형상으로 창조된 인간도 일을 하도록 하셨다. 고로 일(勞動)은 신성(神聖)하다. 주님이 재림하기까지 즉 지구가 존속하는 날까지 인간은 일을 해야 한다. 인간의 일은 단순노동이 아니라, 하나님의 창조를 돕는 일이다.

인간을 만물의 영장이라고 한다. 그러나 인간은 다른 피조물보다 조금 우수한 우두머리가 아니라, 다른 존재와 질적으로 다른 아니, 전혀 다른 특별한 존재다. 왜냐하면 인간이란 그 본질상 지 · 정 · 의를 갖춘 인격체로서 창조된 영적인 존재이기 때문이다. "땅을 정복하라"에서 말씀하는 '정복'(征服;conquest, kabash)에는 '짓밟다', '내리누르다'라는 뜻을 넘어서 '알아보다', '돌보다', '살피다'란 뜻이 있다. 여기에 노동의 의미가 담겨 있다. 하나님은 바다의 물고기와 하늘의 새와 땅에 움직이는 모든 생물을 다스리는 권한을 인간에게 주셨다.

요즈음에 들어 사회에 번지고 있는 바람직하지 못한 풍조 중의 하나가 노동을 기피하는 현상이다. 청년 실업자를 부채질하는 3D기피현상이 그것이다. 청년들이 불결하고(Dirty), 힘들고(Difficult), 위험한(Dangerous) 일은 싫어한다. 한때 세계를 제패했던 로마제국이 노동을 기피하는 풍조가 제국 내에 만연케 되면서 국가가 망하는 길로 들어서게 되었다. 고대 그리스와 로마 시대에는 신이 그들을 미워하여 비참한 삶을 이어가기를 원하기에 어쩔 수 없이 노동을 해야 한다고 생각했다. 그래서 그리스어와 라틴어에는 '노동(Work)'이란 말은 '슬픔(Sorrow)'이란 말에 그 어원을 두고 있다.

그러나 종교개혁에 이르러 노동에 대한 관점이 새롭게 바뀌게 되었다. 마르틴 루터와 칼뱅은 '노동은 하나님이 내린 저주가 아니라, 하나님에게로 나아가는 통로이자 인간 존엄성의 토대'라고 역설하였다. 이런 생각이 바로 현대 자본주의의 기초가 되는 프로테스탄트 직업윤리의 시초가 되었다.

자본주의는 노동의 의미를 다시 깨닫고 직업이 하나님이 맡긴 축복의 자리임을 깨닫게 되는 데서부터 시작되었다. 그것이 종교개혁 운동의 4대 원리 중의 하나인 만인제사장(萬人祭司長)의 원리이기도 하다. 성직자만이 하나님의 뜻을 행하는 제사장이 아니라, 목수도 농사꾼도 자신이 맡은 직업에서 제사장이라는 생각이다.

목회자도 전문가가 되어야 한다.

전문가(專門家, system)란 전문적인 수준의 지식을 저장하고, 필요한 지식을 사람이 응용해서 보여 주거나 이용할 수 있도록 구성한 사람이다. 자신의 지적 활동과 경험을 통해서 축적된 지식과 정의된 추론 규칙을 활용하여 결정을 내리거나 문제를 해결하는 사람이다. 전문가에게는 다음과 같은 자질과 특성이 있다.

- **전문가에게는 변화선도(Forward Thinking)의 사고능력이 있다.**
- **전문가는 관계지향적사고(Relationship-Oriented Thinking)를 가지고 있다.**
- **전문가는 서비스에 초점(Service-focused)을 맞춘다.**
- **전문가는 기술발전에 민감(Technology-Literate)하다.**

- 전문가는 가치창출(Value-driven)을 위해 노력한다.
- 전문가는 팀워(Teamwork)을 중요시 한다.
- 전문가에게는 성과 중심의 리더십(Leadership skill)이 있다.

목회의 전문 분야들

전문가는 동기부여(motivation)와 의사소통(communication)이 필요하다. 목사는 전문가다. 목사직은 세상의 어떤 직종보다도 인간의 영혼을 살리는 전문직에 종사하는 사람이다. 목사직을 직업(business)으로 볼 것이냐, 아니면 비직업(de-business)으로 볼 것이냐에 대한 논란이 있기는 해도, 아무나 할 수 없는 특수 직업이 목사직이다. 수익성을 떠나서 목사는 전문직에 종사는 사람이다. 고로 목사는 직에 대한 전문성 내지는 전문 직업의식이 있어야 한다.

교회에서 사택을 제공하고 생활비를 지출하고, 모든 활동비를 지원하는 것을 공짜로 여겨서는 안 된다. 그러므로 목사는 24시간 상시 업무에 종사함에도 불구하고 일상에는 출퇴근이 분명해야 하고, 업무 일지를 기록해야 하고, 업무 보고를 해야 한다. 이런 기초적인 임무를 상실한 목사는 제대로 직무에 종사하는 목사가 아니다.

목회에는 다양한 분야가 있다. 목회의 대표적인 분야를 열거해 본다.

1. 목양 영역

1) 설교 : 하나님의 말씀을 선포하고 교인들에게 생명의 양식을 먹인다.
2) 기도 : 하나님과 소통하고, 교인들의 영혼을 살리고, 교회를 편안하고 든든히 서가는 교회로 만들며, 교회의 화합과 부흥을 일구며, 성령이 충만하여 생명력이 넘치는 교회로 만든다.
3) 찬양 : 하나님의 이름을 높여 영광을 돌리고, 은혜와 기쁨이 넘치는 교회

로 만든다.

4) 전도 및 선교 : 죽어가는 영혼에게 복음을 전하고, 하나님의 나라를 땅끝까지 편다.
5) 교육 : 교사를 양육하고 기독교교육에 전념하여 교회학교를 부흥시킨다.
6) 소그룹 운동 : 연령, 성별, 직업, 취미, 오락, 교양 등 다양한 분야별로 소그룹을 만들어 친교와 섬김 그리고 전도와 선교에 힘쓰게 한다.
7) 상담 : 교인들의 아픔을 치유하고, 영적인 문제를 해결해 주고, 신앙을 양육한다.
8) 심방 : 교인들의 가정을 심방하여 가정을 복음화 하고, 가정의 화목과 병든 자를 위하여 예배드리고, 가업의 번영과 축복을 받도록 인도한다.
9) 셀, 구역 : 셀이나 구역을 효과적으로 관리하여 교회를 부흥시킨다.
10) 사경회 및 부흥회 : 사경회나 부흥회를 인도하여 낙후된 믿음을 깨우고 진흥시키며, 영혼과 육신의 부흥을 돕고, 교회를 부흥시키며 새롭게 성장하게 한다.
11) 성전건축 : 하나님의 성전을 건축하여, 편하고 좋은 예배를 드리게 하며, 하나님께 영광을 돌린다.
12) 성례 : 세례와 성찬예식을 통해서 교인들의 영성을 새롭게 한다.

2. 인사 및 행정 영역

1) 공동의회, 당회, 제직회 : 각종 회의와 회칙, 회의록, 공정한 회의진행을 통해 다양한 의견을 수용하고 단체와 기관을 활성화한다.
2) 인사 : 광범위한 인력을 동원하여 교인의 역량을 개발하고, 교회사역에 동참시켜서 소외되는 교인이 없게 하고 온 교인으로 하여금 교회의 주인의식을 갖게 한다.
3) 교회 조직 : 조직은 교회의 생명이다. 조직이 잘 되어야 교회가 활발하게 움직인다. 조직이 잘 되어야 교인의 불만이 없다. 온 제직에게 조직에 참여할 수 있는 기회를 주라.

4) 교회 질서 관장 : 교회의 흐름은 질서에서 나온다. 유통질서를 세워서 혼란을 막고 원활한 명령계통을 확보하여 무질서와 불평불만의 요소를 막아야 한다.

3. 관리 영역

1) 성전 및 부속 건물, 사택 관리 : 부동산(청소, 수리, 보수), 보험 등을 관리한다.
2) 재정 관리 : 동산(헌금) 장부, 수입지출, 증빙서류 등을 명확하게 관리한다.
3) 사진 및 문서관리 : 사진, 비디오 CD, 주보, 회보, 내규, 회의록 등을 관리한다.
4) 차량 관리 : 버스, 승용차, 보험 등을 관리한다.

나만의 한 가지 일에 전문가가 되라

전문가가 된다는 것은 쉬운 일이 아니다. 나만의 한 가지 일이라도 전문가가 된다는 것은 일의 보람과 가치를 가지는 것이다. 목회에 관련된 일은 다양하다. 필요에 따라서 많은 일을 하다보면 팔방미인은 될지 몰라도 일의 효용은 거둘 수 없다. 모든 분야에 대한 상식과 지식은 알아야 한다. 그러나 그렇게 되면 평범한 일꾼은 될 수 있어도 특별한 일꾼은 되지 못한다. 자신에게 잠재되어 있는 달란트를 활용하지 못하고 자신 안에 묻어두고 산다는 것은 하나님께 부끄러운 일이다.

하나님은 각자의 소양과 능력에 따라서 누구에게는 다섯 달란트, 누구에게는 두 달란트를 맡기셨다. 혹 한 달란트를 맡겼을 수 있다. 달란트의 수량에 개의치 말라. 얼마의 달란트와 은사를 받았던지 맡겨진 일에 충성하라. 하나님께로부터 주어진 은사와 달란트를 갑절로 남기면 “잘하였도다 착하고 충성된 종아 네가 적은 일에 충성하였으매 내가 많은 것을 네게 맡기리니 네 주인의 즐거움에 참여할지어다"(마 25:21) 하고 축복하실 것이다.

하나님이 맡겨주신 달란트를 발견하라. 하나님의 은사를 발견하라.

"내가 다윗의 거룩하고 미쁜 은사를 너희에게 주리라 하셨으며"(행 13:34)

"내가 너희 보기를 간절히 원하는 것은 어떤 신령한 은사를 너희에게 나누어 주어 너희를 견고하게 하려 함이니"(롬 1:11)

"하나님의 은사와 부르심에는 후회하심이 없느니라"(롬 11:29)

"우리에게 주신 은혜대로 받은 은사가 각각 다르니 혹 예언이면 믿음의 분수대로, 혹 섬기는 일이면 섬기는 일로, 혹 가르치는 자면 가르치는 일로, 혹 위로하는 자면 위로하는 일로, 구제하는 자는 성실함으로, 다스리는 자는 부지런함으로, 긍휼을 베푸는 자는 즐거움으로 할 것이니라"(롬 12:6-8)

기왕에 목사가 되었으니, 받은바 은사에 따라 목회에 관련된 일 중에서 자신의 소질과 능력에 맞는 전문가가 되라. 목사로 태어나서 죽기 전에 한 가지만의 일에라도 전문가가 되라.

- 나는 어느 부분의 전문가라고 말할 수 있는가?

매주 최소한 2권의 신간을 읽어라

Bucket List **#054**

목회자는 연구하는 사람이다. 그러기에 목회자에게는 책이 많다. 목사의 서재에 꽂혀있는 책을 보면 목회자의 관심과 연구의 방향과 범위가 어떤지를 짐작할 수 있다. 외국 유학 시절에는 굶어가면서 책을 산적도 있었다. 갖고 싶은 책을 사서 들고 집에 올 때는 말 그대로 밥을 안 먹어도 배가 불렀다. 그때부터 읽기 시작한 책이 평생 읽고 또 읽으며 서재에 쌓이기 시작한다.

이렇게 모은 책이 10,000권이 넘게 서재를 점령했다. 그동안 읽고 버린 책만도 수천 권이 된다. 설교집은 읽은 후 본문별(예: 창1:1-5)로 분류하여 보관한다. 예화와 참고 자료도 주제별(예: 가난, 고난, 부활절, 어버이)로 분류해서 보관했다. 그렇게 분류해서 보관 중인 설교자료 파일이 3,000개가 넘고, 예화와 참고 자료 보관 파일은 5,000개가 넘는다. 빈 파일에 자료를 넣기 위해서도 매일 책을 읽을 수밖에 없었다.

명문대를 졸업하고 신학대학원에 진학하려는 젊은이에게 한 달에 몇 권이나 책을 읽느냐고 질문한 적이 있었다. 한 달에 한 권 정도 읽는다고 한다. 사실 신학생이 한 달에 한 권을 읽는다면 독서량이 현저히 부족한 것이다. 그에게 일주일에 두 권 정도는 읽어야 한다고 권한 적이 있다.

일주일에 두 권이면 충분히 읽을 수 있는 분량이고, 필요한 지식을 곱씹을 수 있는 양이다. 다만 책의 분량과 축적된 지식의 무게감 그리고 이해도의 차이가 있겠지만, 아무리 이려운 책이라 할시라도 일정한 독서력과 문식(文飾)력을 갖추었다면 그다지 어려운 일이 아닐 것이다. 최근에는 약간의 돈을 주면, 전문가들이 읽고 싶은 책들을 적당량으로 요약된 것을 모은 사이트를 이용하는 것도 좋다.

독서 시간 배정

사실 목회에 분주하다보면 독서 시간을 배정하는 것이 쉽지 않다. 몸이 피곤하면 정신도 흐려져서 독서를 해도 흉내만 낼 뿐이지 눈에 들어오는 것이 별로 없다. 그러나 하루에 30분만이라도 지속적으로 투자하면 상당한 분량의 독서를 할 수 있다. 30분이면 최소 70쪽의 분량을 읽을 수 있다. 일주일이면 490쪽인데, 이 정도이면 두 권 정도 된다.

실제로 되는지 안 되는지 각자 실험을 해 보면 된다. 잘 안 되는 것은 집중력의 부족이거나, 읽는 속도가 문제일 수 있다. 하루에 30분을 어떻게 배정할 수 있을까? 일반적으로 휴식할 때 책을 읽을 수 있다. 저녁식사를 한 뒤 잠시 휴식을 할 때나, 취침 전에 독서를 할 수 있다. 그러나 피로 때문에 독서가 쉽지 않을 수 있다.

정신이 맑고 이해가 쉬울 때는 일반적으로 아침 시간이다. 새벽기도를 마친 후 성경을 읽고 또 필요한 독서를 할 수 있다. 가장 좋은 것은 읽고 싶을 때 읽는 것이다. 하루에 특정 시간을 독서 시간으로 정하고 독서할 수 있지만, 자신의 동선을 확인하고 그 동선 부근에 책을 놓아두어서 언제든지 책을 들어 읽을 수 있으면 좋다. 이런 경우에는 상식적이고 좀 더 쉬운 책이 좋다. 전문적이고 연구가 필요한 책이라면 서재에 앉아서 마음먹고 읽어야 한다.

독서 대상 선정

어떤 책을 읽어야 할까? 독서의 계획은 시간 계획뿐만 아니라, 읽어야 할 책의 선정도 포함한다. 읽어야 할 책을 미리 정한다면 독서의 시간도 절약될 수 있다. 우선 읽고 싶은 책들을 정하는 데 관심사에 따라 읽을 수 있으나 주제별로 정해서 읽을 수도 있다. 주제별로 읽으면 처음에는 속도가 더디겠지만, 다음 책은 속도가 빨라질 것이다. 왜냐하면 내용의 속성이나 흐름이 비슷하기 때문이다.

목회자가 읽을 수 있는 책은 다양하다. 성경과 신앙에 관한 책, 경건서적, 목회 전력에 관한 책, 신학과 철학 등의 인문과학, 자연과학, 사회과학, 심리과학, 교육과학, 문학, 고전, 예술, 대중문학과 미디어, 각종 잡지 등 제한이 없다. 그리고 설교에 사용하기 위해 예화집도 읽을 때가 있다.

어떻게 읽으면 이런 책들을 골고루 읽되, 정독과 다독을 동시에 만족시킬 수 있을까? 우선은 서점이나 도서관을 둘러보는 것이 좋다. 서점이나 도서관에는 십진분류법에 따라 책을 분류한다. 분류된 책들을 보면 읽고 싶은 책을 찾을 수 있다. 일단 정보가 수집되었다면 책을 손에 들어야 한다. 구매비용이 없다면 발품을 팔아서 대여를 할 수 있다.

일단 손에 책이 쥐어지면 읽기가 시작된다. 서재의 책상에서나, 이동 중에, 혹은 잠깐의 여유 시간에 읽을 수 있다. 카페나 지하철 등에서도 책을 읽을 수 있다. 연필과 메모지, 포스트잇을 함께 갖고 있으면 더 좋다. 요약, 맥락, 통찰 등 필요한 메모를 하거나 의문이 드는 내용을 질문 형태로 적어둘 수 있기 때문이다. 적은 것을 다시 보는 경우가 없어도, 적는 그 자체로부터 더 잘 기억하게 하는 일이다. 언젠가 다시 들추어볼 때 보다 더 쉽게 찾을 수 있다.

독서는 습관이다. 그리고 목회자의 성장 요소다. 예로부터 성직자에게는 거룩한 독서(LEXIO DIVINA)에 대한 오랜 전통이 있다. 성직자로써 갖추어야 할 바람직한 영성을 위하여 독서는 기본이요 필수다. 일주일에 최소 두 권의 독서가 목회자의 최소 목표여야 한다. 이렇게 수십 년을 습관적으로 읽어나간다면 지혜와 지식에서 부족하다는 생각을 갖지는 않을 것이고, 자신감이 생길것 이다. 그러나 지식의 양이 폭발적으로 증가하는 시대에서 개인 능력의 한계가 있다는 겸손이 가능하게 된다.

지식의 증가 시대에 목회자에게는 지식을 지혜로 승화시키는 통찰력이 필요하다. 그러한 통찰력은 인간의 시각으로 볼 때는 지속적인 독서로 가능하다. 그러나 하나님이 도우셔야 한다. 성령께서 지혜를 주셔야 바른 지혜가 된다. 성령의 지혜를 구한다면 지식에서 부족함을 느끼지 않는 것이 개인에게는 자신감이 될 것이고, 하나님 앞에서는 겸손함으로 나타날 것이다. 꾸준한 독서는 자신감과 겸손의 원천이다. 목사여, 제발 책꽂이에 꽂혀있는 책들의 소리를 들으시라. '숨이 막혀요. 제발 저 좀 뽑아 읽어 주세요!'

– 나는 한 달에 몇 권의 책을 읽고 있는가? 나의 서재에 꽂혀있는 책들 중 아직 읽지 못한 책은 몇 권이나 되는가를 세어보자.

유산이 될 책 한 권을 써 보라

Bucket List **#055**

'호랑이는 죽어서 가죽을 남기고 사람은 죽어서 이름을 남긴다.'는 속담이 있다. 목사의 사역은 성스럽다. 그래서 '성역'(聖役)이라고 한다. 목사는 하나님께서 만세 전에 예비하신 섭리대로 복음을 전하는 일을 하고 있다. 목사의 행적(行蹟)은 주님의 책에 기록될 것이다. 목사도 자신의 행적을 후손들에게 남길 수 있다.

일부 대형교회의 목사를 제외하고 대개의 목사들은 가난하다. 자손에게 무엇을 남길 것인가? 물려줄 재산도 없을 것이다. '가문의 영광'을 위하여 무엇을 남길 수 있겠는가? 목사의 행적을 기록해 보아라. 그것이 책이다. 목사 자신이 쓴 '목사행전'이다. 당신의 마음이 흘러들어간 책을 써서 자손에게 유산으로 남기고, 당신이 먹인 양들에게 남긴다면 아름다운 삶을 살았다는 평가 받을 수 있을 것이다. 유산이 될 만한 책을 쓴다면 하나님이 기뻐하시고, 자손에게는 아름다운 유산이 될 것이다.

목사의 책에 담을 소재(素材)

책은 생각을 담는 그릇이다. 어떤 생각을 담느냐에 따라 좋은 책이 되고 나쁜 책도 될 수 있다. 보물을 담으면 보물단지가 되고, 꿀을 담으면 꿀단지가 된다. 사랑을 담으면 사랑 바구니가 되고, 과일을 담으면 과일 바구니가 된다.

목사는 보배를 간직하고 있는 사람이다. 보배는 복음이고 믿음이고 사랑이다. 목사가 전하는 예수 그리스도가 보배다. 보배를 숨기고 있을 필요는 없다. 누구도 목사의 보배를 훔쳐갈 사람은 없다. 목사의 보배를 드러내라.

목사가 쓰는 책의 소재는 다양하다. 우선 목사의 생애를 적어보아라. '자서전'이라고 해도 좋겠다. 출생과 성장과정 이야기, 부모님 이야기, 학교생활 이야기, 친구 이야기, 잊지 못할 사람에 대한 이야기, 하나님을 만난 이야기, 소명 받은 동기와 신학 과정, 목사가 된 이야기, 교회와 목회 이야기, 남겨진 여생에 대한 기대와 소망 그리고 목사 자신의 죽음에 대한 생각들을 쉽게 차근차근 써 보아라. 그러면 자손들에게 좋은 유산이 될 멋진 책이 만들어질 것이다.

목사는 설교에 매달려 산다. 설교 속에서 살다가 죽는 것이 목사의 생애다. 설교는 하나님의 말씀을 전하는 것이다. 설교는 주님의 복음을 선포하는 것이다. 이보다 더 소중하고 귀한 일은 없다. 그런데 설교는 하나의 소리다. 소리는 흩어진다. 녹음해두지 않는 한 금방 사라지고 만다. 소리를 붙잡아두는 방법 중 하나가 책이다. 목사가 선포한 하나님의 말씀을 책으로 써 둔다면 자손만대에 유산으로 전해질 가보가 될 것이다.

목사의 영성 노트나 명상록 역시 책의 소재가 될 수 있다. 자신의 치유를 위한 영성 노트는 자신을 새롭게 일으키는 귀한 자산이다. 하나님과 독대하고 나눈 대화나 생각을 책으로 써놓으면 길이 남을 유산이 될 것이다. 가족이나 친지 그리고 목회자나 교인들과 나눈 편지문을 책으로 남겨보아라. 두고두고 기억될 그리고 다른 사람이나 자손들에게 소중한 표본이 될 수 있다. 수기나 수필 혹은 시 같은 것도 정리하여 한 번 책으로 남겨보아라.

책을 쓰는 방법

자신의 이름으로 책을 한 권 써보는 것, 누구나 한 번쯤은 꿈꿔본 일일 것이다. 하지만 대부분의 사람들이 그저 그랬으면 좋겠다고 생각만 할 뿐 행동으로 옮기는 것에 엄두를 내지 못하고 넘어가 버린다. 대부분의 사람들이 책을 쓰고 싶어 하면서도 주제와 출판비용 때문에 주저한다. 걱정할 필요없다. 요즘은 원고만 있으면 단 몇 권이라도 금방 만들 수 있는 세상이다.

책 쓰기를 어렵게 생각할 필요는 없다. 말을 할 수 있고 글을 쓸 수 있는 사람이라면 누구나 책을 쓸 수 있다. 책을 쓰고 싶은 마음이 있으면 머뭇거리지 말고 용기를 내라. 일단 쓰고 싶은 책에 대한 꿈을 키워라. 꿈이 무르익으면 쓰고 싶은 책에 쓸 소재들을 모으라. 소재들이 모아질 때마다 메모하라. 메모가 모아지면 순차적으로 나열하고 언제든지 뽑아볼 수 있게 번호를 매겨두라.

쓰고자 하는 책의 이름을 임시로 정해 두는 것이 좋다. 그리고 책의 범위와 내용을 전체적으로 윤곽을 잡는다. 그리고 책의 주제와 내용을 정하고 목차를 정리하라. 글을 쓰기 전에 마음을 편하게 가지는 것이 좋다. 생각은 마음에서 나오고 마음에서 나온 생각이 문자로 바뀌는 것이다. 원고지와 펜, 혹은 컴퓨터 앞에 앉으라. 소제목을 정하고 생각나는 대로 일단 써보아라. 정확히 모르는 것은 표시를 해놓고 건너뛰어도 좋다. 그리고 시험적으로 어느 정도 써보아라. 쓴 글을 주변의 지인이나 전문가에게 보여주고 의견을 수렴해 보는 것이 좋다. 그들의 의견을 꼼꼼하게 적어놓고 다시 글쓰기를 계속한다. 그러면 점차 글이 될 것이다.

글에 자신의 생각을 담는 것이 중요하지만 글의 맞춤법과 띄어쓰기는 나중에 고치면 된다. 특별한 경우가 아니면 사투리는 삼가는 것이 좋다. 사투리나 토속어가 정감을 주어도 모든 사람이 달갑게 생각하는 것은 아니다. 가급적이면 짧은 문장이 호소력이 있다. 읽기에 편하다. 글은 자신의 분신이다. 어떤 글을 어떻게 쓰느냐에 따라 자신의 인격과 품위가 나타나게 된다.

다른 자료를 이용할 때 주의할 점이 있다. 법적으로 '정당한 인용'은 허용되고 있다. 여기서 '정당한 인용'이란 첫째, 인용이 없이 글 전체의 표현이 어려울 때이다. 둘째, 저작자의 글이 대부분이고 인용문은 일부분인 경우다. 단, 시나 사진처럼 작품의 전부를 인용하는 경우라면 저작권자의 허락을 받아야 한다. 셋째, 인용되는 부분을 저작자의 내용과 명확히 다르게 처리해야 한다. 이런 경우에는 따옴표(" ")로 인용부분을 구분하여 처리해야 한다. 넷째, 인용부분의 출처를 제시해야 한다(예: 책 이름 p.102).

사람이 책을 만들지만 책이 사람을 만든다. 책은 유산이 될 가치가 있다

종이로 제본된 책의 수요가 갈수록 줄어들고 있다. 책을 읽는 사람이 별로 없어 출판업과 서점이 사양 산업이 된지 한참 됐다. 버스나 전철에서 책을 읽는 사람은 거의 없고 거의 다 스마트폰만 들여다 보고 있다. 컴퓨터로 일을 하고 여가 시간에도 책 대신 노트북을 무릎에 놓고 소파에 앉아 웹서핑을 하다가 자기도 한다. 다만 잠깐이라도 인터넷이 없는 환경에 있게 되면 무엇을 해야 할지 모르고 안절부절 한다. 책장은 먼지만 쌓여 있고 책들은 곰팡이가 피어 시퍼렇게 물들어 있다. 요즘 책 이야기를 하면 사람들이 웃어버린다.

그럼 책은 이제 가치가 없다는 말인가? 아니다. 시대가 이렇게 책을 멀리 할수록 책의 가치는 더욱 소중해진다. 책 속에 길이 있다. 책이 밥을 만들어 준다. 책이 생명을 지켜준다. 책이 생명을 영생으로 인도한다. 하나님의 말씀은 책으로 기록되어 있다. 성경은 기록된 하나님의 계시이다. 특히 하나님의 말씀을 풀어 쓴 목사의 책은 유산으로 남길 가치가 있다.

사람이 책을 만들지만, 책이 사람을 만든다. 역사적으로 위대한 일을 한 사람들은 책으로 승부했다. 시대를 이끌어간 위인들은 모두 책을 썼다. 목사는 한 시대를 이끌고 교회를 섬기고 성도들을 가르치고 영생의 길로 인도한 사람이다. 목사의 이야기를 책으로 남겨라.

– 나는 나의 유산이 될 책을 써 본 경험이 있는가? 없다면 책 한 권을 낼 계획은 있는가?

외국어 하나를 정복하라

Bucket List **#056**

지금 우리나라는 다문화 사회로 진입하고 있다. 이제 하나의 언어만 가지고는 여러 나라에서 온 사람들과 대화할 수 없다. 주일예배에도 한국인만 참석한다는 보장이 없다. 외국인이 예배에 참석했거나, 교회를 방문하여 상담을 요청할 때 외국어를 하지 못하면 난처한 처지에 이를 수 있다. 그런다고 매번 통역을 세울 수도 없는 노릇이 아닌가. 무슨 이유로든지 '말 못하는 목사'는 부끄러운 일이다. 말로 먹고 사는 목사가 말을 못한다는 것을 상상해 보라.

본래 인간에게는 언어가 하나였다. 그러나 인간들이 바벨탑을 쌓고 하나님과 같아지겠다고 했을 때에 하나님이 인간의 언어를 혼잡하게 만들어 버렸다. 인간들은 서로 말이 통하지 않으니 사방으로 흩어질 수밖에 없었다. 여기서부터 각기 다른 민족이 생기고, 다른 문화가 형성되고, 다툼과 분쟁 그리고 전쟁이 발생했다.

초대교회의 성령충만은 다른 언어를 같은 언어로 통일시키는 은사였다. 방언이 성령충만으로 나타났다. 목사가 성령을 충만하게 받고 방언을 하는 것은 좋은 일이다. 그러나 못 알아듣는 방언보다 알아들을 수 있는 방언이 필요하다. 그런 의미에서 외국어 하나를 정복하는 것은 방언의 은사를 받는 것과 같다.

지구상에는 수많은 언어가 존재한다. 목사라고 그 많은 언어를 모두 할 수는 없다. 그러나 최소한 하나의 외국어라도 정복해야 한다. 현대사회에서 공용어는 역시 영어다. 우리나라에서 영어는 초등학교에서부터 배운다. 이제 영어 한 마디 못하면 사람 축에 끼지도 못한다. 영어, 일본어, 중국어, 등 아무거나 좋다. 우리 농촌에는 다문화 가정들이 많다. 필리핀, 베트남, 태국 등지에서 한국으로 결혼해 온 분들이다. 그들이 사용하는 언어 하나만 잘해도 된다.

목사는 가장 필요하고 사용하기 편한 단 하나의 외국어라도 정복하라. 외국어 정복은 단지 체면을 세우기 위한 것은 아니다. 하나님의 말씀을 효과적으로 전하기 위해서다. 그래서 외국어는 필수다. 외국어 하나만이라도 정복하고, 하나님의 말씀을 효과적으로 전하는 목사가 되어야 한다. 외국어 하나를 정복해서 외국어 방언에 능통한 목사가 되라.

효과적인 외국어 공부법

외국어를 잘하는 핵심 노하우는 첫째는 단어 많이 외우기다. 둘째는 이해가 안 되어도 열심히 읽어야 한다. 어린이도 말을 배울 때 눈치를 사용한다. 셋째. 자신에게 관심있는 분야를 골라서 흥미있게 읽어라. 넷째. 스트레스를 받을 땐 쉬었다가 하면 된다. 외국어를 미워하면 안 된다. 외국어는 암기과목이다. 무조건 외워라. 무조건 집어넣으면 나중에 퍼즐처럼 알아서 내 머릿속에서 정리된다.

사람마다 외국어를 공부하는 방법은 천차만별이다. 단어를 매일 꾸준히 20-30개 정도를 외워라. 단어를 외울 때 단어가 들어간 문장을 함께 외우면 더 많은 효과가 있다. 우선 단어장을 하나 정한다. 단어장에 모르는 단어도 있고 아는 단어도 있을 것이다. 모르는 단어만 체크해서 따로 수첩에 단어와 뜻을 적고, 하루의 자투리 시간을 이용해서 단어를 계속 반복해서 읽으면 된다.
새벽기도가 끝난 후 30분만 마음먹으면 얼마든지 가능하다. 공부와 잠은 형제지간이다. 잠도 공부도 하면 할수록 늘기 때문이다.

15개 국어를 완전히 자신의 것으로 만든 언어신동 슐리만은 자신만의 외국어 학습법을 가지고 있었다. 그가 발견한 효과적인 외국어 학습법은 의외로 간단했다. 매일 한 시간씩 소리 내어 읽는 것이었다. 심부름할 때는 반드시 책을 가지고 다니면서 암기했다. 모든 자투리 시간을 다 활용했다. 그의 이런 습관은 시간이 있을 때마다 매일, 충분한 시간 동안, 책을 소리 내어 읽는 것의 중요성을 일깨워주는 좋은 예다.

외국어 정복은 스스로 끊임없는 반복이 중요하다. 우리가 태어나서부터 말을 하진 않는다. 옹알이를 하다가, 단어의 의미를 하나씩 알게 되고, 짧은 문장으로 필요한 얘기를 하다가 점점 긴 문장으로 생각을 표현하기 때문이다. 외국어는 우리가 매일 사용하는 언어가 아니기 때문에 더욱더 노력하고 복습해야 한다.

외국어 정복의 꿈을 잉태시켜야

외국어 공부가 힘든 것은 당장은 아무런 보상도 주지 않고 지루하기 때문이다. 포기하지 않고 노력하면 정복이라는 결실을 안겨 준다는 확신의 꿈을 잉태시켜야 한다. 결국 모든 것의 승패는 자신의 행동과 습성을 지배하는 사고방식으로부터 나온다. 매일 하루가 시작되는 새벽부터 외국어가 목회에 도움이 된다는 사고방식을 주입하고 매일 이 사고방식을 가동시켜 단어를 외우고 책을 읽는다면 목사도 외국어 정복자가 될 수 있다.

외국어 공부는 생활습관이 되지 않으면 그 무엇도 소용이 없다. 에디슨이 전구를 발명하기까지 1만 회 이상 실패했다고 하는데 그의 이런 계속된 실패만 하는 연구가 생활습관이 되지 않았다면 1만 회까지 시도되지도 않았을 것이다. 외국어 정복을 위해 매일 오랜 기간 동안 하지 않는다면 실패한다.
이렇게 매일 오래오래 실천하는 사람은 500여 개의 영어단어만 가지고도 무한한 영어표현을 만들어 맛깔스러운 영어대화를 해낼 수 있는 사람이 될 수 있다. '구슬도 꿰어야 보배'란 말처럼 머릿속에 자리 잡은 수많은 영단어를 생각하면서 '소리 내어 영어책 읽기'에 도전하라. 우리에게는 익숙한 영어로 된 성경책이 있다. 장과 절만 보아도 대충 그 내용을 알 수 있으니 얼마나 신나는 일인가? '티끌모아 태산', '천릿길도 한 걸음부터'라는 속담이 괜히 있는 것이 아니다. 티끌을 모을 수 있게 도와주는 뛰어난 도구가 바로 노력이다.

외국어 습득은 올바른 방법으로 열심히(매일, 충분한 시간 동안, 오랜 기간 동안) 훈련할 때 가능하다. 외국어 습득은 마라톤과 같은 장기전이므로 성공하기 위해서 생활의 일부가 된 영어사용 환경을 스스로 개척해야 한다. 남이 해 주기를 기대하지 말자. 스스로 자기 주도적으로 해야 한다. 지구상의 그 누구도,(그 무엇도) 우리 뇌 속에 외국어를 잘 사용할 수 있는 신경망을 형성해 주지 않는다. 스스로 해야 한다. 외국어 하나를 못 한다는 것은 '나는 게으른 사람'임을 스스로 자인하는 것과 같다. 얼마나 꼴사나운 일인가?

– 나도 외국어 하나를 정복할 수 있다. 바로 지금 시작하면 된다.

자유롭게 다룰 악기 하나를 익혀라

Bucket List **#057**

음악(音樂)은 한자어에서 짐작할 수 있듯이 소리로서 혹은 소리를 들음으로써 사람이 느끼는 즐거움을 뜻한다. 사람은 소리를 듣고 즐거움을 느낄 수 있는 감성을 가지고 있다. 사람에게는 즐거움을 불러일으키는 소리를 만들고 이를 들으며 즐길 수 있는 능력도 있다. 인류의 문화 발전사에서 음악은 동서양을 막론하고 매우 일찍 인간 생활의 중요한 요소로 자리를 잡았다.

소리에 관한 기술로서 음악은 인류 문명의 발전과 발을 맞추어 여러 가지 형식과 이론 그리고 악기의 발전을 가져왔다. 오늘날 음악의 분야는 음악을 연주, 작곡하는 분야, 음악의 이론을 분석 및 연구하는 분야, 그리고 악기 제작 및 음악과 관련된 단체 및 여러 활동을 조직하는 일종의 서비스 분야로 세분되어 있다. 음악의 종류에 따라 전통음악, 고전음악, 대중음악으로 나뉜다. 또한 음악의 발생 및 전통 그리고 여러 기술적 측면에서 동양음악과 서양음악은 필연적으로 달리 이해되고 있다(위키 백과, 우리 모두의 백과사전).

음악은 역사상 언제부터 어떻게 발생되었는가는 확실하지 않다. 그러나 약 5만 년으로부터 1만 년쯤 전에 발생된 것으로 추정하고 있다. 그때는 음악이 주술이나 마술 등을 위해 발달했고 마력적이라고 생각했다. 악기로는 뼈로 만든 피리와 딱따기 등이 있었다. 음악은 동물의 울음소리를 따라 하기 위해 생겼을지도 모른다는 가설도 있고 춤의 동작에 맞추는 가설 등이 나왔다. 노동을 할 때 보조를 맞추기 위해서 만들어졌다는 설도 있다. 성경에 의하면 가인의 자손 중에 유발이 있었는데, 그가 최초로 악기를 다루는 조상이 된 것으로 알려지고

있다. "그의…이름은 유발이니 그는 수금과 통소를 잡는 모든 자의 조상이 되었으며"(창 4:21)

음악이 종교에 미친 영향

음악이 종교에 미치는 영향은 지대하다. 선사시대 중에서도 석기시대 중기(대략 BC7000-10000년 전)경부터 인간의 집단생활이 시작되었고 원시 종교 의식이 싹튼 것으로 보고 있다. 어떤 종교의 의식이든지 음악과 결부되지 않은 의식은 거의 없다고 볼 수 있다. 그 형식의 차이는 있으나 음악이 종교에 중요한 요소가 되고 있음을 부인할 수는 없다. 종교의 목적은 영혼을 구하는 것이다. 죄로 인하여 끊어진 신(神)과 인간의 관계를 회복시키고자 하는 것이 종교다. 이런 종교에는 종교 행위가 필요하다. 종교 행위는 종교 의식이다. 그 종교 의식이 바로 제사 또는 예배라고 할 수 있다.

음악은 인간의 영혼 세계를 노래로 표현하는 예술이다. 따라서 훌륭한 음악은 훌륭한 제사의 수단이 된다. 시대에 따라서는 음악이 종교에 의해 활동이 제한되기도 하였지만 또 반대로 종교의 그늘에서 크게 발전하기도 하였다. 그런 의미에서 종교, 특히 그리스도교의 전교 사업에 있어서 음악이 기여한 공로는 역사적으로 증명되고 있다.

종교음악(Religious Music), 곧 성가라 불리는 음악이 신앙생활에 어떠한 영향을 미치는가? 종교음악은 신앙심을 북돋우는 음악이다. 따라서 하나님께 대한 모든 제사(예배)음악이라고도 할 수 있다. 불교에서는 범패 또는 어산, 재를 올릴 때나 예불 때 음악을 사용하다가 요즘은 기독교를 모방하여 불찬가를 사용하기도 한다. 염불도 불교음악에 속한다. 유교에서는 제례악 문묘에 제향하는 아악이 있으나 대중화되지는 못했다. 이슬람에서는 음악을 금지시키고 있다. 종교 음악이 가장 활발한 종교는 역시 그리스도교이다.

특히 가톨릭교회에서 뜻하는 종교 음악은 교회 내에서 행하는 전례의식에 국한되지 않고, 종교적 감정 혹은 영감의 표현에 의한 모든 음악을 나타낸다. 따라서 교회와 세속의 구분 없이 불리는 종교적 민요, 연주회용의 오라토리오, 칸타타, 오케스트라의 연주도 포함되고 있다. 종교개혁 이후의 기독교에도 찬송과 성가는 교회 활성화에 지대한 영향을 주고 있다. 찬양과 율동은 교회의 부흥과 성도의 생활에 승리감을 제공하고 성령 충만의 역사에 촉매적인 역할을 하고 있다.

외로운 목동 다윗이 다룬 악기

다윗은 BC 1040년경에 베들레헴에서 유다 지파 이새의 8번째 아들로 태어났다. 위로 엘리압, 아비나답, 시므아, 느다넬, 랏대, 오셈 형이 있었고 자매로 스루야, 아비가일이 있었다. 이렇게 많은 형과 자매가 있었으나 다윗은 홀로 외로운 목동으로 살았다. 잘난 형과 누이들은 외모가 출중하게 빼어나 군대로, 집안의 대소사로 바빴고, 다윗만이 빈들에 보내져서 양을 치는 목동으로 살아야 했다. 무더운 날에는 양들에게 그늘을 내주고 뙤약볕에서 양을 돌봐야 했고, 추운 겨울에는 양과 함께 움막에서 떨어야 했다.

다윗은 용모가 아름다웠으나 어린 시절에 친구는 없었다. 인적이 안 보이는 들판에서 사람을 만나기는 하늘의 별 따기나 다름이 없었다. 그래서 다윗의 친구는 말 못하는 양들이었다. 대화의 상대는 하나님밖에 없었다. 다윗은 양들이 잠든 깊은 밤에 잠을 못 이루고 홀로 하나님께 기도했다. 기도하다가 지치면 수금을 타기도 하고 피리를 불기도 했다. 이것이 다윗에게는 유일한 낙이었다. 여기서 음악은 다윗이 하나님을 만나도록 했고, 외로움과 고독을 달래게 하기도 했다. 빈들에서 외로운 다윗이 수금을 연주하는 모습을 상상해 보라.

다윗은 골리앗을 이기고 사울 왕에게 선택되어 왕을 호위하는 군대장이 되었다. 사울 왕이 악신이 들어 고통을 당하고 있었을 때는 수금을 연주하여 악신을 물리쳐서 사울 왕을 구한 적이 있었다. "여호와의 영이 사울에게서 떠나고 여호와께서 부리시는 악령이 그를 번뇌하게 한지라 사울의 신하들이 그에게 이르되 보소서 하나님께서 부리시는 악령이 왕을 번뇌하게 하온즉 원하건대 우리 주께서는 당신 앞에서 모시는 신하들에게 명령하여 수금을 잘 타는 사람을 구하게 하소서 하나님께서 부리시는 악령이 왕에게 이를 때에 그가 손으로 타면 왕이 나으시리이다"(삼상 16:14-16)

다윗의 수금 연주는 신기(神技)에 가까웠다. 다윗은 그냥 악기만 연주한 것이 아니다. 다윗은 기도하며 수금을 연주했다. 다윗이 빈들에서 외롭게 양을 치면서 익힌 연주는 자신의 기도였고 춤이었다. 동시에 다윗은 수금을 연주할 때마다 성령의 능력을 체험했다. 포악한 이리나 들짐승이 다윗이 연주하는 수금 소리를 들으면 혼비백산하여 달아났다. 아무리 캄캄한 밤이라도 사악한 악령이 다윗에게 근접할 수 없었다. 고로 다윗의 수금 연주는 자신의 고독을 달래줄 뿐만 아니라, 악령과 들짐승을 내쫓은 힘이었다. 이 능력은 사울 왕이 악령에 붙잡혔을 때도 유효했다. "하나님께서 부리시는 악령이 사울에게 이를 때에 다윗이 수금을 들고 와서 손으로 탄즉 사울이 상쾌하여 낫고 악령이 그에게서 떠나더라"(삼상 16:23)

만약 다윗에게 연주할 수 있는 악기가 없었더라면 나중에 다윗이 당한 갖은 시련과 고난을 견디지 못 했을 것이다. 다윗에게 악기는 총이나 칼보다 더 강한 무기였다. 상상하건데 다윗은 항상 악기를 품고 다녔을 것이다. 사울에게 쫓기며 광야를 배회할 때에 다윗은 수금을 연주하며 기도하였을 것이다. 홀로 동굴 속에 숨어서 긴 밤을 지새울 때에 다윗은 수금을 연주하며 고통을 달랬을 것이다. 다윗의 시편을 읽으면 그가 악기를 연주한 대목이 자주 나온다. 다윗의 시, 제 4, 5, 6, 55, 61, 67편 등은 모두 현악기나 관악기에 맞춘 노래였다.

목사는 자유롭게 다룰 악기 하나를 가져라

목사는 예언자이고 시인이고 음악가다. 목사는 설교를 통해서 하나님의 말씀과 종말을 예언한다. 말씀은 계시로 말미암아 나오고, 예언은 기도로 나온다. 목사가 전파하는 설교는 하나의 시(詩)가 된다. 하나님의 말씀과 예언, 그리고 시는 음악을 동반해야 한다. 상상해 보라. 음악이 없는 말씀이나 예언 즉 예배 말이다. 얼마나 무미건조하겠나. 성령의 역사도 음악이다. 성령은 음악을 통해서 강림하신다. 기도도 음악이다. 뜨겁게 기도하고 간절하게 찬송을 부를 때에 성령의 역사가 나타는 것을 자주 경험한다. 음악적인 목회는 부드럽고 유연하여 성도들을 즐겁게 하고 교회를 평안하게 부흥시킨다. 그러므로 목사는 음악가가 되어야 한다.

자유롭게 다룰 수 있는 악기 하나를 가져라. 무슨 악기도 좋다. 피아노, 오르겐, 기타, 아코디언, 색소폰, 클라리넷, 대금, 통소, 피리 등 뭐든지 좋다. 자기의 적성과 취향에 맞는 악기를 하나만이라도 선택하라. 학원이나 개인교습을 통해서 악기를 배우라. 독학은 가급적 피하라. 독학하면 진전이 없을 뿐만 아니라 쉽게 포기하게 된다. 시간과 비용을 들여야 교습에 효과를 거둘 수 있다.

시간은 얼마든지 만들면 된다. 새벽기도 후에 잠을 자지 않고 30분만 연습하면 된다. 피아노의 경우 레슨을 해줄 사람은 주변에 얼마든지 많다. 목사뿐만 아니라 사모도 함께하면 된다. 그렇게 자유롭게 다룰 수 있을 때까지 익혀서, 적당한 기회에 교회 앞에서 연주를 해 봐라. 교회의 분위기가 달라질 것이다. 그냥 취미 정도로 하지 말라. 취미는 사람을 감동시키지 못한다. 전문가는 아니지만 최선을 다할 때 성령의 역사가 따른다. 신비한 경지에 이르기까지 기도하며 악기를 연주하면 온 교회가 은혜의 도가니에 빠질 것이다.

– 나는 이런 악기를 다룰 수 있는가? 없다면 무슨 악기를 언제부터 배울 것인가?

미소 가득 웃으며 살아보라

Bucket List **#058**

시골에서 목회를 하는 어느 교회 목사 사모가 몸이 허약해서 늘 근심이었다. 큰맘을 먹고 거금을 드려 종합검진을 받고 의사의 진단을 기다리고 있었다. 검사 결과가 나오기까지 며칠 동안 남편인 목사도 마음이 불안했지만, 아내를 위해서 열심히 기도했다. 불안해하는 아내에게 "하나님 말씀에 두려하지 말라. 주께서 붙들어 주신다"고 아내를 위로해 주었다. 그러나 당사자인 사모는 불안을 감출 길 없고 얼굴에 수심이 가득했다.

그렇게 불안한 며칠을 보낸 후 검사 결과를 알아보려고 병원에 갔다. 의사가 "아무 걱정하지 마십시오. 정상입니다." 그러자 사모의 얼굴에 화기가 돌고 얼굴이 밝아졌다. 다음 주 설교 시간에 목사 남편이 강단에서 "사람들이 의사의 말은 쉽게 믿으면서도 생명의 말씀과 기도를 통해서 얻은 응답인 목사의 말, 아니 살아있는 하나님의 말씀은 더디 믿는다."고 꼬집었다.

그렇다. 사람의 믿음이라는 것은 참 연약하다. 목사도 기도하지 않고 말씀을 보지 않으면 어쩔 수 없다. 종합검진 결과가 나오는 날 병원에 일찍 도착한 목사가 기다리는 동안 잠깐 시간이 남아 혈압을 쟀다. 평상시 혈압보다 높게 나타났다. 말로는 하나님께서 붙드신다고 아내를 위로했지만 목사 역시 불안했던 것을 감출 수가 없었다.

사람은 처음부터 믿음이 강한 것이 아니다. 겨자씨만한 믿음을 가지고 의

심하지 않으려고 애를 쓰고 몸부림치다 보면 하나님께서 세상이 감당치 못할 믿음을 주시리라. "어찌하여 이렇게 무서워하느냐 너희가 어찌 믿음이 없느냐"(막 4:40) 믿음은 웃음을 발산한다. 웃음을 배우는 사람이 되라. 마음껏 웃을 수 있는 것은 하나님의 은총이며 웃음은 몸에 보약이다.

웃을 수 있는 특권을 누리며 살자

하나님은 인간에게만 웃을 수 있는 기능을 주셨다. 동물들이 웃는 것을 보았는가? 아무리 아름다운 소리를 내는 새도 '새가 웃는다' 하지 않고 '새가 운다'고 한다. 웃음은 하나님이 인간에게 주신 백만 불짜리 보약이다. 웃음이 주는 이익은 엄청나게 많다. 억지로 웃어도 효과가 있다고 한다. 웃음은 아무리 주어도 줄어들지 않고 주어진 사람들은 풍부해진다.

웃음이 가정에는 행복을, 교회에는 평안을, 직장에는 화합을, 사회에는 밝음을 가져다준다. 피곤에 지친 자에게는 휴양이, 실의에 찬 사람에게는 용기가, 슬픈 자에게는 광명이, 고민하는 자에게는 해독제가 되는 것이 웃음이다. 웃음은 돈을 주고 사는 것도, 강요하는 것도, 빌리는 것도, 훔칠 수도 없는 것이다. 대가없이 주어서 비로소 가치가 있는 것, 그것이 웃음이다.

해바라기가 늘 해를 향하듯 사람들은 미소 짓는 사람을 향해 몰려든다, 웃는 사람은 외롭지 않는 사람이다. 웃음은 하나님이 인간에게만 허락하신 선물이다. 개가 웃는 법이 없고 고양이가 미소를 짓지 못한다. 생물 가운데 웃는 것은 인간뿐이다. 그리고 인간 중에서도 영리한 사람이 웃는다. 유태 민족만큼 생활에서 유머를 즐기는 민족도 없다. 고통 받을 때 웃음을 선사하는 것은 물론, 그러한 웃음을 통해서도 많은 교훈을 얻고 있다고 자부하고 있는 것이다.

유명한 심리학자인 윌리엄 제임스는 "입이 헤 벌어져 있는데 비관적인 기분이 될 수 없고, 입을 일(一)자로 다물고 있는데 낙관적인 기분이 될 수 없다."고 말했다. 푸쉬킨의 시(詩) 한 구절이 생각난다. "괴로움에 짐짓 웃을 양이면/ 슬픔도 오히려 아름다운 것이" 오늘 그 대안의 백만 불짜리 보물을 그대로 묻어두지 마시라!

예수님처럼 유머를 달고 살자

우리는 우리말 성경에서 예수님의 웃는 모습을 쉽사리 찾기 힘들다. 그러면 예수님은 웃지 않으셨다는 말인가? 그것은 잘못된 생각이다. 성경에 예수님께서 웃으시며 유머를 하시고 제자들과 같이 지내신 부분이 여러 군데 있다.

유명한 퀘이커 교도의 평신도 신학자인 엘렌 추루브러드(E. Trublood)는 「예수님의 유머」라는 책을 썼다. 그는 그 책에서 말하기를 우리가 성경에서 예수님의 유머를 찾지 못하는 이유가 첫째로, 예수님의 십자가 고난이 너무나 비극적이고 심각하기 때문이요. 둘째로, 성경의 본문을 너무 표면적으로 읽기 때문이라고 했다. 셋째로, 예수님께서 늘상 쓰시던 아람어로 된 표현이 헬라어로 기록 되어 있고 이것이 다시 영어와 한국어 등으로 번역이 되었기 때문에 그런 것이라고 언급했다.

한번은 이 추루브러드 박사의 손자가 성경을 읽다가 "낙타가 바늘귀로 들어가는 것이 부자가 하나님의 나라에 들어가는 것보다 쉬우니라"(마 19:24)는 말씀을 읽고 깔깔대며 웃는 것을 발견했다고 했다. 그때 추루브러드 박사는 성경에 이런 유머가 있다는 사실을 새삼 깨닫고는 그 밖의 성경에서 30개의 유머를 찾아 책을 냈다.

필립 얀시는 「뜻밖의 장소에서 만난 하나님」이란 저서에서, 인간이 최소한 세 가지 면에서 동물과 다르다고 했다. 그 세 가지는 '웃는 것'과 '감사하는 것'과 '기도하는 것'이다. 만족스럽고 가치 있는 인생이란, 웃음과 감사와 기도가 적절하게 공유될 때 성취될 수 있다고 한다.

"항상 기뻐하라 쉬지 말고 기도하라 범사에 감사하라"(살전 6:16-18)

"주 안에서 항상 기뻐하라 내가 다시 말하노니 기뻐하라 너희 관용을 모든 사람에게 알게 하라 주께서 가까우시니라 아무 것도 염려하지 말고 다만 모든 일에 기도와 간구로, 너희 구할 것을 감사함으로 하나님께 아뢰라 그리하면 모든 지각에 뛰어난 하나님의 평강이 그리스도 예수 안에서 너희 마음과 생각을 지키시리라"(빌 4:4-7)

성경은 우리에게 기대하시는 삶의 세 가지 모습을 말하고 있다. 기쁨과 기도와 감사하는 것이다. 기쁨이란 웃음과 같은 것이고, 기도도 믿고 웃는 것이고, 감사도 웃음과 연관된 것이다. 그러므로 하나님께서 원하시는 삶의 모습도 웃음과 기도와 감사가 공유된 삶이라고 할 수 있다. 우리를 향하신 하나님의 뜻은 '언제나 웃으면서, 기도로 하나님과 대화를 나누고, 나에게 주어진 상황에 감사하라'는 것이다. 이것이 참된 그리스도인의 삶의 모습이다.

참된 그리스도인은 언제나 웃음을 간직해야 한다. 기쁨의 표현은 웃음이다. 그런데 오늘 우리의 사회에는 웃음을 잃어버린 사람들이 많다. 웃음을 잃었다는 것은 기쁨이 없다는 것이다. 감사와 만족이 없다는 것이다. 그런 자는 언제나 불평과 원망을 계속 가질 뿐 아니라, 다른 사람에 대해서 시기하고 질투한다. 그러므로 웃음이 없는 자는 정말 불행한 자다.

웃음으로 천국을 분양하라

웃으면 좋은 사람을 만날 기회가 생긴다. 좋은 분을 만나 함께 시간을 보내면서 웃을 때 느끼는 것은 웃음의 에너지가 정말 크다는 점이다. 웃음의 에너지는 긍정적이고 행복한 에너지를 만들면서 삶의 큰 힘을 준다. 아주 멋지게 성공한 한 분이 이런 말씀을 하였다. "성공하는 비결을 하나 가르쳐 드릴까요?" 그분 말이 성공해서 사는 방법의 한 가지는 '주는 것' 이란다. 그때 문득 떠오른 생각이 ‘그렇다면 나는 무엇을 주어야 하나?’였다. 덕담을 하거나, 혹은 칭찬을 하거나, 선물을 하던가. 그런데 한참 후에 깨달은 것이 있었다.

‘웃어 준다.’라는 말, 웃음은 주는 것이라는 점이다. ‘들어 준다.’라는 말, 듣는 것도 준다는 것이다. 성경은 말씀하셨다. “주 예수께서 친히 말씀하신 바 주는 것이 받는 것보다 복이 있다 하심을 기억하여야 할지니라”(행 20:35) 받는 것보다 주는 사람이 인생에서 멋지게 살 수 있고, 성공한다는 것이다.

나는 ‘주는 것’이라는 말을 무척이나 의미 있게 받아들였다. 내가 더 많은 웃음을 끊임없이 나눠 줄 때, 그 웃음은 나 혼자만의 웃음이 되지 않고, 이웃을 행복하게, 또 내 삶을 더욱 풍성하게 만들어 준다. 천국은 웃는 자들의 것이다. 고로 웃는다는 것은 천국을 분양한다는 것이다. 지나다가 만나는 사람마다 보고 웃고, 전도를 하면서 웃고, 미워하는 사람을 보고 웃어서 천국을 분양해 주어라.

웃음의 생활 철학

1. 힘차게 웃으며 하루를 시작하라. 활기찬 하루가 펼쳐진다.
2. 세수할 때 거울을 보고 미소를 지어라. 거울 속의 사람도 나에게 미소를 보낸다.
3. 밥을 그냥 먹지 말라. 웃으면서 밥을 먹으면 피가 되고 살이 된다.
4. 모르는 사람에게도 미소를 보여라. 마음이 열리고 기쁨이 넘친다.
5. 웃으며 출근하고 웃으며 퇴근하라. 그 안에 천국이 들어있다.
6. 만나는 사람마다 웃으며 대하라. 인기인 1위가 된다.
7. 꽃을 그냥 보지 말라. 꽃처럼 웃으며 감상하라.
8. 남을 웃겨라. 내가 있는 곳이 웃음천국이 된다.
9. 집에 들어올 때 웃어라. 행복한 가정이 꽃피게 된다.
10. 결혼식에서 떠들지 말고 큰 소리로 웃어라. 그것이 축하의 표시다.

11. 신랑신부는 식이 끝날 때까지 웃어라. 새로운 출발이 기쁨으로 충만해진다.
12. 사랑을 고백할 때 웃으면서 하라. 틀림없이 점수가 올라간다.
13. 화장실(解憂所)은 근심을 날려 보내는 곳이다. 웃으면 근심걱정 모두 날아간다.
14. 웃으면서 물건을 팔라. 하나 살 것 두 개를 사게 된다.
15. 물건을 살 때 웃으면서 사라. 서비스가 달라진다.
16. 돈을 빌릴 때 웃으면서 말하라. 웃는 얼굴에 침 뱉지 못한다.
17. 옛날 웃었던 일을 회상하며 웃어라. 웃음의 양이 배로 늘어난다.
18. 실수했던 일을 떠올려라. 기쁨이 샘솟고 웃음이 절로 난다.
19. 웃기는 책을 그냥 읽지 말라. 웃으면서 읽어 보라.
20. 도둑이 들어와도 두려워말고 웃어라. 도둑이 놀라서 도망친다.
21. 웃기는 개그맨처럼 행동해 보라. 어디서나 환영받는다.
22. 비디오는 웃기는 것을 선택하라. 웃음 전문가가 된다.
23. 화날 때 화내는 것은 누구나 한다. 화가 나도 웃으면 화가 복이 된다.
24. 우울할 때 웃어라. 우울증도 웃음 앞에서는 맥을 쓰지 못한다.
25. 힘들 때 웃어라. 모르던 힘이 저절로 생겨난다.
26. 웃는 사진을 걸어 놓고 수시로 바라보라. 웃음이 절로 난다.
27. 웃음노트를 만들고 웃겼던 일 웃었던 일을 기록하라. 웃음도 학습이다.
28. 시간을 정해놓고 웃어라. 그리고 시간을 점점 늘려라.
29. 만나는 사람을 죽은 부모 살아온 것 같이 대하라. 기쁨과 감사함이 충만해진다.
30. 속상하게 하는 뉴스를 보지 말라. 그것은 웃음의 적이다.
31. 회의할 때 먼저 웃고 시작하라. 아이디어가 샘솟는다.
32. 오래 살려면 웃어라. 1분 웃으면 이틀을 더 산다.
33. 돈을 벌려면 웃어라. 5분간 웃을 때 5백만 원 상당의 엔도르핀이 몸에서 생산된다.
34. 죽을 때도 웃어라. 천국으로 가리라.

목사의 이미지는 얼굴에 있다. 활짝 웃는 목사의 이미지는 천국을 선물하는 특급택배다. 목사가 아무 말 없이 그저 웃기만 해도 전도가 된다. 목사가 성령이 충만한지 아닌지는 얼굴 표정으로 알 수 있다. 주책없이 무조건 웃어라. 하나님의 은혜를 기뻐하면서 웃음으로 감사하라. 그리하면 성령을 충만하게 받으리라. 성령은 기쁨의 은사다.

사도 바울이 말했다.

"마지막으로 말하노니 형제들아 기뻐하라 온전하게 되며 위로를 받으며 마음을 같이하며 평안할지어다 또 사랑과 평강의 하나님이 너희와 함께 계시리라 거룩하게 입맞춤으로 서로 문안하라"(고후 13:11)

목사여! 웃어라. 하루 종일 웃어 보아라. 목회가 엉키고 힘들수록 웃어라. 그리하면 목회가 풀리리라. 모두 잊고 웃어라. 좋은 게 좋은 것이다. 웃으면 좋은 일이 있을 것이다.

– 나에게 이런 웃음의 미학이 있는가? 없다면 그 이유를 적어 보자.

나만의 스트레스 해소방법을 가지라

Bucket List **#059**

목회는 종합 예술이다. 목사는 그만큼 할 일도 많고 다양하다. 목회는 마라톤 경주와 같다고 한다. 그만큼 급하게 서둘지 말아야 한다. 목사는 하나님의 뜻을 따라 교회를 세워간다. 목사는 목회 전반을 기획한다. 목사는 각종 예배를 은혜롭게 하기 위한 계획을 세우고 인도한다. 목사는 성도들을 돌보고, 성도들의 삶을 지원한다.

교회 조직을 구성하고, 은사를 발견하여 역할을 부여한다. 교회 성장에 대한 책임을 갖고 교회의 방향과 목표를 정하고 그에 따라 성도들의 헌신을 촉진하며 동기를 부여한다. 때로는 지역사회와의 관계를 발전시키고, 사회 정의를 촉구한다. 그리고 다른 동료 목사나 교단과의 관계성을 원만하게 형성하려 한다. 이 과정에서 목사는 수많은 갈등을 경험한다. 목사의 마음을 알아주지 못하는 경우도 있다. 반대하는 경우도 있다. 은근히 훼방하는 경우들도 만난다.

목사도 자기 마음대로 안 되는 일이 있기 때문에 스트레스를 받는다. 스트레스가 심해지면 개인의 인격적인 문제가 생길 수 있다. 심해지면 가정불화가 올 수 있다. 또는 각종 질병에 시달릴 수 있다. 스트레스가 많아지고 그 스트레스를 적절하게 해소하지 못하거나 스트레스를 잘못된 방향으로 풀기라도 한다면 목회를 위기에 빠뜨리게 할 수도 있다. 목회자도 스트레스를 어찌 할수 없다. 그래서 목사는 자신의 건강과 교회의 건강을 위해 스트레스를 적절하게 해소하고 제어할 수 있어야 한다.

스트레스의 원인

스트레스란 외부 환경에서 오는 자극에 대한 내적인 거부감이다. 즉 자기와 환경과의 상호작용에서 자기가 부담스러워하는 감정이 생기고, 그 감정이 본인을 힘들게 하는 것이다. 목사도 인간이기에 이런 감정을 만날 수 있다. 어떤 이는 스트레스의 원인이 믿음 부족이라고 말하기도 한다. 그러나 믿음이 있어도 스트레스는 존재한다.

스트레스는 피할 수 없다. 그리고 스트레스를 줄이는 것도 쉽지 않다. 목사의 의욕이 크면 클수록 스트레스는 심해진다. 교회 성장에 관한 의욕, 교회의 이미지를 높이기 위한 의욕, 건강한 교회를 세워보려는 의욕, 목회의 성과를 내고픈 의욕, 설교를 잘해보려는 의욕, 성도들의 믿음을 성숙시키고픈 의욕, 성도들과 좋은 관계를 유지하려는 의욕, 은혜로운 예배를 인도하고픈 의욕, 바쁜 목회일정을 잘 소화하고픈 의욕, 존경받고픈 의욕, 어떤 지위를 차지하고픈 의욕 등 수많은 의욕을 갖고 있다. 그런데 교회는 그 의욕을 인정하며 도울 수도 있고 그렇지 않을 수도 있다. 의욕을 인정하고 돕는다면 좋겠지만, 의욕을 인정하면서도 돕지 않는 경우도 존재한다. 의욕과 현실 사이에서 괴리가 일어날 때 스트레스는 더 심해진다.

스트레스에 대한 생각 전환

스트레스는 외적인 환경에 의한 것들이 내적으로 부정적인 반응을 나타내는 것이다. 다행인 것은 스트레스의 의미를 바꿀 수 있다는 것이다. 부정적인 반응은 개인의 책임이다. 개인의 사고 체계와 패러다임, 외부 환경에 대한 해석 체계가 부정적으로 반응하기 때문이다. 외부의 압력과 요구를 얼마든지 긍정적으로 해석할 수 있다. 외부의 요구는 내적인 변화를 요구하고 있다.

스트레스가 올 때 자신의 긍정적 변화를 촉진하는 기회로 삼으면 된다. 참견 이나 간섭 혹은 압력으로 생각한다면 부정적 스트레스가 되겠지만, 변화의 기회로 인식한다면 스트레스를 긍정적으로 활용할 수 있다. 목사의 역량개발에 대한 동기가 될 수 있다. 스트레스가 장기적으로 보면 목사에게 성장을 요구하는 암시가 될 수도 있다.

때로는 목사가 감당하기 어려운 요구와 압력도 있다. 그럴 때 목사는 괴롭다. 이단들의 사주를 받거나 하나님의 뜻에 거스르는 사람이 도전할 때도 있다. 목사는 이것조차도 목사에게 승리자의 역할을 요구하는 하나님의 섭리라고 생각해야 한다. 스트레스는 성장과 성숙의 기회이다. 일을 더 열심히 하려는 동기가 될 수도 있다. 행동의 동기가 되고, 열정을 불태우는 동기로 삼을 수도 있다.

스트레스가 있을 때, 그것을 회피하려는 동기가 발생할 수도 있으나 그것을 극복하고 일을 성취하는 동기가 발생할 수도 있다. 스트레스를 성취의 동기로 삼는 것은 스트레스를 받는 사람의 사고체계와 선택에 달려 있다. 스트레스는 목사에게 목회에 더 집중하게 하라는 신호다. 그 신호를 인식하는 것은 목사의 민감성에 달린 문제이다. 그 신호가 어떤 원인에 의한 것이든, 현상이 어떻든 그 신호의 이면에는 하나님의 섭리가 존재하기 때문이다.

스트레스를 극복하는 방법

스트레스가 닥칠 때 그냥 참을 수도 있다. 스트레스가 지나가기만을 기다릴 수도 있다. 기도는 기본이고, 또 다른 스트레스 극복방법들을 모색할 수 있다.

우선 스트레스를 잊고 마음을 편하게 가질 수 있기 위한 방법으로는 기도, 독서, 운동, 휴식, 수면, 목욕, 음악 감상, 여행 등이 있다. 때로는 차를 마시면서 스트레스 원인에 대해 객관적으로 조명하는 시간을 가질 수도 있다. 본인에게 가장 효과가 있는 방법을 찾아 실천할 수 있다. 어떤 경우에는 먹는 것으로 스트레스를 해결하기도 한다. 이 방법은 건강을 해칠 수 있으므로 별로 좋지 않다.

가끔 스트레스는 목사에게 목회적 역량 강화의 훈련을 요구한다. 스트레스 환경을 통해 목사의 학습과 성장 기회로 삼는 것이다. 주변 동료 목사와의 대화, 선배나 가족 간의 대화로 스트레스를 어느 정도 해결할 수 있다. 그리고 성도들과의 진솔한 대화와 일의 성취를 통해 스트레스를 극복해 나갈 수 있다.

목사는 그럴 때 교회 공동체를 바르게 이끌어가는 방향 제시 능력, 성도들을 더 잘 이해시키기 위한 언어와 표현 훈련, 이단의 공격에 대처하고 교회를 지키기 위한 결정 능력, 교회 내 행정과 사역의 위임과 책임성 분담, 의사결정 과정에서의 절차적 투명성 확보를 생각해 볼 수 있다. 스트레스를 자신의 성장 기회로 삼는다면 그것 자체가 스트레스를 극복하는 최선의 방법이지만, 가장 효과적인 것은 기도라는 것을 명심하자.

– 나만의 스트레스 해소 방법은 무엇인가?

정기적으로 가족과 함께하는 시간을 가지라

Bucket List **#060**

목사는 외롭다. 교인들이 목사 앞에서는 '목사님! 목사님!' 해도 돌아서면 그만이다. 정작 목사에게 문제가 생기면 목사를 편드는 사람은 적다. '초록은 동색이라'더니, 평신도는 어디까지나 평신도다. 착각하지 마라. '목사는 떠나면 그만이다'라는 생각에 목숨 걸고 목사를 지키는 평신도는 없다. 목사 부인도 매한가지다. 어느 교인하고 친하게 지낼 수 없고 그런다고 어느 교인하고 멀리 지낼 수도 없다. 그러니 항상 외줄 위에서 곡예를 해야 한다.

사실 '사모님'이라는 말에도 어폐(語弊)가 있다. 사모님이란 본래 '스승의 부인'을 일컫는 말이다. 그런데 언제부터인지 목사 부인을 사모님이라고 부르기 시작했다. 쉽게 이해가 안 간다. 교인들이 목사 부인을 사모님이라고 불러놓고 시어머니 노릇은 다 한다. 잘했건 못했건 사사건건 말거리가 된다. 목사 부인은 수많은 시어머니 밑에서 시집살이에 고달프다.

목사의 자녀도 '목사의 자식'이라는 굴레에 억압된 생활을 한다. 조금만 잘못해도 '목사 자식이 왜 저래' 하면서 트집을 잡는다. 목사의 자녀는 주말이라도 엄마 아빠와 어디에 놀러 가지도 못한다. 월요일에 학교에 가서 친구들이 주말 여행을 다녀 온 이야기꽃을 피우면 슬그머니 뒷전으로 빠져야 한다. 그래서 목사의 자녀로 태어난 것이 불쌍하다. 목사의 가정은 무엇인가? 목사의 가정에도 즐거움이 있는가? 목사의 가정은 누가 챙겨야 하는가?

목사에게 가정은 보금자리다. 목사가 피곤한 목회 일정을 접고 두 다리 쭉

뻗고 쉴만한 가정은 절대로 필요하다. 만일 목사에게 가정이 없다면 둥지를 잃은 새같이 허공을 날 듯 방황할 것이다. 교회 헌법에 목사가 되기 위해서 가정이 있어야 한다는 규정은 없으나, 관례적으로 교회는 가정이 있는 목사를 원한다. 아마 가정과 가족이 없는 목사는 목회하기가 결코 쉽지 않을 것이다.

이상적인 목회철학은 '가정 같은 교회, 교회 같은 가정'이다. 교회는 가정 같이 포근해야 하고, 가정은 교회 같이 주님이 함께해야 한다는 뜻일 것이다. 가정이 편안한 목사가 가정과 교회를 잘 보살필 수 있다. 그런 의미에서 목회는 목사의 가정으로부터 시작한다고 해도 지나친 말은 아니다. 목사의 가정이 성도의 가정에 본이 되어야 하기 때문이다.

한 가정에는 세 주인공이 있다

가정은 아버지의 왕국이고 어머니의 세계이고 어린이의 놀이터다. 가정은 하나님이 주인이시고 호주이시다. 하나님이 가정의 만사를 주관하신다. 하나님이 없는 가정은 선장이 없는 배와 같다. 선장이 배의 키를 잡고 선수를 이끌듯이 하나님이 가정의 키를 잡고 가정을 이끄신다. 하나님이 이끄는 포구로 향하는 가정은 안전하다. 아무리 무서운 풍파가 몰려온다 해도 하나님이 안전한 항구로 인도하실 것이다. 가정의 주인은 하나님이시고 하나님의 뜻대로 따르는 가정이 안전하다.

가정에는 세 주인공이 있다. 아버지와 어머니와 아이들이다. 가정도 하나의 조직이고 단체이다. 조직이나 단체의 우두머리는 조직이나 단체를 이끌 책임이 있다. 책임자가 존경 받지 못하면 책임수행을 못한다. 자신의 조직을 자신의 의도대로 조직하고 만들 때 만족감을 가지고 최선을 다 한다. 수렴청정(垂簾聽政)하는 왕은 힘이 없다. 마마보이나 아내의 세력에 주눅이 들어 있는 남편이나 아버지는 초라하고 불쌍하다. 남편이나 아버지가 가정에서 최고의 대접을 받게 해야 가정이 온화하고 즐겁다. 아내가 남편을 받들고 섬길 때 자신도 존경을 받는다. 그래야 아이들도 아버지를 존경하고 따르며 말을 잘 듣는다. 가정교육은 아버지가 제사장의 위치에서 가정의 제반사를 결정할 때 성공할 수 있다. 아버지는 가정에 하나님의 권위를 대신하는 지위에 있다.

가정은 어머니의 세계다. 어머니 혹은 아내가 가정에서 마음껏 자신의 취향과 성격을 발휘할 수 있도록 해야 한다. 가구의 배열, 커튼의 색상과 모양, 침구의 구성, 안방과 거실의 분위기, 조명의 조화, 침실의 특성, 주방의 모습과 식단 등 모두 어머니 혹은 아내의 마음대로 결정하게 해야 한다. 어머니 혹은 아내에게 자신의 꿈과 이상대로 가정을 만들 모든 권한이 부여되어야 한다. 여자에게는 자신의 세계가 필요하다. 마음껏 놀고 자고 쉴 수 있는 공간이 확보되어 있을 때 여자는 행복하다. 자신의 취미와 개성에 따라서 가정을 만들어갈 때 무한한 성취감과 보람을 느끼게 된다.

가정은 어린이의 놀이터다. 아이들이 놀 수 있는 공간은 많지 않다. 집밖의 놀이터도 있고 공원도 있고 극장이나 무슨 센터들이 있기는 하지만 거기에는 항상 위험이 도사리고 있다. 곳곳에 유괴범도 있고, 안전사고를 일으킬 요소들이 많다. 아이들이 밖에 나갈 때는 항상 부모나 보호자가 따라가야 한다. 그러나 집안은 안전하다. 아이들이 집안에서 마음껏 놀지 못한다면 아이들은 주눅이 들어서 제대로 자라지 못한다. 부모는 아이들의 기를 살려주어야 한다. 마음껏 뛰며 놀게 해야 한다. 아버지와 어머니가 아이들하고 놀아주어야 한다. 그래야 구김살이 없는 아이로 곧게 자랄 수 있다. 여기서 아이들의 꿈이 자라난다.

서로 협동하는 가족

하나님께서 사람에게 손을 두 개 주신 것은 서로 맞잡으라는 뜻이다. 부부가 결혼하는 것도 서로 도우며 살라는 것이다. 사람은 개별적인 독립체이면서 서로를 채우기 위한 욕구를 기대하는 존재이다. 입안이 비어 있고, 가슴도 비어 있고, 창자도 비어 있는 것은 무엇인가를 채우기 위해서다. 인간은 채우기 위해서 산다. 이를 욕구불만(欲求不滿)이라고 말하지 말자. 욕심이 지나쳐서 못 가져 안달하는 것과 무엇인가를 갈구하며 기대는 것과는 본질적으로 다르다. 아내는 남편에게 채워지기를 기대하고, 남편도 아내에게 채워지기를 기대하고 있다. 사랑을 기대하고 또 필요한 모든 것을 기대한다. 이는 순수한 필요에 의한 것이다. 욕심이 아니다.

누군가가 나에게 채워지기를 기대할 때 채워주는 것은 아름답다. 아내가 기대하는 것을 남편이 채워주고, 남편이 기대하는 것을 아내가 채워준다면 무엇을 더 바라겠는가. 이렇게 서로의 기대를 채워주는 것이 협동(Cooperation)이다. 사랑을 주고 마음을 주고 몸을 주고 서로 합쳐지는 것이 결혼이고 가정이다. 가족에게는 이런 협동이 있어야 한다. 직장에서 동료들과 차를 미시고 식사도 하고 마음까지 주고받는다. 그런다고 직장 동료가 가족은 아니다. 필요한 만큼 채워주기는 해도 이는 사무적이고 사회생활을 위한 불가피한 행동이다.

그러나 가족은 다르다. 가족끼리 협동하고 채우는 것은 필요 이상의 그 무엇이다. 남편이 원한다고 밥상을 차리고, 아내가 원한다고 돈을 번다면 이는 가족을 위한 노동이 아니다. 사회의 단체나 조직에서 불가피하게 자기의 책임을 다하는 것은 살벌하다. 의무적이다. 마지못해서 하는 것이다. 이렇게 하는 것은 피곤하다. 정말 목구멍을 위해서 하는 짓이다.

그러나 가정에서 가족을 위해서는 가족이 원한다고 하고 원치 않는다고 하면 안 된다. 섹스도 그렇다. 남편이 원할 때 아내가 싫어질 때가 있고, 아내가 원할 때 남편이 싫어질 때가 있다. 원하지 않을 때 하는 섹스는 굴욕적인 것이요, 강간이 될 수 있다. 협동하는 섹스가 오르가슴에 이르는 것 같이, 가족 간에 협동하는 것은 최상의 행복을 위한 것이다.

서로를 필요로 하는 가족

부부는 서로를 필요로 하는 존재임을 인식해야 한다. 남편의 필요를 채워줄 사람은 아내밖에 없다. 아내의 필요를 채워줄 사람도 남편밖에 없다. 남편의 개성이 있다. 아내는 그것을 파악해야 한다. 남편의 취미나 취향 그리고 개성을 무시해서는 안 된다. 이는 남편의 자존심과 연관 된다. 남자들은 자존심이 무시되면 살맛이 안 난다. 남편의 자존심을 최고로 살려주고 아내의 실속을 차려야 한다.

아내에게는 여성만의 특별한 감정이 있다. 수줍어하거나 속마음을 미처 말 못하는 성격도 있다. 여성만의 감추고 싶은 것이 있다. 남편은 이것을 미리 파악을 해야 한다. 그래서 아내가 말하기 전에 미리 준비하고 필요를 채워주어야 한다. 남편과 아내는 서로 다름을 인정하고 그 다른 점을 북돋우어 주면서, 만족함을 누리도록 해야 한다. 이것이 행복한 결혼생활의 조건이다.

사랑의 질서(Oder in Love)

사랑의 질서는 법의 질서와 근본적으로 다르다. 사람과 차(車)가 다니는 도로에 교통질서를 위하여 신호등과 선이 있다. 사람과 차는 선과 신호들에 따라 행동해야 한다. 차는 선을 따라가야 하며 신호등의 불빛에 따라 가든지 멈추든지 돌든지 해야 한다. 이를 무시하면 교통사고가 난다. 사람도 선과 신호등을 따라 건널목에서 멈추거나 가기를 해야 한다. 이것은 질서를 위한 작은 약속이다.

사랑의 질서와 법의 질서는 다르다. 사랑은 법으로 규정되어서는 안 된다. 사랑은 법을 초월한다. 법 이전에 사랑이 있는 것이다. 사랑을 법에 종속시키거나 법으로 사랑을 지키려는 사람은 사랑을 모르는 사람이다. 사랑하는 사람이 법을 생각하게 되면 그는 이미 사랑을 잃은 사람이다. 법은 구제이고 통제이며 억압하는 것이다. 만일 사랑이 법의 올가미에 걸리게 되면 사랑은 냉랭해진다. 사랑이 식었다는 말이다. 사랑이 식어지면 종종 싸움을 하게 된다. 사랑은 싸움으로 쟁취하는 것이 아니다.

사랑의 질서는 독립적이다. 그러면서도 사랑하는 사람과 함께함이 있다. 사랑의 질서는 우주적이다. 그러면서도 개별적이다. 사랑의 질서는 창조적이다. 그러면서도 구체적이다. 사랑의 질서는 생산적이다. 그러면서도 소비적이다. 사랑의 질서에는 생명이 있다. 그러면서도 죽음이 있다.

내가 죽어야 사랑하는 사람이 살아난다. 사랑의 질서에는 희생이 있다. 그러면서도 거기에 소생이 있다. 사랑의 질서는 조화다. 사랑의 질서는 아름답다. 사랑의 질서가 있어야 가족이 화목하고 행복이 있다. 가족 간에 사랑의 질서를 지키고 행복을 창조하기 위해서 자주 만나 밥 먹고 대화를 해야 한다. 그래서 가족이 정기적으로 모이는 모임이 필요하다.

가족이 정기적으로 함께하는 시간을 위한 제안

1. 매월 정해진 날에 정기적으로 가족 모임을 가져라

현대인은 바쁘다. 한 자리에서 대화하기도 힘들고 한 식탁에서 식사하기도 어렵다. 자녀는 이른 아침에 학교에 등교했다가 밤늦게 하교해야 하고 학원까지 다녀오면 한밤중이다. 학교를 졸업하고 취직하면 직장생활에 눈코 뜰 시간도 없다. 결혼하여 출가하면 만날 수 있는 기회는 더더욱 줄어든다.

모두 고달픈 삶에 여유를 가지고 멀어진 가족 간에 정(情)을 이어가기 위해서는 정기적인 모임이 필요하다. 먼저 가족회의를 열어라. 그리고 모이기에 가장 적절한 날(예:매월 몇째 토요일이나 주일 저녁)을 결정한다. 가족 모임의 날에는 무슨 일이 있어도 모여서 대화를 나누고 친교를 가져야 한다.

자녀들이 성장하여 출가하기 전까지는 부모가 모임에 필요한 경제적 부담을 져야 하지만, 각자 경제적인 능력이 생긴 후에는 모임에 필요한 경비를 분담하도록 해야 한다. 모일 때마다 일정한 회비를 각출하여 공동으로 경비를 사용해도 좋고, 순번을 정하여 돌아가면서 경비를 출자하도록 하는 것이 좋다. 부모와 자식, 형제와 자매 사이에도 금전관계는 분명해야 한다. 아무리 혈연관계라도 비정한 게 돈이다. 이게 잘못되면 모임에 악재가 될 수 있다.

2. 명절과 가족의 축일에 모임을 가져라

1) 신정이나 설에는 아버지의 집에 온 가족이 모이게 하여 세배와 덕담을 나눈다. 새해 모임에서 음식은 부모가 준비하여 나누는 것이 좋겠다. 그리고 자녀와 며느리에게 줄 세배 돈도 준비한다. 물론 새해 선물은 자녀가 준비하여 가지고 올 것이다. 또 형제자매 간에도 선물을 주고받는 것이 좋다. 서로 간의 대화와 선물을 통해서 정이 깊어질 수 있다.

2) 추석에 며느리는 친정에 간다면 홍복이다. 아들이 처가댁으로 가서 명절을 보내게 하는 것은 사돈댁에 대한 너그러움으로 비칠 수 있어 좋은 일이다. 목사의 가정에는 제사 같은 것이 없다. 선조의 기일에 추도예배는 있을지라도. 그러니 목사의 며느리들은 부담감이 없이 친정에 가서 추석 명절을 지낼 수 있어 얼마나 좋겠는가.

3) 아버지와 어머니의 생일에 자녀가 각각 나누어서 생일잔치 상을 차리게 한다. 장남이라고 반드시 부모의 생일을 챙긴다는 것은 무리가 될 수 있다. 그래서 자녀가 돌아가면서 감당하면 가족의 평화를 위해서 좋은 일이다. 온 가족이 부모의 생일에 모여서 즐거움을 나누고 흥겨운 시간을 갖는 것이 행복을 위해서 좋다.

3. 가족 여행이나 캠핑을 가라

봄이나 가을, 여름휴가를 이용하여 가족 여행을 가지는 것이 좋다. 매년 가질 수는 없어도 최소한 3년이나 5년에 1회 정도 미리 계획을 세워서 필요한 경비를 저축해두는 것이 좋다. 동남아나 일본, 사이판, 괌 등지에 가족이 여행을 하면 잊을 수 없는 추억을 만들 수 있을 것이다. 여행이 불가능하면 1박2일 혹은 2박3일 정도로 국내 캠핑을 가도록 하라. 앞으로 얼마나 더 살겠는가? 물질을 남기는 것도 좋지만, 잘 쓰는 것은 더더욱 좋은 일이다. 그런 말이 있잖은가. '쓰는 것은 내 것이지만, 남는 것은 유산'이라고.

– 나는 이렇게 살고 있는가? 아니라면 구체적인 계획을 세워보자.

올레길을 걸어보라

Bucket List **#061**

'Homo Walkers'란 말이 있다. 이 말은 '걷기를 통해 생각하고 느끼는 신인류'를 지칭하는 신조어다. 우리의 일상에서 '걷는 것'은 당연한 일상이지만 그냥 걸어 다니는 그런 '걷기'가 아니라, 걷기를 통해서 생각하고 자신을 만나는 '성찰적 걷기'를 말한다. 요즘 제주 올레길, 지리산 둘레길 등 걷는 코스가 끊임없이 매스컴에 오르내리고 있다. 그러면 왜 사람들은 걷기에 열광하는가? 무엇이 사람들을 걷도록 하는가? 거기에는 그럴듯한 이유가 있을 것이다. 사람이 걸으면 유익한 점이 많이 있기 때문이다.

걷기가 유익한 점

1. 걷기를 통해서 자신을 돌아본다

현대인은 바쁘다. 빨리 일어나 빨리 먹고 빨리 출근해야 한다. 빨리 생각하고 빨리 일하고 빨리 성장하고 빨리 성공하고 빨리 출세하고 싶어 한다. 식당에서 식사주문하고 빨리 음식이 나와야 하고, 엘리베이터를 타도 빨리 버튼을 누른다. 이것이 현대인의 병이다. 현대인이 앞만 보고 달리다 보니 뒤돌아볼 여유가 없다. 주변을 살피지 못한다. 자신을 살피지 못한다.

목사도 마찬가지다. 새벽부터 저녁까지 바쁘다. 한 주간에 10여 편의 설교를 준비해야 하고, 눈코 뜰 새 없이 심방을 다녀야 한다. 만나는 사람도 많고 참석할 모임도 많다. 목사가 무엇이 그리 바쁜지 성경을 읽고 명상하고 자신을 돌아볼 여가가 주어지지 않는다. 그러나 모든 것을 잠시 내려놓고 새벽기도가 끝난 후 잠시 걷는 것을 생각해 보라.

2. 걷기를 통해서 자신을 만난다

목사가 복잡하고 분주한 목회 일상에서 잠시 떠나 월요일 같은 날 올레길이나 둘레길을 걷다보면 자신을 만날 수 있다. 걸을 때는 아무 것도 생각할 필요가 없다. 주님께 죄송한 말이지만 기도도 잠시 멈춰라. 나무나 풀, 숲을 보고 바위와 계곡을 보고 나비나 새, 청솔모도 다람쥐도 볼 수 있다. 걷다 보면 자연을 만나게 된다. 아무 생각 없이 그냥 걷다 보면 자연과 친해진다.

자연은 말이 없다. 자연 속에 걷는 사람도 말이 필요 없다. 그냥 묵언(默言)으로 걷기만 하면 자연과 교감하게 된다. 자연을 통해서 자신을 만난다. 자신을 만나게 되면 비로소 하나님과 소통하게 되고 기도를 발견하게 된다. 여기서 성 프란시스의 신비한 체험을 할 수 있다.

3. 걷기를 통해서 건강을 얻는다

첫째, 걸으면 통증에서 벗어날 수 있다

걷기는 다른 운동처럼 체내의 탄수화물과 단백질이 소진되지 않고 지방을 연소시킨다. 사람의 근육과 관절은 규칙적으로 사용하지 않으면 뻣뻣해지고 퇴화한다. 늙으면 이게 더 심해진다. 이러한 질환을 예방하는 가장 좋은 방법은 걷는 것이다.

목사의 생활은 신경계통을 혹사시키는 일거리가 넘친다. 따라서 심장의 박동은 빨라지고 혈압은 올라가며 근육은 긴장하게 된다. 실제 긴장이 쌓였을 때 약 30분간 걷는다든가, 불면증인 사람이 잠들기 2시간 전에 걸으면 상당히 효과가 있다고 한다. 걷기를 통해서 창의적인 설교를 구상할 수 있다. 교회에 복잡하고 어려운 문제가 생겼을 때에 걸으면서 생각하고 기도하면 문제 해결의 묘안을 주님이 주실 것이다.

숲은 치료사

숲은 치유의 힘을 갖고 있다. 유아 · 청소년에게 숲은 감성과 창의력을 키워주는 놀이터다. 중 · 장년층에는 스트레스와 성인병을 치유해 주는 안식처이기도 하다. 정부와 지역자치단체에서도 숲을 보호하는 데 그쳤던 산림행정이 변하고 있다. 숲 유치원을 만들고 둘레길을 조성해 주민들에게 힐링(치유, Healing) 쉼터를 제공하고 있다.

숲 유치원은 1990년대부터 덴마크, 스웨덴, 독일 등에서 대안교육의 하나로 각광을 받고 있다. 독일의 경우 숲 유치원이 1,000여 개에 달한다. 일본에서도 현재 300여 곳의 숲 유치원을 운영 중이다. 국내에는 2008년 북부지방산림청이 서울과 인천 등의 국유림 6곳에 숲 유치원을 개소하면서 본격 도입됐다(www.foreston.go.kr). 산림청은 현재 8개인 유아 숲 체험원을 2017년까지 300개소로 늘릴 방침이다. 이돈구 산림청장은 "유아 · 청소년 심신건강을 위해 산림을 교육의 마당으로 제공할 계획"이라며 "청소년 학교폭력 예방 교육프로그램을 확대할 계획"이라고 말했다[중앙일보 · 산림청 녹색사업단 공동 기획에서 참조함].

목사여, 숲으로 가라

목사에게도 힐링이 필요하다. 목사를 누가 치료하겠는가? 하나님은 위대한 치료사다. 누구든지 영혼과 몸과 마음이 병든 자는 하나님께 치유를 받아야 한다. 그런데 여기서 목사가 유의해야 할 점이 있다. 목사도 병들 수 있다. 목사는 자신은 멀쩡하다는 고정관념에 빠져 있을 수 있다. 자신은 병들지 않았다는 생각에 젖어있을 수 있음을 명심해야 한다.

목사는 예수님을 전파하면서도, 목사 자신은 예수님과 멀리 있을 수 있다. 정작 예수님이 필요한 사람은 목사 자신이다. 그런데 자신은 아니라는 착각에 빠져 있을 수 있다. 의사가 병자를 치료하면서 자신의 병은 모르는 경우가 있다. 목사도 마찬가지다. 자신의 영혼이 죽어 가는데, 자신의 영혼을 구원하지 못하는 넌센스에 빠질 수 있다.

세상에 목사를 위해서 치유의 기도를 해줄 사람은 없다. 목사는 아무에게도 무릎을 꿇지 않는 병폐가 있다. 누구에게든 겸손하게 무릎을 꿇고 치유의 기도를 받는 목사를 본 적이 있는가?

그래서 목사가 숲으로 가야 한다. 한국 교회의 문제는 목사에게 있다고 본다. 목사에게도 대안학교가 필요하다. 목사도 스트레스에 빠져 허덕일 때가 있다. 성인병으로 고생하는 목사도 많다. 때로 목사의 공격적인 설교로 교인들이 힘들어하기도 한다. 정치와 사회를 비판하다보니, 자주 비판적인 설교로 교인들을 아프게 한다. 당회나 노회 그리고 총회가 자신의 마음과 뜻대로 되지 않는다고 신경질을 부리고, 파당을 나누어 싸운다. 심지어는 총회 석상에서 공기총까지 들고 위협하는 목사도 있다.

누가 이런 목사를 치유하겠는가. 한국 교회에서 누구보다도 목사가 치유를 받아야 한다. 남의 이야기를 할 필요가 없다. 자신을 돌아보자. 자신은 병들지 않았는가? 목사여, 숲으로 가라. 무작정 숲을 걸어보아라. 숲은 하나님이 만드신 최고의 대안학교다. 잠시 목회의 모든 일정을 내려놓고 숲을 걸어보아라.

제주도 올레길 / 지리산 둘레길

세계적으로 이름난 걷기 길은 역시 '산티아고 가는 길'이다. 이 길은 무려 약

800㎞에 이른다. 생장피에드포르를 출발해 피레네산맥을 넘고 바스크와 나바라, 그리고 라 리오하 지방을 거쳐 황량한 메세타 지역을 가로질러 다시 칸타브리아 산맥을 휘감아 오르내려 갈리시아의 주도이자 성 야고보의 무덤이 있는 산티아고 대성당에 이르는 '카미노 데 산티아고'라 불리는 길이다. 산티아고 가는 길의 순례를 마치려면 보통 40일에서 45일 정도는 걸어야 한다. 산티아고 가는 길을 걷기에 엄두가 안 난다면 제주도 올레길이나 지리산 둘레길이 있다.

제주도 올레길은 조성 5년 만에 섬 일주로가 완성되었다. 서귀포 성산읍 시흥리 제 1코스를 시작으로 제 20코스의 종착점은 제주시 구좌읍 해녀박물관과 1코스의 구좌읍 종달리 구간이 연결됨으로 21코스가 끝나게 된다. 이것으로 제주도를 한 바퀴 도는 정규코스 350km가 마무리 된다. 지리산 둘레길은 국내 최초 장거리 도보 여행길로 지리산 둘레 3개도(전북, 전남, 경남), 5개시군(남원, 구례, 하동, 산청, 함양) 20개 읍면 120여 개의 마을을 잇는 약 274km의 장거리 도보길이다. 지리산 곳곳에 걸쳐 있는 옛길, 고갯길, 숲길, 강변길, 논둑길, 농로길, 마을길 등을 환(環)형으로 연결하여 개통되었으며 1코스부터 16코스까지 있다.

– 나는 하루에 얼마나 걷는가? 올레길을 걸어볼 계획을 세워 보자.